普通高等教育"十三五"汽车类规划教材

汽车底盘构造

主　编　王书贤　向立明
副主编　邓利军　梅雪晴
参　编　张明国　刘　朋　姚鹏华
主　审　张运军　陈时付

机械工业出版社

本书是普通高等教育"十三五"汽车类规划教材。

本书系统地阐述了现代汽车（尤其是轿车）底盘的构造和工作原理。全书共13章，包含五大部分内容：汽车底盘概述、汽车传动系统、汽车行驶系统、汽车转向系统和汽车制动系统。

为便于教师教学和学生对汽车底盘复杂零部件的理解与掌握，全书选用了200余张整车、系统、总成和零部件的平面图或立体图。另外，本书还配套有电子课件、习题答案等资料，采用本书作为教材的教师可登录www.cmpedu.com注册下载。

本书可作为应用型本科汽车类专业的教材，也可作为高职高专及成人教育的教材，还可供相关工程技术人员阅读和参考。

图书在版编目（CIP）数据

汽车底盘构造/王书贤，向立明主编. —北京：机械工业出版社，2019.8（2024.2重印）

普通高等教育"十三五"汽车类规划教材

ISBN 978-7-111-63356-3

Ⅰ.①汽… Ⅱ.①王… ②向… Ⅲ.①汽车—底盘—结构—高等学校—教材 Ⅳ.①U463.1

中国版本图书馆CIP数据核字（2019）第165599号

机械工业出版社（北京市百万庄大街22号　邮政编码100037）
策划编辑：尹法欣　责任编辑：尹法欣　宋学敏
责任校对：樊钟英　封面设计：张　静
责任印制：单爱军
北京虎彩文化传播有限公司印刷
2024年2月第1版第4次印刷
184mm×260mm·12.5印张·307千字
标准书号：ISBN 978-7-111-63356-3
定价：32.00元

电话服务　　　　　　　　　　网络服务
客服电话：010-88361066　　　机　工　官　网：www.cmpbook.com
　　　　　010-88379833　　　机　工　官　博：weibo.com/cmp1952
　　　　　010-68326294　　　金　书　网：www.golden-book.com
封底无防伪标均为盗版　　　　机工教育服务网：www.cmpedu.com

前　言

汽车是由发动机、底盘、车身和电器电子设备四大部分组成的，底盘是构成汽车的基础。汽车底盘由传动系统、行驶系统、转向系统和制动系统四个系统构成，分别完成传递发动机动力、支承整车重量并实现行进、控制汽车行驶方向、控制汽车行驶速度等主要功能。

本书以实用性、新颖性和良好的针对性为出发点，结合经典的捷达、奥迪、桑塔纳、红旗等轿车车型实例进行分析讲解，重点阐述了现代典型轿车底盘各组成系统及其零部件的功用、类型、结构组成和工作原理（还包含少量的越野汽车和货车底盘介绍），具体包括汽车底盘、汽车传动系统、汽车行驶系统、汽车转向系统和汽车制动系统五大部分共13章内容，每章均设置了学习目标、内容小结和学习自测等模块，对整个学习过程进行全程指导。学习目标是让学生明确每章的主要学习任务和学习重点；内容小结是每章重要知识点的归纳总结；学习自测主要是让学生对学习情况进行检验。本书对内容进行了大胆改革，增加了许多典型轿车底盘的新技术、新结构和新功能等，可丰富学生的知识领域。另外，本书中的典型实例可教给学生分析问题和解决问题的思路及方法，授之以渔，使学生能做到举一反三、触类旁通。

本书在注重特色的基础上，结合编者课堂教学经验，按"以服务为宗旨、以就业为导向、以能力为本位"的应用型实践创新人才培养的教育指导思想，由校企专家针对目前普通高等院校工科专业教育教学改革的要求编写而成。全书由王书贤、向立明任主编并统稿，由湖北省产业教授张运军和东风汽车股份有限公司陈时付高级工程师担任主审。编写成员及分工如下：王书贤（第3、4、5、7、10、11、12、13章）、向立明（第1章）、邓利军（第2章）、梅雪晴（第9章）、张明国（第8章）、刘朋（第6章6.1、6.3节）和姚鹏华（第6章6.2节）。

本书承湖北文理学院协同育人专项经费资助，并且在编写过程中得到了同行及企业专家的大力支持和帮助，同时还参考了一些国内外公开出版的书籍和发表的文献资料，在此对相关人员一并表示衷心的感谢。

恳切希望广大读者对书中误漏和不足之处予以批评指正。

编　者

目 录

前言
第1章 汽车底盘概述 ………………… 1
【学习目标】 ……………………………… 1
1.1 汽车底盘的功用与组成 …………… 1
1.2 汽车底盘的总体布置 ……………… 2
1.3 汽车行驶的基本原理 ……………… 6
【内容小结】 ……………………………… 7
【学习自测】 ……………………………… 8

第2章 汽车传动系统概述 …………… 9
【学习目标】 ……………………………… 9
2.1 传动系统的组成与功能 …………… 9
2.2 传动系统的类型 …………………… 12
【内容小结】 ……………………………… 13
【学习自测】 ……………………………… 14

第3章 离合器 ……………………… 15
【学习目标】 ……………………………… 15
3.1 离合器概述 ………………………… 15
3.2 膜片弹簧离合器 …………………… 18
3.3 螺旋弹簧离合器 …………………… 23
3.4 从动盘和扭转减振器 ……………… 27
3.5 离合器操纵机构 …………………… 29
【内容小结】 ……………………………… 31
【学习自测】 ……………………………… 32

第4章 变速器和分动器 ……………… 34
【学习目标】 ……………………………… 34
4.1 变速器的功用和类型 ……………… 34
4.2 变速器的变速传动机构 …………… 35
4.3 同步器 ……………………………… 41
4.4 变速器操纵机构 …………………… 46
4.5 分动器 ……………………………… 50
【内容小结】 ……………………………… 52
【学习自测】 ……………………………… 53

第5章 汽车自动变速器 ……………… 54
【学习目标】 ……………………………… 54
5.1 概述 ………………………………… 54
5.2 液力偶合器与液力变矩器 ………… 56
5.3 行星齿轮变速器 …………………… 60
5.4 自动变速器的操纵系统 …………… 64
5.5 机械式无级变速器 ………………… 65
【内容小结】 ……………………………… 66
【学习自测】 ……………………………… 67

第6章 万向传动装置 ………………… 68
【学习目标】 ……………………………… 68
6.1 概述 ………………………………… 68
6.2 万向节 ……………………………… 69
6.3 传动轴和中间支承 ………………… 75
【内容小结】 ……………………………… 76
【学习自测】 ……………………………… 77

第7章 驱动桥 ………………………… 78
【学习目标】 ……………………………… 78
7.1 概述 ………………………………… 78
7.2 主减速器 …………………………… 79
7.3 差速器 ……………………………… 84
7.4 半轴与驱动桥壳 …………………… 90
【内容小结】 ……………………………… 94
【学习自测】 ……………………………… 95

第8章 汽车行驶系统概述 …………… 96
【学习目标】 ……………………………… 96
【内容小结】 ……………………………… 98
【学习自测】 ……………………………… 98

第9章 车架和承载式车身 …………… 99
【学习目标】 ……………………………… 99
9.1 车架概述 …………………………… 99
9.2 车架构造 …………………………… 100
9.3 承载式车身 ………………………… 102
【内容小结】 ……………………………… 102
【学习自测】 ……………………………… 103

第 10 章 车桥和车轮 ································ 104
【学习目标】································ 104
10.1 车桥 ································ 104
10.2 车轮与轮胎 ································ 108
【内容小结】································ 115
【学习自测】································ 116

第 11 章 悬架 ································ 117
【学习目标】································ 117
11.1 概述 ································ 117
11.2 弹性元件 ································ 119
11.3 减振器 ································ 122
11.4 非独立悬架 ································ 126
11.5 独立悬架 ································ 130
11.6 多轴汽车的平衡悬架 ································ 137
11.7 主动悬架和半主动悬架 ································ 138
【内容小结】································ 140
【学习自测】································ 141

第 12 章 转向系统 ································ 142
【学习目标】································ 142
12.1 概述 ································ 142
12.2 转向操纵机构 ································ 145
12.3 转向器 ································ 148
12.4 转向传动机构 ································ 151
12.5 助力转向系统 ································ 156
【内容小结】································ 161
【学习自测】································ 163

第 13 章 制动系统 ································ 164
【学习目标】································ 164
13.1 概述 ································ 164
13.2 制动器 ································ 167
13.3 人力制动系统 ································ 174
13.4 伺服制动系统 ································ 177
13.5 动力制动系统 ································ 180
13.6 汽车防滑控制系统 ································ 186
【内容小结】································ 192
【学习自测】································ 193

参考文献 ································ 194

第1章 汽车底盘概述

【学习目标】

1) 熟悉汽车底盘的组成与功用。
2) 了解汽车底盘各系统的组成与功用。
3) 能叙述汽车的行驶原理。
4) 掌握汽车底盘的各种布置型式。

1.1 汽车底盘的功用与组成

汽车底盘的功用是支承、安装汽车发动机及各部件、总成，形成汽车的整体造型，并利用发动机的动力，使汽车产生运动，保证汽车能够按照驾驶人的操纵正常行驶。汽车底盘由传动系统、行驶系统、转向系统和制动系统四大部分组成（图1-1），它们分别完成传递发动机动力、支承整车重量和实现行进、控制汽车行驶方向、控制汽车行驶速度等主要功能。

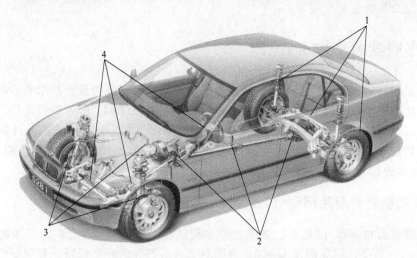

图1-1 汽车底盘的基本组成
1—行驶系统 2—传动系统 3—制动系统 4—转向系统

1. 传动系统

汽车传动系统是指从发动机到驱动轮之间所有动力传递装置的总称，汽车发动机所发出的动力通过传动系统传递到驱动轮。传动系统具有减速、变速、倒车、中断动力、轮间差速和轴间差速等功能，与发动机配合工作，能保证汽车在各种工况条件下的正常行驶，并具有良好的动力性和经济性。不同的汽车，其传动系统的组成也略有不同，如普通汽车采用的机械式传动系统一般由离合器、变速器、万向传动装置、主减速器、差速器和半轴等组成。现代汽车越来越多地采用液力机械式传动系统，以液力机械变速器取代机械式传动系统中的离合器和变速器。

2. 行驶系统

行驶系统的功用是接受传动系统传来的动力，通过驱动轮与路面的作用产生牵引力，使汽车正常行驶；将汽车各总成及部件连成一个整体并对整车起支承作用；传递和承受汽车行驶的各种力和力矩；缓和冲击，衰减振动。行驶系统由汽车的车架或车身、车桥、车轮和悬架等组成。

3. 转向系统

用来改变或恢复汽车行驶方向的专设机构，称为汽车转向系统。转向系统的功用是控制汽车的行驶方向，它由转向操纵机构、转向器和转向传动机构等组成。现代汽车普遍采用加装转向助力装置的助力转向系统。

4. 制动系统

汽车上用以使外界（主要是路面）在汽车某些部位（主要是车轮）施加一定的力，从而对汽车进行一定程度的强制制动的一系列专门装置统称为制动系统。制动系统的作用是使行驶中的汽车按照驾驶人的要求进行强制减速甚至停车；使已停驶的汽车在各种道路条件下（包括在坡道上）稳定驻车；使下坡行驶的汽车速度保持稳定。一般汽车至少应设行车制动系统和驻车制动系统两套相互独立的制动系统。任何制动系统都由供能装置、控制装置、传动装置和制动器四个基本部分组成。近40年来，汽车电控制动系统的应用日益广泛，其中最广为人知的是防抱死制动系统（Antilock Braking System，ABS）。在21世纪，ABS已经在世界范围内成为车辆的标准装备。

1.2 汽车底盘的总体布置

汽车底盘的总体布置取决于汽车的使用性质、发动机的安装位置和汽车的驱动型式。其中，汽车驱动型式表示为汽车车轮总数×驱动轮数，如4×2、4×4、6×6等。此外，汽车的驱动型式也可以用车桥总数×驱动桥数来表示，如2×1和2×2等。汽车底盘的总体布置包括发动机前置后轮驱动（FR型）、发动机前置前轮驱动（FF型）、发动机后置后轮驱动（RR型）、发动机中置后轮驱动（MR型）和全轮驱动（nWD型）五种方案。

1.2.1 发动机前置后轮驱动（FR型）

发动机前置后轮驱动（FR型）方案（简称前置后驱动）是货车上广泛采用的一种布置型式（图1-2）。另外，雷克萨斯LS400、奔驰和宝马系列等部分高级轿车和部分客车也采用这种布置型式。该布置型式的优点是操纵机构简单，工作可靠；缺点是需要一根较长的传动轴，这不仅增加了车重，也影响了传动效率。

1.2.2 发动机前置前轮驱动（FF型）

发动机前置前轮驱动（FF型）方案（简称前置前驱动）是将发动机、变速器及主减速

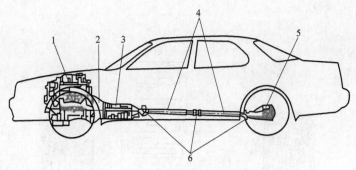

图 1-2 发动机前置后轮驱动布置方案
1—发动机 2—离合器 3—变速器 4—传动轴 5—驱动桥 6—万向节

器等都布置在汽车的前部，采用前轮作为驱动轮。发动机、离合器、变速器、主减速器和差速器装配成一个紧凑的整体，固定在车架或车身底架上，这样在变速器和驱动桥之间就没有必要设置万向节和传动轴。该布置方案普遍用在轿车上，而且发动机可横置也可纵置（图1-3和图1-4），如夏利轿车为发动机横置，桑塔纳轿车为发动机纵置。由于取消了纵贯前后的传动轴，它具有以下优点：

1) 车身地板高度可以降低，整车重心较低，有助于提高车辆高速行驶时的稳定性。
2) 整个传动系统集中在汽车前部，因而其操纵机构比较简单，结构布置紧凑。这种布置方案目前已在微型和普及型轿车上广泛应用，在中高级轿车上的应用也日益增多。

但其缺点是上坡时作为驱动轮的前轮附着力太小，不能获得足够的牵引力；另外，前轮载荷过重，上下坡行驶不稳定。

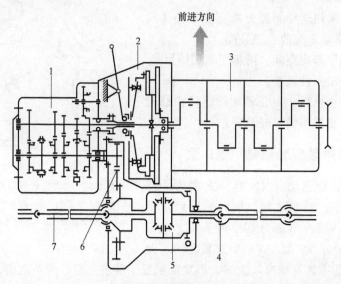

图 1-3 发动机前横置前轮驱动布置方案
1—变速器 2—离合器 3—发动机 4—万向节 5—差速器 6—主减速器 7—传动轴

1.2.3 发动机后置后轮驱动（RR 型）

发动机后置后轮驱动（RR 型）方案是将发动机装于车身的后部，以后轮驱动

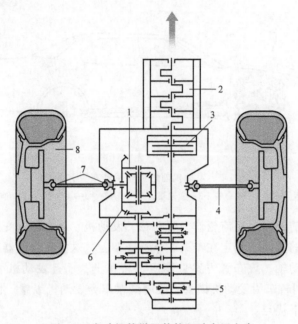

图 1-4　发动机前纵置前轮驱动布置方案

1—差速器　2—发动机　3—离合器　4—传动轴　5—变速器　6—主减速器　7—万向节　8—前轮

(图 1-5)，多用于大型客车。发动机、离合器和变速器都横置于驱动桥之后，主减速器与变速器之间距离较大，相对位置经常变化。由于这些原因，有必要设置万向传动装置和角传动装置。该布置方案的特点如下：

1）大型客车采用这种布置方案更容易实现汽车总重量在前后车轴之间的合理分配。

2）充分利用了车厢空间，降低了车厢噪声。

3）发动机冷却条件较差。

4）发动机和变速器、离合器的操纵机构都较复杂，RR 型亦用于某些微、轻型轿车。

1.2.4　发动机中置后轮驱动（MR 型）

发动机中置后轮驱动（MR 型）方案的特点是发动机放置在前、后轴之间，同时采用后轮驱动（图 1-6），常为赛车和部分客车所采用。该布置方案的优缺点介于 FF 型和 FR 型方案之间。此

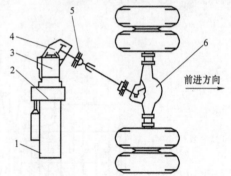

图 1-5　发动机后置后轮驱动布置方案

1—发动机　2—离合器　3—变速器
4—角传动装置　5—万向传动装置　6—驱动桥

外，还有一种"前中置发动机"方案，即发动机置于前轴之后、乘员之前，类似于 FR 型方案，但能达到与 MR 型方案一样的理想轴荷分配，从而提高汽车操控性。

1.2.5　全轮驱动（nWD 型）

全轮驱动又称四轮驱动（图 1-7），是指汽车前、后轮都有动力，系统可按行驶路面状态不同而将发动机输出的转矩按不同比例分配到前后所有的车轮上，以提高汽车的行驶能

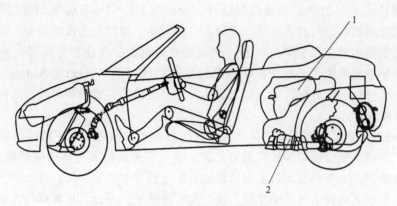

图 1-6　发动机中置后轮驱动布置方案
1—发动机　2—传动系统

力。对于要求能在坏路或无路区域行驶的越野汽车来说，为了充分利用所有车轮与路面的附着条件，以获得尽可能大的牵引力，总是将全部车轮都作为驱动轮。4×4 轻型越野汽车与 4×2 汽车相比，不同的是其前桥也是驱动桥。为了将变速器输出的动力分配给前后两驱动桥，在变速器与两驱动桥之间设有分动器，并且相应增设了自分动器通向前驱动桥的万向传动装置。

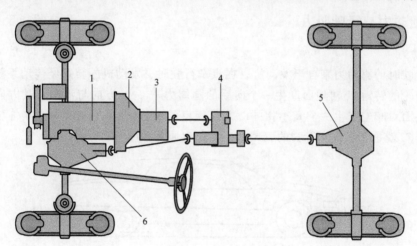

图 1-7　发动机前置全轮驱动布置方案
1—发动机　2—离合器　3—变速器　4—分动器　5—后驱动桥　6—前驱动桥

四轮驱动又有分时四驱（Part-time 4WD）、全时四驱（Full-time 4WD）和适时驱动（Real-time 4WD）3 种类型。它们的特点如下：

1) 分时四驱是一种驾驶人可以在两驱和四驱之间手动选择的四轮驱动系统，由驾驶人根据路面情况，通过接通或断开分动器来切换两轮驱动或四轮驱动模式，这也是一般越野汽车或四驱 SUV 最常见的驱动模式。其最显著的优点是可根据实际情况选取驱动模式，经济性好。在公路上行驶使用两轮驱动，可获得较好的经济性；当遇到雨雪路况时，选择四轮驱动，增强了车辆的附着力和操控性。

2) 全时四驱不需要驾驶人选择操作，车辆永远维持四轮驱动模式，即全时四驱是将发动机输出的动力经传动系统分配到四个车轮上，因而能获得更为平稳的牵引力。即使是遇到极限路况（泥泞湿地、山路）或激烈驾驶时，全时四驱车辆都有很高的通过性及稳定性。不过相对于适时四驱和分时四驱来说，其缺点也很明显，那就是经济性不好。而且车辆没有任何装置来控制轮胎转速的差异，一旦一个轮胎离开地面，往往就会停滞在原地，无法前进。但是，近年来也发展了一些智能化的全时四驱系统，例如奥迪的 Quattro，当其遇到特殊路面时，系统可以重新分配转矩，把更多的转矩分配给不打滑的驱动轮，从而解决了老式全时四驱的弊端。

3）采用适时驱动系统的车辆可以通过计算机来控制选择适合当下情况的驱动模式。在正常的路面，车辆一般会采用后轮驱动的方式。而一旦遇到路面不良或驱动轮打滑的情况，计算机会自动检测并立即将发动机输出的转矩分配给前排的两个车轮，自动切换到四轮驱动状态，免除了驾驶人的判断和手动操作，使应用更加简单。不过，计算机与人脑相比，反应毕竟较为死板，而且这样一来，也缺少了那种一切尽在掌握的征服感和驾驶乐趣。

1.3 汽车行驶的基本原理

若要使汽车行驶，必须对汽车施加一个驱动力，使其能克服行驶中遇到的各种阻力，这就是汽车行驶的基本原理。

1.3.1 驱动力与行驶阻力

1. 驱动力

汽车行驶时的驱动力来自于发动机，在汽车行驶时，发动机的转矩经传动系统施加给驱动轮，驱动轮的转矩 T_t 对地面产生一个向后的圆周力 F_0，其方向与汽车行驶方向相反。与此同时，路面对车轮产生一个大小相同、方向相反的反作用力 F_t，其作用方向与汽车行驶方向相同，F_t 就是牵引汽车行驶的驱动力，其产生原理如图1-8所示。

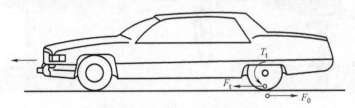

图1-8 汽车驱动力的产生原理

在数值上驱动力 $F_t = F_0 = T_t/r_r$（r_r 为驱动轮的半径）。驱动力与发动机输出的转矩、传动系统的传动比和机械效率成正比，与驱动轮半径成反比。

2. 行驶阻力

汽车行驶时可能遇到的阻力有滚动阻力、空气阻力、坡度阻力和加速阻力。

滚动阻力用 F_f 表示，其值等于车轮负荷与滚动阻力系数的乘积，主要是由于轮胎和路面的变形而产生的。汽车在松软路面上行驶时，滚动阻力主要是由路面变形而引起的；而汽车在硬路面上行驶时，滚动阻力主要是由轮胎变形而引起的。

空气阻力用 F_w 表示，是汽车在行驶中与空气相互作用而形成的。空气阻力主要包括汽车前面受到气流的压力与后面形成一定的真空作用而产生的压力差，以及空气与汽车表面相互摩擦而形成的摩擦力。空气阻力与汽车的形状有关，其大小与汽车正面投影面积、汽车与空气相对速度的平方成正比。

坡度阻力用 F_i 表示，汽车上坡时，其重力沿坡道的分力称为坡度阻力，是汽车重力沿坡道的分力方向与汽车行驶方向相反而形成的，坡度阻力只在汽车上坡时才存在，在汽车下坡时坡度阻力转换成动力。

加速阻力用 F_j 表示，是汽车加速过程中克服其质量加速运动的惯性力。它包括汽车加速时平移质量的惯性阻力和旋转质量的惯性阻力。克服加速阻力所消耗的发动机动力也是一种能量储存，它是汽车滑行的主要动力源。加速阻力只有在汽车加速行驶时才存在，汽车匀速行驶时没有这个阻力。

1.3.2 汽车行驶要求

1. 驱动条件

当汽车的驱动力逐渐增大到足以克服汽车行驶时遇到的各种阻力之和 $\sum F$（$\sum F = F_f + F_w + F_i + F_j$）时，汽车便可起步行驶。汽车起步后，其行驶状态取决于驱动力与各行驶阻力之和的关系。当驱动力大于各行驶阻力之和（即 $F_t > \sum F$）时，汽车将加速行驶；当驱动力等于各行驶阻力之和（$F_t = \sum F$）时，汽车将匀速行驶；当驱动力小于各行驶阻力之和（$F_t < \sum F$）时，汽车将减速行驶。

2. 驱动力与附着力

汽车驱动力的最大值除受发动机最大转矩和传动系统参数的影响外，还受驱动轮与接触面间的附着作用（在汽车技术中，把轮胎与路面之间的相互摩擦以及轮胎花纹和路面凸起部分的相互作用综合在一起，称为附着作用）的限制。由附着作用所决定的阻碍车轮打滑的力的最大值称为附着力，用 F_φ 表示，即

$$F_\varphi = F_z \varphi \tag{1-1}$$

式中，F_z 为在硬路面上驱动轮所承受的垂直于地面的法向力；φ 为附着系数，其值与轮胎的类型及路面的性质有关。

由式（1-1）可知附着力 F_φ 与驱动轮所承受的垂直作用力 F_z 以及附着系数 φ 成正比。

由此可见，汽车行驶过程中决定汽车运动状态的，除了汽车的驱动力和行驶阻力之外，还与附着力的大小有关。当汽车的驱动力小于或等于附着力（即 $F_t \leq F_\varphi = F_z \varphi$）时，汽车正常行驶；而当汽车在附着力较小的路面（泥泞或冰雪路面）上行驶（即 $F_t > F_\varphi = F_z \varphi$）时，汽车行驶的驱动力 F_t 受附着力 F_φ 的限制而减小，不能克服遇到的行驶阻力，导致汽车减速甚至不能前进。此时，即使加大发动机的输出功率或使变速器换入低档位，汽车车轮也只能打滑，仍无法获得汽车行驶所需的驱动力。

综上所述，汽车行驶的基本要求是驱动力必须大于或等于行驶阻力，且小于或等于附着力。

【内 容 小 结】

1）汽车底盘的功用是支承、安装汽车发动机及各部件、总成，形成汽车的整体造型，并利用发动机的动力，使汽车产生运动，保证汽车能够按照驾驶人的操纵正常行驶。

2) 汽车底盘由传动系统、行驶系统、转向系统和制动系统四大部分组成。

3) 汽车底盘的总体布置取决于汽车的使用性质、发动机的安装位置和汽车的驱动型式。其中，汽车驱动型式表示为汽车车轮总数×驱动车轮数，如 4×2、4×4、6×6 等。

4) 汽车底盘的总体布置包括发动机前置后轮驱动（FR型）、发动机前置前轮驱动（FF型）、发动机后置后轮驱动（RR型）、发动机中置后轮驱动（MR型）和全轮驱动（nWD型）。

5) 在数值上驱动力 $F_t = F_0 = T_t/r_r$。驱动力与发动机的转矩、传动系统的传动比和机械效率成正比，与驱动轮半径成反比。

6) 汽车行驶时可能遇到的阻力有滚动阻力 F_f、空气阻力 F_w、坡度阻力 F_i 和加速阻力 F_j。

7) 由附着作用所决定的阻碍车轮打滑的力的最大值称为附着力（其用 F_φ 表示），且有 $F_\varphi = F_z \varphi$，附着力 F_φ 与驱动轮所承受的垂直作用力 F_z 以及附着系数 φ 成正比，附着系数 φ 的值与轮胎的类型及路面的性质有关。

8) 汽车行驶的基本要求是驱动力必须大于或等于行驶阻力，且小于或等于附着力。

【学习自测】

1) 汽车技术亟待解决的三大重要课题是什么？
2) 汽车通常由哪四大部分组成？
3) 汽车底盘有何功用？
4) 汽车底盘是由哪几部分组成的？
5) 汽车底盘的总体布置型式有哪些？
6) 汽车的驱动型式为 4×2，这表示什么意思？
7) 汽车驱动力的大小取决于哪些因素？
8) 汽车行驶时可能会遇到哪些阻力？
9) 什么是附着力？附着力的大小取决于哪些因素？
10) 汽车行驶的基本要求是什么？

第 2 章

汽车传动系统概述

【学习目标】

1）掌握传动系统的基本功用和主要功能。
2）掌握机械式传动系统的组成，了解其各组成部分的功用。
3）了解传动系统的类型和各自的组成及特点。

2.1 传动系统的组成与功能

2.1.1 传动系统的组成

与活塞式内燃机配用的机械式传动系统应用广泛，其一般由离合器、变速器、万向传动装置和驱动桥等组成。其中，万向传动装置由万向节和传动轴组成，驱动桥主要由主减速器、差速器和半轴等组成。汽车传动系统的基本功用是将发动机发出的动力传给汽车的驱动轮，产生驱动力，保证汽车在不同使用条件下的正常行驶。

对于前置后驱动的双轴汽车来说，发动机发出的动力依次经过离合器 1（图 2-1）、变速器 2（或自动变速器）、万向节 3 和传动轴 8 组成的万向传动装置、安装在驱动桥 4 中的主减速器 7、差速器 5 和半轴 6 传给后车轮，因此后轮又称为驱动轮。驱动轮得到转矩便给地面一个向后的作用力，从而使地面对驱动轮产生一个向前的反作用力，这个反作用力就是汽

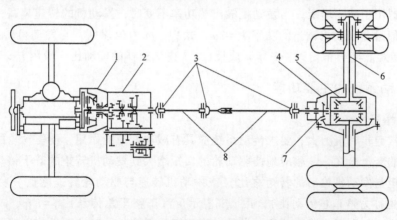

图 2-1 机械式传动系统的一般组成及布置

1—离合器 2—变速器 3—万向节 4—驱动桥 5—差速器 6—半轴 7—主减速器 8—传动轴

车的驱动力。汽车的前轮与传动系统一般没有动力上的直接联系，因而又称为从动轮。

传动系统的组成是随底盘布置型式和发动机类型的不同而变化的。例如，越野汽车多采用四轮驱动，则在它的传动系统中就增加了分动器等总成；而对于前置前驱的车辆，它的传动系统中就没有较长的传动轴等装置。

2.1.2 传动系统各组成的功用

1. 离合器的功用

离合器的基本功用是接通或切断动力传递。在正常工作时接通，在起步、换档、制动及滑行时断开。在驾驶人的操纵下，通过主、从动部分的接合或分离来实现动力的传递或断开。

2. 变速器的功用

变速器用于实现车辆的变速，保证发动机工作在高效区。有的变速器设置有多个档位，如1~5档，传动比依次减小，最小为1，并称之为直接档，此外还有空档和倒档；有的变速器传动比在一定的范围内连续可调，称为无级变速。变速器的传动比一般用 i_g 表示。

3. 万向节的功用

万向节的功用是消除变速器与驱动桥之间因相对运动而产生的不利影响，允许驱动轮在一定空间范围内跳动；便于传动轴在车厢底部的布置，降低地板的高度。

4. 传动轴的功用

传动轴的主要功用是传递动力，并连接变速器与主减速器。

5. 驱动桥的功用

驱动桥的两侧安装左、右驱动轮，驱动桥壳内安装主减速器和差速器等。

6. 差速器和半轴的功用

差速器用于实现左、右车轮的差速。之所以存在差速，是因为在汽车转向时，内、外侧驱动轮在相同时间内所行驶的距离不同，两者需要获得的线速度也就不同，内侧车轮的线速度较小，外侧车轮的线速度较大。半轴主要用于传递动力，驱动桥的动力经主减速器、差速器和半轴，最终传递到驱动轮，从而实现车轮的差速。

7. 主减速器的功用

主减速器用于减速增矩。当发动机输出的功率不变时，发动机的转速越高，其输出的转矩越小（其原理是发动机输出的功率 $P=T\omega$，式中，ω 为角速度，与发动机转速 n 成正比；T 为发动机转矩。当 P 恒定时，T 和 n 成反比）。主减速器的传动比一般用 i_0 表示。

2.1.3 传动系统的主要功能

1. 减速增矩

汽车正常起步时阻力大，要求传动系统应具有减速增矩的作用，使驱动轮的转速降低到发动机转速的若干分之一，相应地使驱动轮的转矩增大到发动机转矩的若干倍。一般将驱动轮得到的转矩与发动机输出的转矩之比（或发动机转速与驱动轮转速之比）称为传动系统的传动比（也称为整车总传动比），用 i 来表示。汽车整车总传动比 $i=i_g i_0$，式中，i_0 为主减速器传动比；i_g 为变速器传动比。另外，汽车正常行驶时，若发动机输出的转矩不足以克服汽车的行驶阻力，也需要进行减速增矩。例如，汽车在平直沥青路面上以低速匀速行驶时，需要克服的滚动阻力约为自重的 1.5%。如 EQ1090E 型汽车的满载总质量若为 9290kg（91042N），其最小滚动阻力约为 1366N，而发动机的最大转矩为 353N·m，轮胎半径为 0.45m，驱动轮所能获得的驱动力只有 784N，该数值远小于上述滚动阻力，因此必须减速增矩。

2. 变速变矩

汽车的使用条件，如装载质量、道路坡度及路面状况等都在很大范围内变化，这就要求汽车的驱动力和速度有相当大的变化范围；另一方面，发动机在整个转速范围内转矩的变化不大，而功率及燃油消耗率的变化却很大，因而应尽可能保证发动机工作在功率较大而燃料消耗率较低的有利转速范围内。为了使发动机保持在有利转速范围内工作，而汽车的驱动力和速度又能在足够大的范围内变化，应当使传动系统的传动比在最大值与最小值之间变化，即传动系统应有变速作用。传动系统的传动比的最小值应能保证汽车可在平直良好路面上克服滚动阻力和空气阻力，并以相应的最高速度行驶，轿车和轻型货车传动系统的最小传动比为 3~6，而重型货车的为 6~15（最小传动比一般由主减速器实现）。当要求驱动力足以克服最大行驶阻力，或要求汽车具有某一最低稳定速度时，传动系统的传动比应取最大值，如轿车传动系统的最大传动比为 12~18，而中、轻型货车的为 35~50。

传动比在最大值与最小值之间的变化由变速器来完成，机械式传动系统大多装用有级变速器，轿车和轻、中型货车的变速器多为 3~5 档，而重型货车和越野汽车多为 8~10 档。

3. 实现汽车的倒退行驶

汽车除了向前行驶外，在某些情况下还需要倒退行驶。因为发动机不能反向旋转，这就要求传动系统必须保证在发动机旋转方向不变的情况下，使驱动轮反向旋转，一般是在变速器内加装倒档，以实现汽车的倒退行驶。

4. 必要时中断动力传递

发动机只能在无负荷情况下起动，且起动后必须保持在最低稳定转速以上，否则发动机很可能会停转。因此在汽车起步前，必须切断动力传递，以起动发动机；在发动机进入怠速后，逐渐恢复传动系统的传动能力，即逐渐对发动机加载，同时加大节气门开度，以保证发动机不至于停转，且汽车能平稳起步。此外，在变换档位和制动之前也都应暂时中断动力传递。为此，在发动机和变速器之间，可设一个靠摩擦来传动，可彻底分离，也可柔和接合的机构，即离合器。

在汽车长时间停驻，以及在发动机不停止运转而汽车暂时停驻或靠惯性滑行时，传动系统应能长时间保持中断状态，因此变速器应设有空档，以中断动力传递。

5. 不打滑转向（差速作用）

汽车在转弯行驶时，左、右驱动轮在同一时间内驶过的距离不同，如果两侧的驱动轮用一根刚性轴连接，则两轮转动的角速度必然相同，此时必然产生车轮相对地面滑动的现象，并将导致转向困难，汽车的动力消耗增加，传动系统内部某些零件和轮胎磨损加剧。为避免这些情况的出现，驱动桥内安装了差速器，可使左、右驱动轮以不同的角速度转动，从而起到差速作用。

6. 变角度传递动力

发动机、离合器和变速器固定在车架上，而驱动桥通过悬架与车架相连。因此在行驶过程中，变速器与驱动桥之间经常会有相对运动，故二者不可刚性连接，应使用万向传动装置，以保证在角度发生变化时仍能正常传递动力。

2.2 传动系统的类型

根据汽车传动系统中传动元件的特征，传动系统可以分为机械式、液力式（包括液力机械式和静液式）和电力式等类型。

2.2.1 机械式传动系统

机械式传动系统一般由离合器、变速器、万向传动装置（万向节和传动轴）和驱动桥（主减速器、差速器、半轴和桥壳）组成，图2-2所示为发动机前置前轮驱动的机械式传动系统布置示意图。

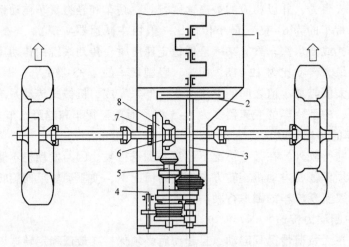

图2-2 发动机前置前轮驱动的机械式传动系统布置示意图
1—发动机 2—离合器 3—变速器输入轴 4—变速器 5—变速器输出轴 6—差速器
7—车速表驱动齿轮 8—主减速器从动齿轮

2.2.2 液力式传动系统

1. 液力机械式传动系统

液力机械式传动系统又称为动液式传动系统（图2-3），其特点是将液力传动与机械传动有机地组合起来。其中，液力传动是指利用液力变矩器传动，而机械传动则是指利用自动变速器、万向传动装置和驱动桥等传动。

2. 静液式传动系统

静液式传动系统（图2-4）的特点是通过液体传动介质静压力能的变化来传递动力，主要由发动机驱动的液压泵7，液压马达2和液压自动控制装置6等组成。

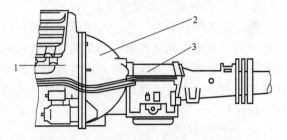

图2-3 液力机械式传动系统布置示意图
1—发动机 2—液力变矩器 3—行星齿轮变速器

其工作原理是利用发动机带动液压泵产生静压力,通过控制装置控制液压马达转速,用一个液压马达带动驱动桥或用两个液压马达直接驱动两个驱动轮。静液式传动系统的主要缺点是机械效率低、造价高、使用寿命短,以及可靠性差等,故没有得到广泛应用。

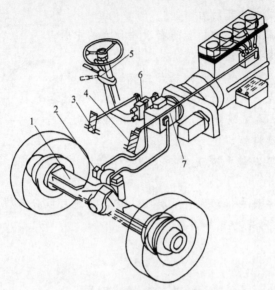

图 2-4 静液式传动系统

1—驱动桥　2—液压马达　3—制动踏板　4—加速踏板　5—变速杆　6—液压自动控制装置　7—液压泵

2.2.3 电力式传动系统

电力式传动系统(图 2-5)的组成和布置与静液式传动系统类似,其主动部件是由发动机 2 驱动的发电机 3,从动部件是电动机 5。

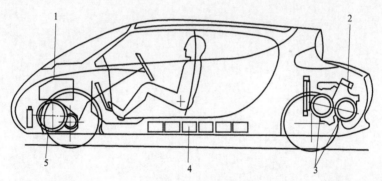

图 2-5 电力式传动系统

1—电动机控制器　2—发动机　3—发电机　4—蓄电池　5—电动机

【内容小结】

1) 汽车传动系统的基本功用是将发动机发出的动力传给汽车的驱动轮。

2）机械式传动系统的组成主要有离合器、变速器、万向传动装置（包括万向节和传动轴）和驱动桥（包括主减速器、差速器和半轴等）。

3）传动系统各组成部分的功用。

a）离合器：传递或者切断动力。

b）变速器：实现车辆的变速、倒退行驶和动力的中断。

c）万向节：变角度传递动力。

d）传动轴：传递动力，连接变速器与主减速器。

e）驱动桥：安装左、右驱动轮，内置主减速器和差速器等。

f）差速器：使左、右车轮差速，以实现不打滑转向。

g）主减速器：减速增矩。

4）传动系统的主要功能：减速增矩、变速倒车、中断动力、不打滑转向和变角度传动。

5）根据汽车传动系统中传动元件的特征，传动系统可以分为机械式、液力式（包括液力机械式和静液式）和电力式等类型。

【学习自测】

1）传动系统的基本功用是什么？

2）机械式传动系统的组成主要有哪些？

3）传动系统有哪些主要功能？

4）传动系统的类型有哪些？

第 3 章

离 合 器

【学习目标】

1) 掌握离合器的功用。
2) 理解摩擦式离合器的工作原理。
3) 掌握摩擦式离合器的基本组成及对摩擦式离合器的基本性能要求。
4) 掌握单、双盘周布螺旋弹簧离合器和膜片弹簧离合器的结构特点与工作性能,重点掌握单盘周布螺旋弹簧离合器的组成和工作过程(特别是所涉及的四个名词术语)。
5) 熟悉膜片弹簧离合器的优缺点和膜片弹簧离合器的结构类型。
6) 了解离合器操纵机构的类型及特点。
7) 了解带扭转减振器从动盘的构造和工作原理。

3.1 离合器概述

3.1.1 离合器的功用

离合器是汽车传动系统中直接与发动机相连接的部件,用来接通或断开发动机与变速器之间的动力传递。离合器主要有以下功用。

1. 保证汽车平稳起步

保证汽车平稳起步是离合器的首要功能。在汽车起步前,要先起动发动机。而汽车起步时,汽车是从完全静止的状态逐步加速的。如果传动系统与发动机刚性地连接,则变速器一挂上档,汽车将突然前冲,使发动机熄火。这是因为汽车从静止到前冲时,会产生很大惯性力,对发动机造成很大的阻力矩。在阻力矩作用下,发动机瞬时转速急剧下降到最低稳定转速(一般为 300~500r/min)以下,发动机即熄火而不能工作,当然汽车也不能起步。因此,就需要离合器的帮助。在发动机起动后,汽车起步之前,驾驶人先踩下离合器踏板,将离合器分离,使发动机和传动系统脱开,再将变速器挂上档,然后逐渐松开离合器踏板,使离合器逐渐接合。在接合过程中,由于发动机所受阻力矩逐渐增大,应同时逐渐踩下加速踏板,即逐步增加对发动机的燃料供给量,使发动机的转速始终保持在最低稳定转速以上,而不致熄火。同时,由于离合器的接合紧密程度逐渐增大,发动机经传动系统传给驱动轮的转矩便逐渐增加,到牵引力足以克服起步阻力时,汽车即从静止开始运动并逐步加速。

2. 保证传动系统换档时工作平顺

在汽车行驶过程中,为适应不断变化的行驶条件,传动系统经常要更换不同档位工作。

实现齿轮式变速器的换档，一般是拨动齿轮或其他换档机构，使原用档位的某一齿轮副退出传动，再使另一档位的齿轮副进入工作。在换档前必须踩下离合器踏板，中断动力传输，便于原档位的啮合副脱开，同时使新档位啮合副的啮合部位的速度逐步趋向相等（同步），这样可以极大减轻进入啮合时的冲击，以实现平顺换档。

3. 防止传动系统过载

当汽车进行紧急制动时，若没有离合器，则发动机将因和传动系统刚性连接而急剧降低转速，其所有运动件将产生很大的惯性力矩（其数值可能大大超过发动机正常工作时所发出的最大转距），从而对传动系统造成超过其承载能力的载荷，导致机件损坏。有了离合器，便可以依靠离合器主动部分和从动部分之间可能产生的相对运动（打滑）来消除这一风险。因此，需要离合器来限制传动系统所承受的最大转距，以防止传动系统过载。

3.1.2 离合器的类型

按照传递动力方式的不同，离合器可分为以下 3 种：

1）摩擦式离合器——利用摩擦作用传递动力。为产生摩擦所需的压紧力，可以是弹簧力、液压作用力或电磁吸力。

2）液力偶合器——利用液体作为传动介质。

3）电磁离合器——利用磁力传动。

其中，汽车上使用最多的是摩擦式离合器。

3.1.3 摩擦式离合器的构造和工作原理

图 3-1 所示为摩擦式离合器的工作原理和结构示意图。

发动机的飞轮 1 是离合器的主动件，带有摩擦片的从动盘 2 和从动盘毂 6 借滑动花键与从动轴 5（即变速器的输入轴）相连。压紧弹簧 4 则将从动盘压紧在飞轮端面上。发动机转矩即靠飞轮与从动盘接触面之间的摩擦作用而传到从动盘上，再由此经过从动轴和传动系统中一系列部件传给驱动轮。压紧弹簧的压紧力越大，则离合器所能传递的转矩也越大。

离合器的工作过程（即工作原理）其实就是离合器的分离过程和接合过程。

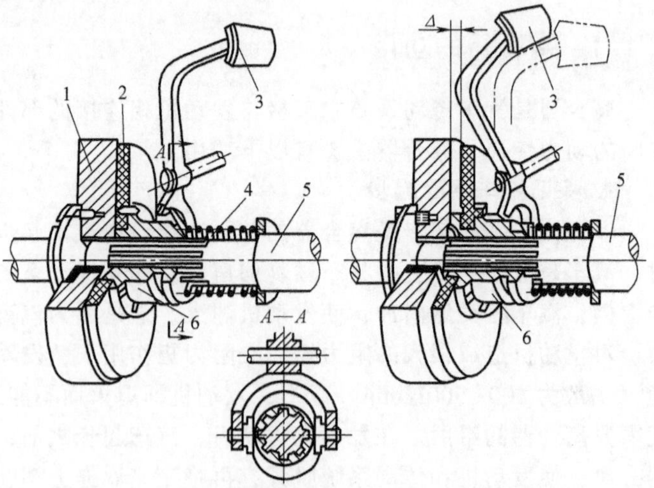

图 3-1 摩擦式离合器的工作原理和结构示意图
1—飞轮 2—从动盘 3—踏板
4—压紧弹簧 5—从动轴 6—从动盘毂

1. 离合器的分离过程

欲使离合器分离时，只要踩下离合器操纵机构中的踏板 3，套在从动盘毂 6 环槽中的拨叉便推动从动盘 2 克服压紧弹簧 4 的压力向右移动而与飞轮 1 分离，主、从动部分出现间隙，摩擦力消失，从而中断了动力传递。

2. 离合器的接合过程

当需要重新恢复动力传递时，为使汽车速度和发动机转速的变化比较平稳，应该适当控制离合器踏板回升的速度（即逐渐松开踏板3），使从动盘2在压紧弹簧4的作用下，向左移动与飞轮1逐渐接触，二者接触面间的压力逐渐增加，相应的摩擦力矩也逐渐增加。当飞轮和从动盘接合还不紧密，摩擦力矩比较小时，二者可以不同步旋转，即离合器处于打滑状态。随着飞轮和从动盘接合紧密程度的逐步增大，二者转速渐趋相等。直到离合器完全接合而停止打滑时，汽车速度方能与发动机转速成正比，即离合器的接合过程是从打滑到完全接合。

由上述工作过程可知摩擦式离合器基本由以下四部分组成：

1) 主动部分——飞轮、压盘、离合器盖。
2) 从动部分——从动盘、从动轴。
3) 压紧装置——压紧弹簧。
4) 操纵机构——离合器踏板、分离轴承、分离杠杆和分离叉等。

离合器的主、从动部分和压紧装置是保证离合器处于接合状态并能传递动力的基本结构，而离合器的操纵机构主要是使离合器分离的装置。离合器的主动部分和从动部分既可以暂时分离，又可以逐渐接合，二者是非刚性连接的，因此可以有相对运动（即打滑）。

摩擦式离合器所能传递的最大转矩数值取决于摩擦面间的压紧力、摩擦面尺寸、摩擦面数目和摩擦系数四个因素。

3.1.4 对摩擦式离合器的基本性能要求

1) 保证能传递发动机最大输出转矩。
2) 分离彻底。
3) 接合柔和。
4) 从动部分的转动惯量尽可能小。因为从动部分与变速器主动轴相连，若转动惯量过大，就会有较大的惯性力矩输入变速器，效果相当于分离不彻底，不能很好地起到减轻轮齿间冲击的作用。
5) 散热良好。离合器接合时会产生大量热量，接合越柔和，产生的热量越大。
6) 操作轻便，工作可靠。

3.1.5 摩擦式离合器的类型

1. 按从动盘数目分类

摩擦式离合器按从动盘数目可分为单盘离合器、双盘离合器和多盘离合器。单盘离合器只有一个从动盘，其前后两面都装有摩擦片，因而具有两个摩擦面，而双盘离合器则是增加了一个从动盘，即有两个从动盘和四个摩擦面。

2. 按压紧弹簧的类型分类

摩擦式离合器按压紧弹簧的类型可分为膜片弹簧离合器和螺旋弹簧离合器。螺旋弹簧离合器按压紧弹簧安装位置又可分为周布螺旋弹簧离合器和中央螺旋弹簧离合器。周布螺旋弹簧离合器采用若干个螺旋弹簧作为压紧弹簧，并沿压盘（或从动盘）圆周分布；而中央螺旋弹簧离合器仅具有一个或两个较强力的螺旋弹簧，并与压盘（或从动盘）同心安置在离合器的正中央。

3.2 膜片弹簧离合器

3.2.1 膜片弹簧离合器的构造

膜片弹簧离合器主要由主动部分、从动部分、压紧装置和操纵机构四部分组成，如图3-2所示。

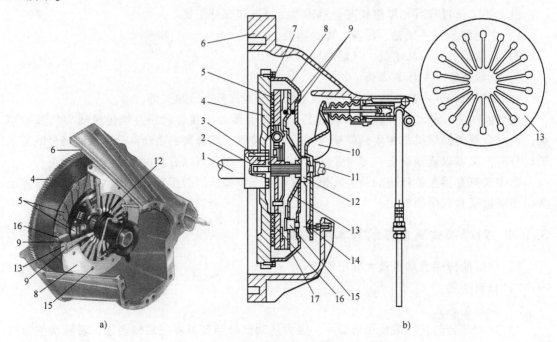

图 3-2 膜片弹簧离合器

a）切诺基汽车膜片弹簧离合器 b）膜片弹簧离合器结构示意图

1—曲轴 2—滚针轴承 3—螺栓 4—飞轮 5—离合器从动盘总成 6—飞轮壳 7—内六角螺栓
8—离合器盖 9—前、后钢丝支承圈 10—分离叉 11—变速器第一轴 12—分离轴承
13—膜片弹簧 14—球头螺栓 15—铆钉 16—压盘 17—压盘分离钩

1. 主动部分

膜片弹簧离合器的主动部分包括飞轮、离合器盖1和压盘5等（图3-3），它们与发动机曲轴连在一起，并始终与曲轴一起转动。在图3-3中，离合器盖1与飞轮用螺栓连接，压盘5与离合器盖1间通过3~4个传动片6传递转矩。传动片6用弹簧钢片制成，沿压盘5周边均匀分布，顺着切线方向安装，其两端分别被铆钉7铆在离合器盖1和压盘5上。离合器分离时，传动片6发生弯曲变形。

2. 从动部分

膜片弹簧离合器的从动部分包括从动盘和从动轴，而从动盘是由从动盘本体5、摩擦片1和从动盘毂11三个基本部分组成的，如图3-4所示。

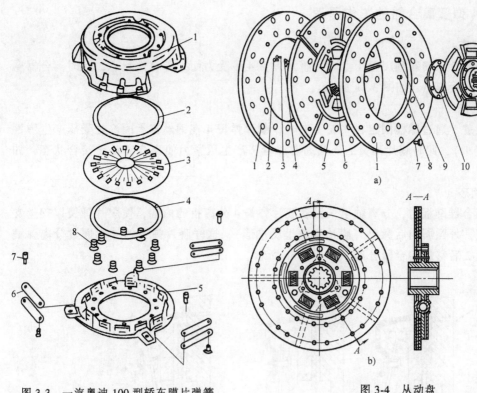

图 3-3 一汽奥迪 100 型轿车膜片弹簧
离合器盖及压盘总成分解图
1—离合器盖 2、4—钢丝支承圈 3—膜片弹簧
5—压盘 6—传动片 7—铆钉 8—支承铆钉

图 3-4 从动盘
a) 结构图 b) 剖视图
1—摩擦片 2—阻尼弹簧铆钉 3—从动盘铆钉 4—阻尼弹簧
5—从动盘本体 6—减振器弹簧 7—摩擦片铆钉
8—阻尼片铆钉 9—从动盘铆钉隔套（起减振器限位销的作用）
10—减振阻尼片 11—从动盘毂 12—减振器盘

3. 压紧装置

压紧装置主要是膜片弹簧，它以离合器盖为依托，将压盘压向飞轮，从而将从动盘压紧。膜片弹簧由薄弹簧钢板制成，整体呈锥形，并开有若干个径向切槽，形成弹性杠杆（相当于分离杠杆），可兼起压紧弹簧和分离杠杆的双重作用，其由分离指 B 和碟簧 A 两部分组成（图 3-5）。两侧有钢丝支承圈，通过数个铆钉安装在离合器盖上，相当于分离杠杆的支点，膜片弹簧的外端用分离钩与压盘相连。

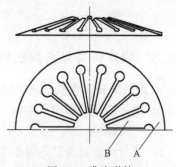

图 3-5 膜片弹簧

4. 操纵机构

操纵机构是驾驶人用以使离合器分离与接合的机构，它由分离机构、离合器踏板、传动机构和助力机构等组成，具体包括离合器踏板、分离叉、分离套筒和分离轴承等。按传动方式划分，离合器操纵机构有机械、液压和气压三种。在汽车上应用较为广泛的是液压式离合器操纵机构。

3.2.2 膜片弹簧离合器的工作原理

1. 自由状态

当离合器盖5未安装到飞轮1上时,膜片弹簧4不受力而处于自由状态,此时离合器盖与飞轮之间有一距离Δ,如图3-6a所示。

2. 接合状态

当离合器盖5通过螺栓固定在飞轮1上时,膜片弹簧4在钢丝支承圈6处受压产生弹性变形(锥角变小),此时膜片弹簧的外圆周对压盘2产生压紧力使离合器处于接合状态,如图3-6b所示。

3. 分离状态

当踩下离合器踏板时,分离轴承7推动膜片弹簧4分离指的内端,使膜片弹簧以钢丝支承圈6为支点,外圆周向后翘起(膜片弹簧呈反锥形),这样膜片弹簧的外端通过分离弹簧钩3拉动压盘2后移使离合器分离,如图3-6c所示。

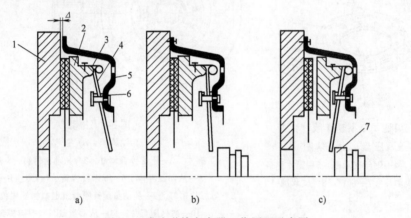

图3-6 膜片弹簧离合器工作原理示意图
a)自由状态 b)接合状态 c)分离状态
1—飞轮 2—压盘 3—分离弹簧钩 4—膜片弹簧 5—离合器盖 6—钢丝支承圈 7—分离轴承

3.2.3 膜片弹簧离合器的特点

1. 膜片弹簧离合器的结构特点

1)膜片弹簧的轴向尺寸较小而径向尺寸很大,这有利于在提高离合器转矩容量的情况下减小离合器的轴向尺寸。

2)膜片弹簧离合器不需要专门的分离杠杆,结构简化,零件数目少,重量轻。

3)由于膜片弹簧轴向尺寸小,可以适当增加压盘的厚度,提高热容量;还可以在压盘上增加散热筋及在离合器盖上开设较大的通风孔来改善散热条件。

4)膜片弹簧离合器的主要部件形状简单,可以采用冲压加工,大批量生产时可以降低成本。

2. 膜片弹簧的弹性特性

图3-7所示为膜片弹簧和螺旋弹簧的弹性特性,由图可知螺旋弹簧具有线性特征,膜片

弹簧具有非线性特征。若假设两弹簧压紧力相同，即都为 P_b，轴向变形量为 λ_b。当摩擦片磨损量达到容许的极限值 $\Delta\lambda'$ 时，弹簧压缩变形量减小到 λ_a。此时螺旋弹簧压紧力便降低到 $P_{a'}$，下降较多，会使离合器中压紧力不足而产生滑磨；而膜片弹簧压紧力 P_a 较 P_b 几乎无下降，离合器仍能可靠工作。由此可见，膜片弹簧的转矩容量比螺旋弹簧要大。

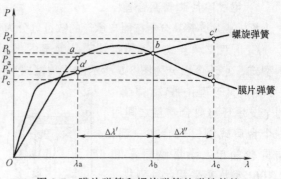

图 3-7 膜片弹簧和螺旋弹簧的弹性特性

3. 膜片弹簧离合器的优缺点

膜片弹簧离合器广泛应用在轿车，轻、中型货车，甚至重型货车上，它具有的优缺点分别如下：

（1）优点

1) 传递的转矩大且较稳定。
2) 分离指刚度低，操纵轻便。
3) 结构简单且紧凑。
4) 高速时平衡性好，冲击噪声小。
5) 通风散热性能好。
6) 摩擦片的使用寿命长。

（2）缺点

1) 制造工艺和尺寸精度等要求严格，制造难度大。
2) 分离指刚度低，分离效率低。
3) 分离指根部易形成应力集中。
4) 分离指舌尖易磨损。

3.2.4 膜片弹簧离合器的结构型式

膜片弹簧离合器根据离合器分离时分离指内端的受力方向不同，可分为推式和拉式两种结构型式，如图 3-8 所示。推式的特点是分离指在分离轴承向前推力的作用下使离合器分离；而拉式的特点是分离指在分离轴承向后拉力的作用下使离合器分离。两者都是依靠锥形膜片弹簧的变形而工作的。

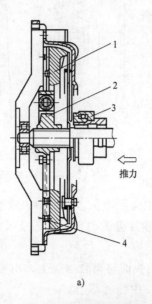
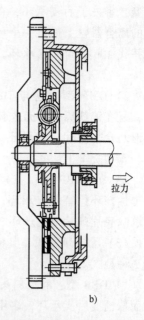

a)　　　　　　　　　　b)

图 3-8 推式膜片弹簧离合器和拉式膜片弹簧离合器的结构
a) 推式膜片弹簧离合器　b) 拉式膜片弹簧离合器
1—压盘　2—从动盘　3—分离轴承　4—飞轮

1. 推式膜片弹簧离合器

推式膜片弹簧离合器按照支承环的数目可分为双支承环式、单支承环式和无支承环式3种。

(1) 双支承环式　其特点是膜片弹簧的前后各有一个支承环。这是目前广泛采用的结构型式，它还可以分为图3-9所示的3种型式。

1) MF型：膜片弹簧、两个支承环与离合器盖之间用一个台肩式铆钉铆合在一起，结构较简单。桑塔纳轿车和NJ1061型汽车采用此种型式。

2) DS型：在标准铆钉杆上套一硬衬套，并在铆钉头处加1挡环，使前支承环不与铆钉头直接接触，从而提高了耐磨性和使用寿命，但结构较复杂。CA1092型汽车采用此种型式。

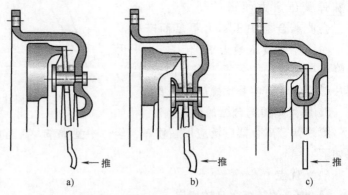

图3-9　双支承环式推式膜片弹簧离合器的结构型式示意图
a) MF型　b) DS型　c) DST型

3) DST型：通过离合器盖内边缘上伸出的许多舌片，将膜片弹簧、两个支承环与离合器盖弯合在一起，结构紧凑简单，寿命长，应用日益广泛。TJ7100型汽车采用此种型式。

(2) 单支承环式　其特点是只有一个支承环位于膜片弹簧的前端或后端，另一个支承环用离合器盖的凸台或弹性挡环替代。它还可以分为图3-10所示的3种型式。

1) DBV型：它是MF型的改进型，省去了后支承环，在冲压成形的离合器盖上冲出一个环形凸台来替代MF型的后支承环，简化了结构。

2) GMF型：它与DBV型相似，是在铸铁离合器盖上铸出一个环形凸台来替代后支承环，多用在中、重型货车上。

3) DB/DBP型：在铆钉前端以弹性挡环代替前支承环，这样可

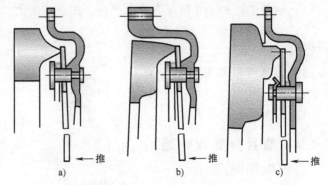

图3-10　单支承环式推式膜片弹簧离合器的结构型式示意图
a) DBV型　b) GMF型　c) DB/DBP型

以消除膜片弹簧与支承环之间的轴向间隙，多用在中、重型货车上。

(3) 无支承环式　其特点是膜片弹簧的前后都没有支承环。它还可以分为图3-11所示的3种型式。

1) DBR型：利用斜头铆钉的头部与离合器盖上冲出来的环形凸台将膜片弹簧铆合在中间而取消前后支承环，多用在轻、中型货车上。

2) D/DR型：与DB/DBP型相似，但以离合器盖上冲出的环形凸台来替代后支承环，使结构更简单，多用在中型货车上。

3) CP型：将D/DR型中的铆钉取消，通过离合器盖内边缘上伸出的许多舌片，将膜片

弹簧、弹性挡环与离合器盖上冲出的环形凸台弯合在一起,结构最简单,广泛用于轿车上。

2. 拉式膜片弹簧离合器

拉式膜片弹簧离合器按照支承环的数目可分为无支承环式和单支承环式两种。

（1）无支承环式　MFZ 型无支承环式是直接在离合器盖上冲出一个环形凸台以支承膜片弹簧,不用支承环（图 3-12），多用在轿车和轻型货车上。

（2）单支承环式（图 3-13）

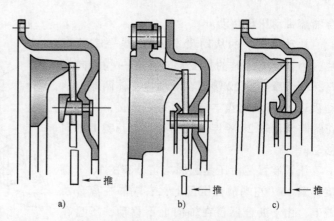

图 3-11　无支承环式推式膜片弹簧离合器的结构型式示意图
a) DBR 型　b) D/DR 型　c) CP 型

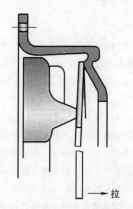

图 3-12　无支承环式拉式膜片弹簧离合器的结构型式示意图

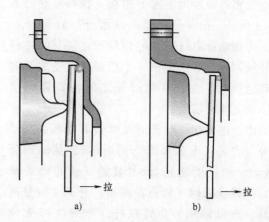

图 3-13　单支承环式拉式膜片弹簧离合器的结构型式示意图
a) DT/DTP 型　b) GMFZ 型

1) DT/DTP 型：将膜片弹簧的大端支承在冲压离合器盖中的支承环上,多用于轿车和货车。

2) GMFZ 型：将膜片弹簧的大端支承在铸造离合器盖凹槽中的支承环上,多用于中、重型货车。

3.3　螺旋弹簧离合器

3.3.1　单盘周布弹簧离合器

1. 单盘周布弹簧离合器的构造

图 3-14 所示为东风 EQ1090E 型汽车单盘周布弹簧离合器的构造。其主动部分有飞轮 19 和压盘 33,分别在从动盘的两侧,另外还有离合器盖 3。离合器盖用螺钉固连在飞轮上,随飞轮一起转动。压盘与离合器盖通过传动片 16 相连,传动片是弹性钢片,有足够的柔性,可沿轴向变形。因此,它不但可传递转矩,还可保证压盘的轴向移动,这样飞轮就可通过离

合器盖带动压盘转动。

从动部分中的从动盘本体 21 是一个薄钢片，为补偿工作时的热变形，开有一些径向切口，两个摩擦片 22 铆接在从动盘本体两侧，从动盘毂 27 与从动盘本体通过铆钉连接，并有内花键与从动轴 28 相连，从动盘可在花键上轴向移动。

压紧装置是沿压盘圆周均匀分布的 16 个螺旋弹簧 15，左端顶在压盘上，右端靠在离合器盖上，由于离合器盖在轴向上不移动，压盘在弹簧压力的作用下将从动盘压向飞轮，以产生足够的摩擦力带动从动部分旋转。

分离离合器时，踩下踏板，拉杆带动分离叉 14 摆动，推动分离套筒 12 和分离轴承 10 前移，再推动分离杠杆 9 的内端随之前移，杠杆的外端即将压盘向后推一小段距离，使之不与从动盘接触，主、从动部分之间的摩擦力消失，动力即被切断。

由上述可知，单盘周布弹簧离合器由主动部分（飞轮、压盘和离合器盖等）、从动部分（从动盘和从动轴）、压紧装置（周布螺旋弹簧）和操纵机构（离合器踏板、分离叉、分离套筒、分离轴承、分离杠杆、分离杠杆支承柱、摆动支片和浮动销等）四大部分组成。

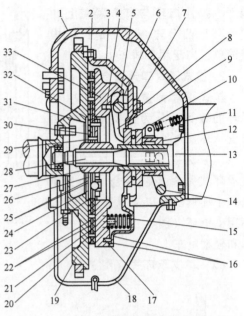

图 3-14 东风 EQ1090E 型汽车单盘周布
弹簧离合器的构造

1—离合器壳　2—离合器盖定位销　3—离合器盖
4—分离杠杆支承柱　5—摆动支片　6—浮动销
7—分离杠杆调整螺母　8—分离杠杆弹簧　9—分离杠杆
10—分离轴承　11—分离套筒回位弹簧　12—分离套筒
13—变速器第一轴轴承盖　14—分离叉　15—螺旋弹簧
16—传动片　17—传动片铆钉　18—离合器壳底盖
19—飞轮　20—摩擦片铆钉　21—从动盘本体
22—摩擦片　23—减振盘　24—减振弹簧
25—减振器阻尼片　26—阻尼片铆钉　27—从动盘毂
28—从动轴（即变速器第一轴）　29—阻尼弹簧铆钉
30—减振器阻尼弹簧　31—从动盘铆钉
32—从动盘铆钉衬套　33—压盘

2. 单盘周布弹簧离合器的动力传递路线

单盘周布弹簧离合器的动力传递路线包括两条。

第一条：曲轴→飞轮→摩擦片→从动盘本体→从动盘毂→离合器从动轴（变速器的输入轴）。

第二条：曲轴→飞轮→离合器盖→传动片→压盘→摩擦片→从动盘本体→从动盘毂→离合器从动轴（变速器的输入轴）。

3. 单盘周布弹簧离合器的工作过程

在分析离合器工作过程之前，先了解以下几个常用名词术语。

（1）离合器的自由间隙　自由间隙是指当离合器处于正常接合状态时，分离轴承前端面和分离杠杆端头之间的间隙。离合器在使用很长一段时间以后，摩擦片会磨损变薄导致压盘进一步向前，造成分离杠杆顶在分离轴承上，无法保证离合器正常接合，导致离合器打滑。为解决这一问题，分离杠杆与分离轴承之间要留有间隙。

（2）离合器的分离间隙　离合器分离后，从动盘前、后端面与飞轮及压盘表面之间的间隙即为分离间隙。

(3) 离合器踏板自由行程　由于自由间隙的存在，踩下离合器踏板后，分离轴承左移，先要消除此间隙，才能分离主从动部分，而从踩下离合器踏板到消除自由间隙所对应的踏板行程，即为离合器踏板自由行程。自由行程不能没有，但也不可过大，否则会导致离合器工作不灵敏。

(4) 离合器踏板工作行程　消除自由间隙后，继续踩下离合器踏板，将会产生分离间隙，此过程所对应的踏板行程即为离合器踏板工作行程。也就是说踩下踏板后，先是自由行程，然后才是工作行程。

离合器的工作过程可以分为分离过程和接合过程。

在分离过程中，踩下离合器踏板，首先在自由行程内消除离合器的自由间隙，然后在工作行程内产生分离间隙，离合器分离。

在接合过程中，逐渐松开离合器踏板，压盘在压紧弹簧的作用下向前移动，首先消除分离间隙，并在压盘、从动盘和飞轮的工作表面上作用足够的压紧力；之后分离轴承在复位弹簧的作用下向后移动，产生自由间隙，离合器接合。

4. 单盘周布弹簧离合器的调整

离合器在使用过程中，从动盘会因磨损而变薄，使自由间隙变小，最终会影响离合器的正常接合，因此离合器在使用一段时间后需要调整。离合器调整的目的是保证合适的自由间隙。离合器调整的部位和方法依具体车型而定。

3.3.2　双盘周布弹簧离合器的构造

为增大离合器所能传递的转矩，并考虑到飞轮的径向尺寸有限，在重型货车上广泛采用双盘离合器（图3-15）。双盘离合器的工作原理与单盘离合器相同，不同的是多了一个压盘

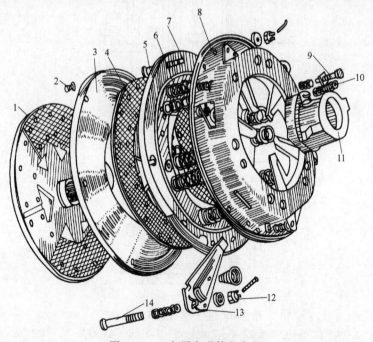

图3-15　双盘周布弹簧离合器

1—中间从动盘　2—分离弹簧　3—中间压盘　4—从动盘　5—隔热垫　6—压紧弹簧　7—压盘　8—离合器盖
9—限位螺钉　10—回位弹簧　11—分离套筒　12—调整螺母　13—分离杠杆　14—分离杠杆螺栓

(中间压盘3)和一个中间从动盘1,从而增加了摩擦片的数量(四个摩擦片),因此它有两个从动盘1和4,主动部分多了一个中间压盘3,中间压盘与飞轮间通过四个定位块传力,同时保证中间压盘的正确位置,这种传力方法的特点是传动可靠,但对接触部分的尺寸位置精度要求高,工作时磨损大。分离时,分离杠杆13把压盘向后拉,中间压盘则被它和飞轮间的分离弹簧2向后推,为使其不与后从动盘接触,离合器上有限位螺钉9,限制中间压盘的行程,限位螺钉的位置可调。

3.3.3 中央螺旋弹簧离合器的构造

有些重型汽车装用中央螺旋弹簧离合器(图3-16)。其特点是只用一个或轴线重合的内外两个张力较强的圆柱形弹簧或圆锥形弹簧压紧,压紧弹簧布置在离合器的中央,其轴线与离合器轴线重合。中央螺旋弹簧离合器主要由主动部分(飞轮1、离合器盖6、压盘5、中间压盘3)、压紧弹簧11、从动盘2和分离套筒12等组成。

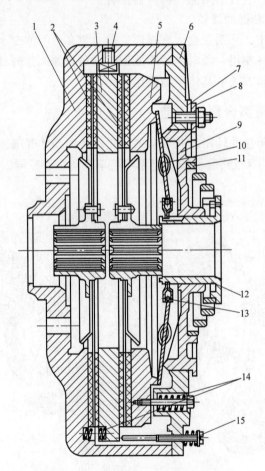

图3-16 中央螺旋弹簧离合器

1—飞轮 2—从动盘 3—中间压盘 4—传动块 5—压盘 6—离合器盖 7—调整垫片 8—压板
9—支承盘 10—压紧杠杆 11—压紧弹簧 12—分离套筒 13—钢球及座圈
14—压盘分离弹簧 15—中间压盘限位螺钉

3.4 从动盘和扭转减振器

3.4.1 从动盘的组成和类型

如图3-4所示,从动盘由从动盘本体、摩擦片和从动盘毂三个基本部分组成,摩擦片铆接在从动盘本体的两面上。

为了使离合器接合柔和,保证汽车起步平稳,从动盘应具有轴向弹性。具有轴向弹性的从动盘的结构型式有三种。

1. 整体式弹性从动盘

其特点是从动盘本体是完整的钢片,并沿径向开有T形槽,摩擦片直接铆接在从动盘本体上(图3-17)。

2. 分开式弹性从动盘

其特点是从动盘本体的直径较小,而在其外缘上铆接若干扇状波形弹簧片,摩擦片铆接在波形弹簧片上(图3-18)。

3. 组合式弹性从动盘

其特点是靠近压盘的一面铆接有

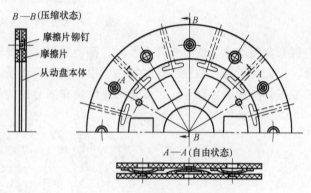

图3-17 整体式弹性从动盘

波形弹簧片,摩擦片用铆钉铆接在波形弹簧片上。靠近飞轮一面的摩擦片则直接铆接在从动盘本体上(图3-19)。

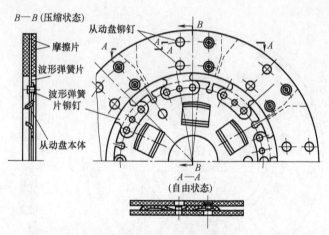

图3-18 分开式弹性从动盘

3.4.2 带扭转减振器从动盘的构造和工作原理

发动机输出的转矩是周期变化的,会在传动系统中产生扭转振动。若其频率与传动系统的自振频率相重合,将发生共振,影响传动系统零件寿命。另外,在不分离离合器的情况下

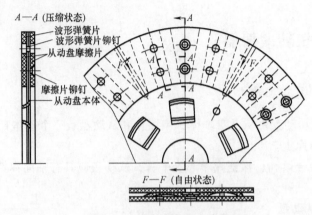

图 3-19　组合式弹性从动盘

进行紧急制动或猛烈接合离合器时，都将对传动系统造成瞬间冲击载荷而缩短零件的使用寿命。因此为了避免共振，缓和冲击，很多汽车传动系统中装设了扭转减振器，有些汽车的扭转减振器制成单独部件，但更多的是附装在离合器的从动盘中（图3-20）。

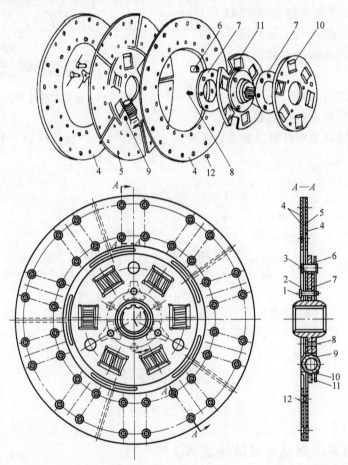

图 3-20　东风 EQ1090E 型汽车离合器带扭转减振器的从动盘

1—阻尼弹簧铆钉　2—减振器阻尼弹簧　3—从动盘铆钉　4—摩擦片　5—从动盘本体　6—从动盘铆钉隔套
7—减振器阻尼片　8—阻尼片铆钉　9—减振器弹簧　10—减振器盘　11—从动盘毂　12—摩擦片铆钉

从动盘本体 5、从动盘毂 11 和减振器盘 10 都开有 6 个矩形窗孔，在每个窗孔中装有一个减振器弹簧 9，扭转减振器与从动盘本体用铆钉铆成一个整体，并将从动盘毂及其两侧的阻尼片 7 夹在中间。从动盘工作时，两侧摩擦片 4 所受摩擦力矩首先传到从动盘本体和减振器盘上，再经 6 个弹簧传给从动盘毂。此时弹簧被压缩，以吸收传动系统所受的冲击。传动系统中的扭转振动导致从动盘本体 5 及减振器盘 10 同从动盘毂 11 之间的相对往复摆动，从而可依靠两阻尼片 7 与上述三者之间的摩擦来消耗扭转振动的能量，使扭转振动迅速衰减。

3.5 离合器操纵机构

离合器操纵机构是驾驶人用以使离合器分离，而后又使之柔和接合的一套机构。它始于离合器踏板，终于飞轮壳内的分离轴承。

离合器操纵机构的结构类型应根据对操纵机构的要求、车型、整车结构及使用条件等因素确定。按照分离离合器时所需操纵能源的不同，离合器操纵机构分为人力式和助力式两种。人力式又可以分为机械式和液压式两种，助力式又可以分为气压助力式和弹簧助力式两种。

3.5.1 人力式操纵机构

1. 机械式操纵机构

机械式离合器操纵机构可分为杆系式（图 3-21）和绳索式（图 3-22）两种类型。前者的特点是关节点多，摩擦损失大，工作时会受车架或车身变形的影响，且不能采用吊式踏板，货车常用此类机构。后者的特点是布置灵活，可消除杆系式的缺点，适用吊式踏板，但操纵拉索寿命较短，抗拉强度较小，常用于中、轻型轿车及微型汽车等。上述两种装置的共同特点是结构简单、成本低、故障少，缺点是机械效率低。

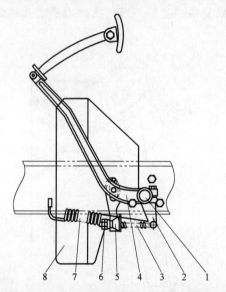

图 3-21　EQ1090E 型汽车离合器的杆系式操纵机构
1—踏板轴　2—拉臂　3—拉杆　4—离合器踏板
5—分离叉臂　6—调整螺母　7—踏板回位弹簧
8—飞轮壳

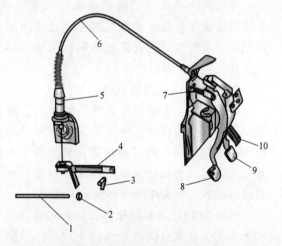

图 3-22　捷达轿车离合器的绳索式操纵机构示意图
1—分离推杆　2—分离轴承　3—分离臂　4—操纵臂
5—绳索自动调整装置　6—绳索　7—弹簧
8—离合器踏板　9—制动踏板　10—加速踏板

2. 液压式操纵机构

液压式操纵机构主要由主缸、工作缸及管路系统等组成，如图3-23所示。离合器踏板3和分离叉4之间通过离合器主缸1、工作缸8及液压管路相连，离合器依靠人力产生的液压力控制，即液压式操纵机构是通过液压主缸将驾驶人施加于离合器踏板上的力放大，以操纵离合器的传动装置。其特点是摩擦阻力小，质量小，布置方便，接合柔和，不受车身外形影响。目前液压式操纵机构广泛用于各种类型的车辆，常见于中、高级轿车和轻型客车。

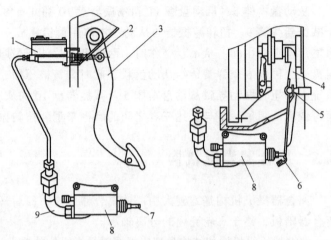

图3-23 BJ2020型汽车离合器的液压式操纵机构
1—离合器主缸 2—主缸推杆 3—离合器踏板 4—分离叉 5—支承销
6—踏板回位弹簧 7—分离叉推杆 8—工作缸 9—油管

3.5.2 助力式操纵机构

1. 气压助力式操纵机构

在中、重型汽车上，为了既减少踏板力，又不致因传动装置的传动比过大而加大踏板行程，一般采用气压助力式操纵机构。利用发动机带动的空气压缩机作为主要的操纵能源，驾驶人的肌体作为辅助的和后备的操纵能源，多与汽车的气压制动系统或其他气动设备共用一套压缩空气源。为了使驾驶人能随时感知并控制离合器分离和接合的程度，气压助力装置的输出压力必须与踏板力和踏板行程成一定的递增函数关系。此外，当气压助力系统失效时，应保证仍能借助人力操纵离合器。

气压助力装置可以装设在机械式操纵机构中，也可以装设在液压式操纵机构中，故气压助力式操纵机构又有气压助力式机械操纵机构和气压助力式液压操纵机构两种。

2. 弹簧助力式操纵机构

在一些中、重型货车和某些轿车上，离合器压紧弹簧的预紧力很大，为了既减小所需的离合器踏板力，减轻驾驶人的劳动强度，又不至于因传动装置的传动比过大而加大离合器踏板行程，可在机械或液压式操纵机构中采用弹簧助力装置。

图3-24所示为某轿车弹簧助力式离合器操纵机构示意图。当离合器踏板6完全放松，即离合器处于接合位置时，助力弹簧3的轴线位于三角板轴销2的下方。当踩下离合器踏板6时，通过调整杆5推动三角板4绕其轴销2逆时针转动。这时，助力

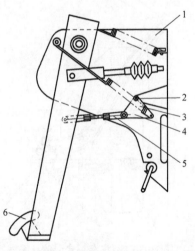

图3-24 弹簧助力式离合器操纵机构示意图
1—固定支架 2—三角板轴销 3—助力弹簧
4—三角板 5—调整杆 6—离合器踏板

弹簧3的拉力对轴销2的力矩实际上是阻碍踏板和三角板逆时针转动的反向力矩。这个反向力矩随着离合器踏板下移而减小。当三角板转到使助力弹簧的轴线通过轴销2的中心时,上述力矩为零。踏板继续下移到使助力弹簧3的轴线位于三角板轴销2的上方时,助力弹簧3的拉力对三角板轴销2的力矩方向便转为与踏板力对踏板轴的力矩方向一致(均为逆时针方向),从而起到了助力作用。在踏板处于最低位置时,这一助力作用最大。在踏板后段行程是最需要助力作用的,因此这种弹簧助力式离合器操纵机构可以有效减轻驾驶人的疲劳。

3.5.3 对离合器操纵机构的要求

实践证明,无论离合器采用的是液压式操纵机构还是气压助力式液压操纵机构,其工作都是十分可靠的,是高速、远距离行驶汽车的首选方案。但要注意以下几点:
1) 气压操纵机构的系统压力必须满足助力系统工作需要。
2) 气压助力式液压操纵机构的储气筒内压缩空气的压力必须达到规定的标准,否则踩踏离合器踏板时会感到沉重。
3) 应确保液压工作缸、主缸和助力器各部分的密封性,如有泄漏,踩下离合器时会感到沉重。
4) 要求液压工作缸、主缸和助力器的各运动件动作灵活,不得有任何卡滞现象。
5) 应及时更换老化的膜片。

【内容小结】

1) 离合器的主要功用:保证汽车平稳起步,保证换档时工作平顺,防止传动系统过载。
2) 摩擦离合器的组成:
a) 主动部分——飞轮、压盘和离合器盖等。
b) 从动部分——从动盘和从动轴等。
c) 压紧机构——压紧弹簧。
d) 操纵机构——离合器踏板和分离叉等。
3) 对摩擦离合器的基本性能要求:
a) 保证能传递发动机最大输出转矩。
b) 分离彻底,接合柔和。
c) 从动部分的转动惯量尽可能小。
d) 通风散热性能良好。
e) 操纵轻便,工作可靠。
4) 摩擦式离合器所能传递的最大转矩数值取决于4个因素:摩擦面间的压紧力、摩擦面尺寸、摩擦面数目和摩擦系数。
5) 摩擦式离合器的类型:
a) 按从动盘数目分为单盘离合器、双盘离合器和多盘离合器。

b) 按压紧弹簧的种类分为膜片弹簧离合器和螺旋弹簧离合器。螺旋弹簧离合器又分为周布螺旋弹簧离合器和中央螺旋弹簧离合器两种。

6) 单盘周布弹簧离合器的动力传动路线有两条。

第一条：曲轴→飞轮→摩擦片→从动盘本体→从动盘轮毂→离合器从动轴（变速器的输入轴）。

第二条：曲轴→飞轮→离合器盖→传动片→压盘→摩擦片→从动盘本体→从动盘轮毂→离合器从动轴（变速器的输入轴）。

7) 离合器的间隙和离合器踏板行程。

a) 离合器自由间隙：接合时，分离轴承前端面和分离杠杆端头之间的间隙。

b) 离合器分离间隙：分离后，从动盘前、后端面与飞轮及压盘表面之间的间隙。

c) 离合器踏板自由行程：从踩下踏板到消除自由间隙所对应的踏板行程。

d) 离合器踏板工作行程：产生分离间隙所对应的踏板行程。

8) 螺旋弹簧具有线性特征，膜片弹簧具有非线性特征。膜片弹簧兼起压紧弹簧和分离杠杆的双重作用。膜片弹簧离合器可分为推式和拉式两种结构型式，推式膜片弹簧离合器又可分为双支承环式、单支承环式和无支承环式三种；拉式膜片弹簧离合器又可分为单支承环式和无支承环式两种。

9) 膜片弹簧离合器的优缺点。

优点：

a) 传递的转矩大且较稳定。

b) 分离指刚度低，操纵轻便。

c) 结构简单且紧凑。

d) 高速时平衡性好，冲击噪声小。

e) 通风散热性能好。

f) 摩擦片的使用寿命长。

缺点：

a) 制造工艺和尺寸精度等要求严格，制造难度大。

b) 分离指刚度低，分离效率低。

c) 分离指根部易形成应力集中。

d) 分离指舌尖易磨损。

10) 扭转减振器的作用：避免共振，缓和冲击。扭转减振器的主要组成有减振弹簧、阻尼片和减振器盘等。

【学习自测】

1) 离合器的主要功用有哪些？摩擦式离合器由哪些部分组成？

2) 摩擦式离合器所能传递的最大转矩取决于哪些因素？

3) 摩擦式离合器应满足哪些基本性能要求？

4) 单盘周布弹簧离合器的主动部分是什么?
5) 单盘周布弹簧离合器的动力传动路线是什么?
6) 离合器的间隙和离合器踏板行程有哪些?它们的定义分别是什么?
7) 简述膜片弹簧的结构特点以及膜片弹簧离合器的结构类型和优缺点。
8) 简述扭转减振器的构造和作用。

第 4 章

变速器和分动器

【学习目标】

1) 掌握变速器的功用和基本组成以及变速器的类型。
2) 能准确快速地对两轴式和三轴式变速器传动机构的结构布置和动力传递路线进行分析。
3) 了解同步器的结构类型，重点掌握惯性式（锁环式和锁销式）同步器的构造和工作原理。
4) 掌握变速器操纵机构的构造及其安全装置的结构和工作原理。
5) 了解分动器的功用与构造，掌握对分动器操纵机构的工作要求。

4.1 变速器的功用和类型

4.1.1 变速器的功用和组成

1. 变速器的功用

由于汽车所用的活塞式内燃机的转矩和转速变化范围较小，而汽车所要求的牵引力和车速变化范围大，为了解决这一矛盾，就在传动系中设置了变速器，其功用如下：

1) 改变传动比，扩大驱动轮转矩和转速的变化范围（变速变矩），以适应经常变化的行驶条件，同时便于使发动机在有利（功率较高而燃油消耗率较低）的工况下工作。
2) 在发动机旋转方向不变的前提下，使汽车能倒退行驶。
3) 利用空档中断动力传递，以使发动机能够起动、急速运转，并便于变速器换档或进行动力输出。
4) 必要时，可以加装动力输出器（取力装置）。

2. 变速器的组成

变速器通常由变速传动机构和操纵机构两部分组成。

4.1.2 变速器的类型

1. 按传动比变化方式分

汽车变速器按传动比变化方式不同，可分为有级式、无级式和综合式三种。

(1) 有级式变速器 其应用最广泛。它采用齿轮传动，具有若干个定值传动比。按所用齿轮系形式不同，分为轴线固定式变速器（普通变速器）和轴线旋转式变速器（行星齿轮变速器）两种。轿车和轻、中型货车的变速器通常有3~5个前进档和1个倒档，而重型货车所用的组合式变速器则有更多档位。变速器档数通常是指其前进档位数。

（2）无级式变速器　其传动比在一定的数值范围内可实现无限多级变化，常见的有电力式和液力式（动液式）两种。电力式无级变速器的变速传动部件为直流串励电动机，常用于无轨电车，在超重型自卸车传动系统中也有广泛采用的趋势。液力式无级变速器的传动部件是液力变矩器。

（3）综合式变速器　综合式变速器是指由液力变矩器和齿轮式有级变速器组成的液力机械式变速器，其传动比可在最大值与最小值之间的几个间断的范围内进行无级变化，目前应用较多。

2. 按操纵方式不同分

汽车变速器按操纵方式不同，可分为手动操纵式、自动操纵式和半自动操纵式三种。

（1）手动操纵式变速器　这种方式是靠驾驶人直接操纵变速杆换档，为大多数汽车所采用。

（2）自动操纵式变速器　其传动比选择（即换档）是自动进行的。机械变速器每个档位的变换是借助反映发动机负荷和车速的信号系统来控制换档系统的执行元件而实现，驾驶人只需操纵加速踏板控制车速即可。

（3）半自动操纵式变速器　这种变速器又分两种。一种是常用的几个档位自动操纵，其余档位则由驾驶人操纵；另一种是预选式，即驾驶人预先用按钮选定档位，在踩下离合器踏板或松开加速踏板时，自动接通一个电磁装置或液压装置来进行换档。

在多轴驱动的汽车上，变速器之后还装有分动器，以便把转矩分别输送给各驱动桥。

本章介绍的是手动操纵式有级变速器，以普通齿轮式变速器为主，并简单介绍组合式变速器和分动器。

4.2　变速器的变速传动机构

普通齿轮式变速器又称为轴线固定式变速器，它按变速器传动齿轮轴的数目，可分为两轴式变速器和三轴式变速器两种。其常见的换档方式有直齿滑动齿轮换档、啮合套（旧称接合套）换档和同步器换档。

4.2.1　两轴式变速器

两轴式变速器的变速传动机构主要由第一轴（输入轴）、第二轴（输出轴）、倒档轴、各档齿轮及变速器壳体构成。两轴是指汽车前进时，传递动力的轴只有输入轴和输出轴。这种变速器的特点是输入轴与输出轴平行，且无中间轴，各前进档的动力分别经一对齿轮传递。大部分轿车都采用两轴式变速器，如一汽奥迪100型轿车，其变速器中的输入轴2（图4-1）通过一个球轴承和两个滚子轴承三点支承在前、后变速器壳体1和6上。该变速器具有五个前进档和一个倒档，所有档位均采用锁环式惯性同步器换档。

如图4-2所示，一汽奥迪100型轿车各档齿轮的动力传递路线如下：

（1）1档　通过操纵机构使拨叉推动啮合套31左移，使其内花键的左半部分穿过1档

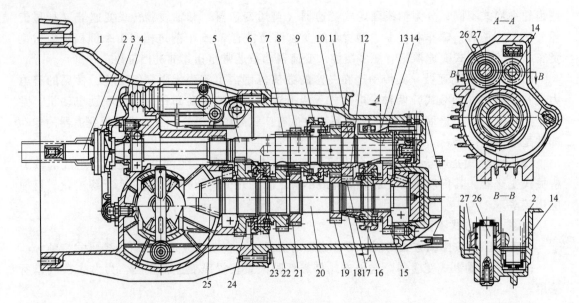

图 4-1 一汽奥迪 100 型轿车变速器结构

1—变速器前壳体 2—输入轴 3—分离轴承 4—分离杠杆 5—输入轴 1 档齿轮 6—变速器后壳体 7—输入轴 2 档齿轮 8—输入轴 3 档齿轮 9、16、23—啮合套 10—输入轴 4 档齿轮 11、18—隔离套 12—输入轴 5 档齿轮 13—集油器 14—输入轴倒档齿轮 15—输出轴倒档齿轮 17—输出轴 5 档齿轮 19—输出轴 4 档齿轮 20—输出轴 21—输出轴 3 档齿轮 22—输出轴 2 档齿轮 24—输出轴 1 档齿轮 25—主减速器主动锥齿轮 26—倒档齿轮轴 27—倒档中间齿轮

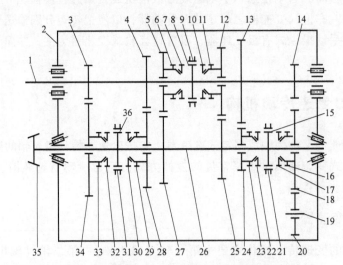

图 4-2 一汽奥迪 100 型轿车变速器传动示意图

1—输入轴 2—变速器壳体 3—输入轴 1 档齿轮 4—输入轴 2 档齿轮 5—输入轴 3 档齿轮 6—3 档齿轮接合齿圈 7—3 档同步器锁环 8、15、36—花键毂 9、21、31—啮合套 10—4 档同步器锁环 11—4 档齿轮接合齿圈 12—4 档齿轮 13—输入轴 5 档齿轮 14—输入轴倒档齿轮 16—倒档齿轮接合齿圈 17—倒档同步器锁环 18—输出轴倒档齿轮 19—倒档轴 20—倒档轴倒档齿轮 22—5 档同步器锁环 23—5 档齿轮接合齿圈 24—输出轴 5 档齿轮 25—输出轴 4 档齿轮 26—输出轴 27—输出轴 3 档齿轮 28—输出轴 2 档齿轮 29—2 档齿轮接合齿圈 30—2 档同步器锁环 32—1 档同步器锁环 33—1 档齿轮接合齿圈 34—输出轴 1 档齿轮 35—主减速器主动锥齿轮

同步器锁环 32 的花键齿圈与输出轴 1 档齿轮 34 的接合齿圈 33 相啮合，而其右半部分仍然与花键毂相啮合，这样动力便可从输入轴 1 依次经齿轮 3、34、接合齿圈 33、啮合套 31 以及花键毂 36，传给输出轴 26 输出（动力传递路线为 1→3→34→33→31→36→26）。

（2）2 档　通过拨叉推动啮合套 31 右移，使其内花键的右半部分穿过 2 档同步器锁环 30 的花键齿圈与输出轴 2 档齿轮 28 的接合齿圈 29 相啮合，而其左半部分仍然与花键毂相啮合，这样动力便可从输入轴 1 依次经齿轮 4、28、接合齿圈 29、啮合套 31 以及花键毂 36，传给输出轴 26 输出（动力传递路线为 1→4→28→29→31→36→26）。

（3）3 档　同理通过拨叉推动啮合套 9 左移与接合齿圈 6 啮合，则可得到 3 档，其动力传递路线为 1→8→9→6→5→27→26。

（4）4 档　同理通过拨叉推动啮合套 9 右移与接合齿圈 11 啮合，则可得到 4 档，其动力传递路线为 1→8→9→11→12→25→26。

（5）5 档　同理通过拨叉推动啮合套 21 左移与接合齿圈 23 啮合，则可得到 5 档，其动力传递路线为 1→13→24→23→21→15→26。

（6）倒档　通过倒档拨叉推动啮合套 21 右移与接合齿圈 16 啮合，即得到倒档，其动力传递路线为 1→14→20→18→16→21→15→26。

4.2.2　三轴式变速器

三轴式变速器的变速传动机构主要由第一轴（输入轴）、第二轴（输出轴）、中间轴、倒档轴、各档齿轮及变速器壳体构成。其三轴是指汽车前进时，传递动力的轴有第一轴、中间轴和第二轴（直接档除外）。这种变速器的特点是第一轴和第二轴在同一轴线上，并且与中间轴平行。三轴式变速器是中、轻型货车上广泛采用的传统结构变速器型式。

1. 三轴式 4 档变速器

三轴式 4 档变速器多用于轻型汽车，其典型结构如图 4-3 所示。

此 4 档变速器有 3 根传动齿轮轴：第一轴（输入轴）、中间轴和第二轴（输出轴）。第一轴的前端借离合器与发动机曲轴相连，第二轴后端通过凸缘与万向传动装置相连，而中间轴则主要用来固定安装各档的变速传动齿轮。第一轴上有与轴制成一体的齿轮 2，与其接合的中间轴常啮合齿轮 11 构成常啮合传动齿轮副。齿轮 10、9、8 以键连接的方式固定在中间轴上。而齿轮 5、4、3 则通过滑动花键方式与第二轴相连接。齿轮 5、4、3 上

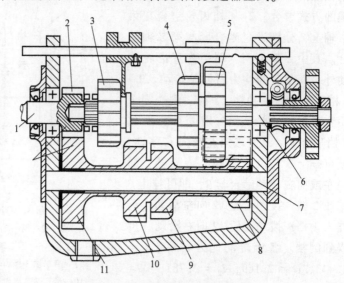

图 4-3　三轴式 4 档变速器结构图
1—第一轴（输入轴）　2—第一轴常啮合齿轮　3—第二轴 3 档齿轮
4—第二轴 2 档齿轮　5—第二轴 1 档、倒档齿轮　6—第二轴（输出轴）
7—中间轴　8—中间轴 1 档、倒档齿轮　9—中间轴 2 档齿轮
10—中间轴 3 档齿轮　11—中间轴常啮合齿轮

有拨叉,可使齿轮做轴向移动。

此4档变速器的工作原理和各档动力传递路线如下:

(1) 1档 后拨叉向右移动,第二轴齿轮5和中间轴齿轮8啮合,发动机动力经离合器、第一轴、第一轴常啮合齿轮2、中间轴常啮合齿轮11、中间轴、中间轴齿轮8、第二轴齿轮5到达第二轴,最后输出到传动轴。

(2) 2档 后拨叉向左移动,第二轴齿轮4和中间轴齿轮9啮合,发动机动力经离合器、第一轴、第一轴常啮合齿轮2、中间轴常啮合齿轮11、中间轴、中间轴齿轮9、第二轴齿轮4到达第二轴,最后输出到传动轴。

(3) 3档 前拨叉向右移动,第二轴齿轮3和中间轴齿轮10啮合,发动机动力经离合器、第一轴、第一轴常啮合齿轮2、中间轴常啮合齿轮11、中间轴、中间轴齿轮10、第二轴齿轮3到达第二轴,最后输出到传动轴。

(4) 4档(直接挡) 前拨叉向左移动,第二轴齿轮3和第一轴常啮合齿轮2接合,发动机动力经离合器、第一轴、第一轴常啮合齿轮2、第二轴齿轮3直接到达第二轴,最后输出到传动轴。

(5) 倒档 移动后拨叉使第二轴齿轮5滑动到与倒档轴上的倒档齿轮相啮合,发动机动力经离合器、第一轴、第一轴常啮合齿轮2、中间轴常啮合齿轮11、中间轴、中间轴齿轮8、倒档轴倒档双联齿轮(图4-3中5与8之间虚线部分)、第二轴齿轮5到达第二轴,最后输出到传动轴。

2. 三轴式5档变速器

图4-4所示的东风EQ1092E型汽车的变速器是典型的三轴式5档变速器。其第二轴与该轴上的1档、倒档齿轮通过滑动花键的方式结合。2~4档齿轮空套在第二轴上,分别通过啮合套与第二轴结合。其中,除1档、倒档为直齿轮传动外,其余各档均为斜齿轮传动。2~5档采用啮合套换档,1档、倒档则采用直齿滑动齿轮换档。用拨叉拨动4、5档啮合套4,使之向左或向右移动,便可挂上5档(直接档)或4档;而向左或向右移动啮合套9,即可挂上3档或2档;拨动齿轮12向左滑动,可挂入1档;拨动齿轮12向右滑动,可得到倒档。各档传动比为$i_5=1$,$i_4=1.443$,$i_3=2.169$,$i_2=3.781$,$i_1=6.54$,$i_R=6.530$。齿轮20、21、22、18和常啮合齿轮23与中间轴制成一体,以提高轴的刚度和强度。

此5档变速器的工作原理和各档动力传递路线如下:

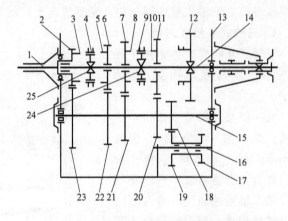

图4-4 东风EQ1092E型汽车变速器传动示意图
1—第一轴 2—第一轴常啮合齿轮 3—第一轴齿轮接合齿圈
4、9—啮合套 5—第二轴4档齿轮接合齿圈 6—第二轴4档齿轮
7—第二轴3档齿轮 8—第二轴3档齿轮接合齿圈
10—第二轴2档齿轮接合齿圈 11—第二轴2档齿轮
12—第二轴1档、倒档滑动齿轮 13—变速器壳体
14—第二轴 15—中间轴 16—倒档轴 17、19—倒档中间齿轮
18—中间轴1档、倒档滑动齿轮 20—中间轴2档齿轮
21—中间轴3档齿轮 22—中间轴4档齿轮
23—中间轴常啮合齿轮 24、25—花键毂

(1) 1档　拨动齿轮12向左移动，使其与齿轮18相啮合，属于直齿滑动齿轮换档。其动力传递路线为1→2→23→15→18→12→14。

(2) 2档　拨动啮合套9向右移动，使其与接合齿圈10相啮合，属于啮合套换档。其动力传递路线为1→2→23→15→20→11→10→9→24→14。

(3) 3档　拨动啮合套9向左移动，使其与接合齿圈8相啮合，属于啮合套换档。其动力传递路线为1→2→23→15→21→7→8→9→24→14。

(4) 4档　拨动啮合套4向右移动，使其与接合齿圈5相啮合，属于啮合套换档。其动力传递路线为1→2→23→15→22→6→5→4→25→14。

(5) 5档　拨动啮合套4向左移动，使其与接合齿圈3相啮合，属于啮合套换档。其动力传递路线为1→2→3→4→25→14。

(6) 倒档　拨动齿轮12向右移动，使其与倒档齿轮17相啮合，属于直齿滑动齿轮换档。其动力传递路线为1→2→23→15→18→19→17→12→14。

3. 三轴式6档变速器

图4-5所示为解放CA1091型汽车所用的三轴式6档变速器的传动示意图。它具有三根传动齿轮轴：第一轴1（输入轴）、中间轴30和第二轴26（输出轴）。第一轴的前端通过离合器与发动机曲轴相连，第二轴的后端通过凸缘与万向传动装置相连。齿轮2与第一轴制成

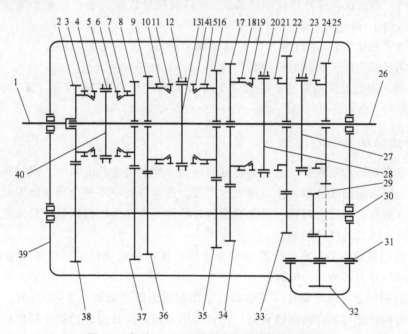

图4-5　解放CA1091型汽车变速器传动示意图

1—第一轴　2—第一轴常啮合齿轮　3—第一轴齿轮接合齿圈　4—6档同步器锁环　5、12、20、23—啮合套
6—5档同步器锁环　7—5档齿轮接合齿圈　8—第二轴5档齿轮　9—第二轴4档齿轮　10—4档齿轮接合齿圈
11—4档同步器锁环　13、27、28、40—花键毂　14—3档同步器锁环　15—3档齿轮接合齿圈　16—第二轴3档齿轮
17—第二轴2档齿轮　18—2档齿轮接合齿圈　19—2档同步器锁环　21—1档齿轮接合齿圈　22—第二轴1档齿轮
24—倒档齿轮接合齿圈　25—第二轴倒档齿轮　26—第二轴　29—中间轴倒档齿轮　30—中间轴　31—倒档轴
32—倒档中间齿轮　33—中间轴1档齿轮　34—中间轴2档齿轮　35—中间轴3档齿轮　36—中间轴4档齿轮
37—中间轴5档齿轮　38—中间轴常啮合齿轮　39—变速器壳体

一体，与齿轮38构成常啮合传动齿轮副。齿轮29、33、34、35、36、37和38都固定在中间轴上，而齿轮8、9、16、17、22和25则空套在第二轴上。花键毂13、27、28和40以其内花键与第二轴的外花键相连接，并且不能做轴向移动（用卡环锁止）。

固定在第二轴上的各个花键毂13、27、28和40的外圆表面上均制有与其相邻齿轮的接合齿圈齿形完全相同的外花键，分别与相应的具有内花键的各个啮合套相啮合，并且啮合套可沿花键毂轴向滑动。在该变速器中，除1档、倒档采用啮合套换档外，其余2~6档均采用同步器换档。

此6档变速器的工作原理和各档动力传递路线如下：

(1) 1档　通过操纵机构使拨叉推动啮合套20向右移动，使其与接合齿圈21啮合，属于啮合套换档。其动力传递路线为1→2→38→30→33→22→21→20→28→26。

(2) 2档　通过拨叉向左移动啮合套20，使其与接合齿圈18啮合，属于同步器换档。其动力传递路线为1→2→38→30→34→17→18→20→28→26。

(3) 3档　通过拨叉向右移动啮合套12，使其与接合齿圈15啮合，属于同步器换档。其动力传递路线为1→2→38→30→35→16→15→12→13→26。

(4) 4档　通过拨叉向左移动啮合套12，使其与接合齿圈10啮合，属于同步器换档。其动力传递路线为1→2→38→30→36→9→10→12→13→26。

(5) 5档　通过拨叉向右移动啮合套5，使其与接合齿圈7啮合，属于同步器换档。其动力传递路线为1→2→38→30→37→8→7→5→40→26。

(6) 6档（直接档）　通过拨叉向左移动啮合套5，使其与第一轴齿轮2的接合齿圈3啮合，属于同步器换档。其动力传递路线为1→2→3→5→40→26。

(7) 倒档　通过拨叉向右移动啮合套23，使其与接合齿圈24啮合，属于啮合套换档，其动力传递路线为1→2→38→30→29→32→25→24→23→27→26。

4.2.3　防止自动跳档的措施

利用啮合套换档的变速器，由于啮合套与接合齿圈的啮合长度较短，同时汽车行驶时需要经常换档，频繁拨动啮合套将使齿端发生磨损。汽车行驶中可能会因振动等原因造成啮合套与齿圈脱离啮合，即发生跳档。因此变速器在结构上应保证不出现跳档的现象，为此可采用以下三种防止跳档的结构措施。

(1) 齿端制成倒斜面　将啮合套和接合齿圈的齿端制成倒斜面，这样啮合时倒斜面上的正压力的轴向分力即为防止跳档的力。

(2) 花键毂齿端的齿厚切薄　花键毂齿圈两端的齿厚各减薄0.3~0.4mm，使中部形成凸台，这样在啮合套与接合齿圈啮合时，凸台作用力的轴向分力即为防止跳档的力。

(3) 啮合套的齿端制成凸肩　啮合套齿与接合齿圈齿超越啮合或啮合套齿与接合齿圈齿啮合位置错开。这样在啮合时，会在啮合套齿端部形成凸肩，以阻止啮合套主动退出啮合，从而防止了跳档。

4.2.4　组合式变速器

重型汽车的装载质量大，使用条件复杂，欲保证其具有良好的动力性、经济性和加速性，则必须扩大传动比范围并增多档数。传统结构三轴式变速器一般最多有6个前进档和1个倒

档。而重型汽车为满足大的输出转矩及转矩范围的要求,有的需要速比达到 10~17,同时要求档位间隔小,速比阶小于 30%,这就需要更多档位(8~16 个前进档)。显然传统结构的三轴式变速器远不能满足上述要求,分段式配档(倍档)和插入式配档(半档)的组合式机械变速器应运而生。组合式变速器传动机构的特点是由主变速器和副变速器组合(串联)而成。主变速器一般有 4~5 个前进档,而副变速器有高、低两个档位,这样二者串联而成的组合式变速器的档位数就是主变速器的两倍。图 4-6 所示的组合式变速器是由 4 档主变速器Ⅰ和串联安装在主变速器之后的两档(高速档和低速档)副变速器Ⅱ组成(副变速器输入轴 19 同时也是主变速器的输出轴),这样组合式变速器就可得到 8 个前进档。

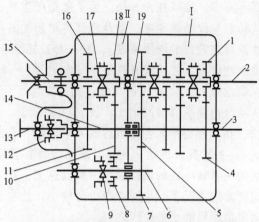

图 4-6 组合式变速器变速传动机构示意图

Ⅰ—主变速器 Ⅱ—副变速器 1—输入轴齿轮 2—输入轴 3—主变速器中间轴 4—主变速器中间轴常啮合齿轮 5—主变速器中间轴 1 档齿轮 6—倒档轴 7—倒档传动齿轮 8—倒档空套齿轮 9—倒档啮合套 10—副变速器中间轴常啮合齿轮 11—副变速器中间轴低速档齿轮 12—动力输出啮合套 13—动力输出轴 14—副变速器中间轴 15—输出轴 16—输出轴齿轮 17—啮合套 18—副变速器输入轴齿轮 19—副变速器输入轴

4.3 同步器

4.3.1 无同步器时的换档过程

采用滑动齿轮或啮合套换档时,待啮合的轮齿的圆周速度要相等,方可平顺挂档——依赖驾驶人的操作,即采用滑动齿轮或啮合套换档时,必须使待啮合的轮齿或啮合套与接合齿圈花键齿的圆周速度一致(同步),才能顺利进入啮合而完成挂档。而高档换低档和低档换高档实现同步的方法还有所不同。这里,以图 4-7 所示为例讲解无同步器的 5 档变速器的 4 档与 5 档(4 档为直接档,5 档为超速档)的互换过程。

1. 从低速档(4 档)换入高速档(5 档)

变速器在 4 档工作时,啮合套 3 与第一轴常啮合齿轮 2 上的接合齿圈啮合,二者的花键齿圆周速度 v_3 和 v_2 显然相等。欲从 4 档换入 5 档,驾驶人应先踩下离合器踏板,使离合器分离,随即通过变速杆将啮合套 3 右移,进入空档位置。啮合套 3 与第一轴常啮合齿轮 2 脱离啮合的瞬间,仍然是 $v_3=v_2$。由于第二轴 5 档齿轮 4 的转速 v_4 比第一轴常啮合齿轮 2 的转速 v_2 高,即 $v_4>v_2$,则有 $v_4>v_3$,此时,啮合套 3 与齿轮 4 的接合

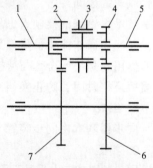

图 4-7 5 档变速器的 4、5 档齿轮示意图

1—第一轴 2—第一轴常啮合齿轮 3—啮合套 4—第二轴 5 档齿轮 5—第二轴 6—中间轴 5 档齿轮 7—中间轴常啮合齿轮

齿圈不同步，难以挂入5档。为了避免产生冲击，须在空档位置停留片刻。此时，由于离合器从动盘与发动机脱离，发动机到传动系统的动力被切断，啮合套3与第二轴5档齿轮4的转速及其花键齿的圆周速度v_3和v_4都在逐渐下降。但是变速器尚处于空档，啮合套3与第二轴5档齿轮4之间没有联系，v_3和v_4的下降速度有所不同，啮合套3因与整车联系在一起，惯性很大，故v_3下降较慢；而第二轴5档齿轮4只与中间轴及其齿轮、第一轴和离合器从动盘相联系，惯性很小，故v_4下降较快。这样，虽然v_4原先大于v_3，但由于下降得比v_3快，在变速器推入空档以后的某个时刻，必然会有$v_3=v_4$（同步）出现，而之后，又将出现$v_4<v_3$的情况。因此$v_3=v_4$时是啮合套右移挂入5档的最佳时机。与第二轴5档齿轮4相联系的一系列零件的惯性越小，则其速度下降越快，而同步时刻出现得也就越早，并且在同样速度差的情况下，齿间冲击也会越小。这也就是离合器部分提出的，要求离合器从动部分转动惯量尽可能小的原因之一。

2. 从高速档（5档）换入低速档（4档）

变速器在5档工作以及刚从5档推入空档时，啮合套3与第二轴5档齿轮4的花键齿圆周速度相等，即$v_3=v_4$，同时$v_4>v_2$（理由同前），故$v_3>v_2$。但是退入空档后，由于v_2下降得比v_3快，根本不可能出现$v_3=v_2$的时刻；相反，在空档停留的时间越长，二者的差值就会越大。因此，驾驶人应在啮合套退入空档并抬起离合器踏板的同时踩一下加速踏板，通过发动机使离合器从动盘和变速器第一轴的转速提高，也就使得第一轴常啮合齿轮2的转速高于啮合套3的转速，即$v_2>v_3$，然后再分离离合器，并等待片刻，当$v_2=v_3$时，即可换入4档。

4.3.2 同步器概述

1. 作用

无同步器的变速器在应用啮合套换档时，待啮合的一对齿轮的圆周速度必须相等（同步）才能平顺地进入啮合而挂档成功。若在两齿不同步时即强制挂档，将使两齿间发生冲击，产生噪声，影响轮齿的工作寿命，甚至折断。因此欲使无同步器的变速器换档时不产生齿轮或花键齿间冲击，需要进行较复杂的操作并应在短时间内迅速而正确地完成，这对于即使是技术很熟练的驾驶人也易造成疲劳。因此要求在变速器结构上采取措施，既保证平顺挂档，又能使操作简化，降低驾驶人的劳动强度。同步器即是在这样的要求下产生的。而同步器的作用就是使啮合套与待接合齿圈之间迅速同步，并阻止在同步前啮合。即同步器的作用为缩短换档时间，防止换档冲击。

2. 组成

同步器基本由同步装置（推动件、摩擦件）、锁止装置和接合装置三大部分组成。

3. 类型

同步器按其工作原理不同，可分为常压式、惯性式和自动增力式等类型。现代汽车上广泛采用的是惯性式同步器，根据摩擦锁止元件的不同，惯性式同步器又分为锁环式和锁销式两种。

4.3.3 同步器的构造和工作原理

1. 锁环式惯性同步器

汽车变速器所采用的锁环式惯性同步器多种多样，但其构造和工作原理基本相同，都是以锁环作为锁止装置的。现以图4-8所示的解放CA1092型汽车6档变速器中的5、6档装用的锁环式惯性同步器为例进行讲解。

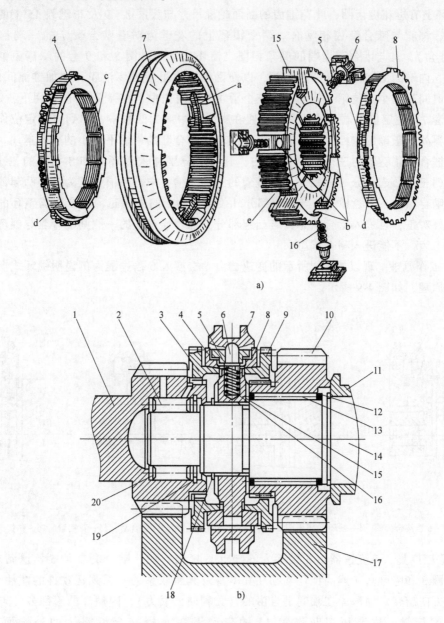

图4-8 锁环式惯性同步器的结构图
a) 分解图 b) 剖视图
1—第一轴 2、13—滚针轴承 3—6档接合齿圈 4、8—锁环（同步环） 5—滑块 6—定位销 7—啮合套 9—5档接合齿圈 10—第二轴5档齿轮 11—衬套 12、18、19—卡环 14—第二轴 15—花键毂 16—弹簧 17—中间轴5档齿轮 20—挡圈

（1）构造　如图4-8a所示，锁环式惯性同步器主要由花键毂15、啮合套7、锁环（也称同步环）4和8、接合齿圈3和9（带外锥面）、滑块5及其定位销6、弹簧16等组成。同

步器在第二轴上的装配关系如图 4-8b 所示。花键毂 15 与第二轴用花键连接，并用垫片和卡环进行轴向定位。在花键毂两端与齿圈 3 和 9 之间，各有一个青铜制成的锁环（同步环）4 和 8。锁环上有短花键齿圈，此花键齿的断面轮廓尺寸与齿圈 3、9 及花键毂 15 上的外花键齿均相同，都能与啮合套齿相啮合。两个锁环上的花键齿对着啮合套 7 的一端都有倒角（称为锁止角），且与啮合套齿端的倒角相同。锁环具有与齿圈 3 和 9 上的摩擦面锥度相同的内锥面，内锥面上制出细牙的螺旋槽，以便两锥面接触后破坏油膜，增加锥面间的摩擦，缩短同步时间。三个定位销 6 分别插入三个滑块 5 的通孔中，在弹簧 16 的作用下，定位销 6 压向啮合套 7，使定位销端部的球面正好嵌在啮合套中部的凹槽中，起到空档定位作用，即保证同步器处于正确的空档位置，并可以使滑块在啮合套的带动下做小的轴向运动。三个滑块 5 分别嵌合在花键毂的三个轴向槽 b 内，其两端分别伸入锁环 4 和 8 相应的三个缺口 c 中。锁环的三个凸起部分 d 分别伸入花键毂的三个通槽 e 中，通槽宽度为锁环凸起部分 d 的宽度加上啮合套的一个齿厚 A。当凸起部分 d 位于通槽 e 的中央时，啮合套与锁环的内、外花键齿正好对正，可进入啮合状态；若凸起部分 d 靠着通槽 e 的一侧则啮合套与锁环的花键齿错开半个齿，不能进入啮合状态。

（2）工作原理 现以图 4-8 所示的变速器由 5 档换入 6 档过程为例说明锁环式惯性同步器的工作原理，如图 4-9 所示。

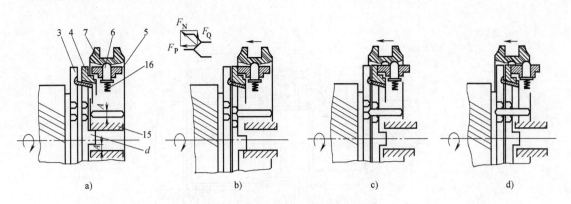

图 4-9 锁环式惯性同步器工作原理图

3—6 档接合齿圈 4—锁环（同步环） 5—滑块 6—定位销 7—啮合套 15—花键毂 16—弹簧

1）空档位置。该变速器由 5 档换入 6 档（直接档）时，啮合套 7 从 5 档退到空档，6 档接合齿圈 3 和啮合套 7 连同锁环 4 都在其本身及其所联系的一系列运动件的惯性作用下，继续沿原方向旋转。锁环 4 在轴向是自由的（无轴向压紧力），因锁环凸起部分 d 与花键毂通槽 e 一侧接触，故锁环在花键毂 15 的带动下在 6 档接合齿圈 3 的外锥面上空转（图 4-9a）。设齿圈 3、啮合套 7 和锁环 4 的转速分别为 n_3、n_7 和 n_4，则此时 $n_3 > n_4 = n_7$。

2）挂档锁止。若要挂入 6 档，用拨叉拨动啮合套 7 并通过定位销 6 带动滑块 5 一起向左移动。当滑块 5 的左端面与锁环 4 的缺口 c 的端面接触时，便推动锁环 4 压向齿圈 3，使锁环 4 的内锥面压向齿圈 3 的外锥面。由于两锥面具有转速差（$n_3 > n_4$），一接触便产生摩擦作用。齿圈 3 即通过摩擦作用带动锁环 4 相对于啮合套 7 超前转过一个角度，直到锁环 4 的凸起部分 d 与花键毂通槽 e 的另一侧面接触时，花键毂 15 便挡住锁环 4 并使之与它同步转动。此时，啮合套 7 的齿与锁环的齿错开了半个齿厚，从而使啮合套 7 的齿端倒角面与锁环 4 相应的齿端倒角正好互相抵触而不能进入啮合。驾驶人的换档操纵力通过啮合套 7 作用于锁环 4 的锁止角斜面上，在此斜面上产生的法向压力为 F_N（见图 4-9b 左上角的局部放大图）。法向压力 F_N 可分解为轴向力 F_P 和切向力 F_Q。切向力 F_Q 所形成的力矩 M_2 有使锁环相对于啮合套 7 向后退转的趋势，称为拨环力矩。轴向力 F_P 则使齿圈 3 通过摩擦锥面对锁环 4 作用一与转动方向同向的惯性力矩 M_1。这一惯性力矩 M_1 阻止锁环相对啮合套 7 向后退转。如果拨环力矩 M_2 大于惯性力矩 M_1，则锁环 4 即可相对于啮合套 7 向后退转一个角度，以便二者进入啮合；若 $M_2<M_1$，则二者相对位置不变，不可能进入啮合。在设计同步器时，适当地选择锁止角和摩擦锥面的锥角，可以保证在未达到同步（$n_3=n_4$）前，齿圈 3 施加在锁环 4 上的惯性力矩 M_1 总是大于切向力 F_Q 形成的拨环力矩 M_2，不论驾驶人通过操纵机构加在啮合套 7 上的轴向推力有多大，啮合套 7 的齿端与锁环 4 的齿端总是互相抵触而不能啮合。锁环 4 对啮合套 7 的锁止作用是由上述惯性力矩 M_1 造成的。因为此惯性力矩的作用与锁环 4（及与之连接的啮合套 7、花键毂 15、变速器输出轴及整个汽车等）和齿圈 3（及与之连接的离合器从动部分和变速器输入轴）两部分转动时的惯性有关，故称此种同步器为"惯性式"同步器。

3) 同步啮合。随着驾驶人施加于啮合套 7 上的推力逐渐加大，摩擦力矩不断增加，使齿圈 3 的转速迅速下降到与锁环 4 的转速相同，并保持同步旋转，而当齿圈 3、啮合套 7 和锁环 4 达到同步时，作用在锁环 4 上的摩擦力矩消失，此时在拨环力矩的作用下，锁环 4、齿圈 3 以及与之相连的各零部件均相对于啮合套 7 向后退转一个角度（相当于半个花键齿的厚度），相应的锁环凸起部分 d 又移到花键毂通槽 e 的中央，啮合套 7 与锁环 4 的花键齿不再抵触，锁环 4 的锁止作用消失。此时啮合套 7 压下定位销 6 继续左移，与锁环 4 的花键齿圈进入啮合（图 4-9c），进而再与齿圈 3 进入啮合（图 4-9d），从而完成了由 5 档换入 6 档的全过程。

锁环式同步器结构紧凑，但因径向尺寸小，锥面间产生的摩擦力矩较小，而且由于锁止面在锁环的接合齿端面上，使用中会因齿端磨损而失效，因而它主要用在传递转矩不大的轿车和轻型货车的变速器上。在中型以上货车的变速器中，尤其是低速档，最好采用锁销式惯性同步器。

2. 锁销式惯性同步器

锁销式惯性同步器在结构上允许采用直径较大的摩擦锥面，因此可产生较大的摩擦力矩，缩短了同步时间。中型和大型货车常用锁销式惯性同步器。

（1）构造　图 4-10 所示为东风 EQ1090E 型汽车 5 档变速器中的 4、5 档锁销式惯性同步器的结构图，其主要由花键毂 9、啮合套 5、摩擦锥环 3、摩擦锥盘 2、锁销 8、定位销 4 以及钢球 10、弹簧 11 等组成。两个有内锥面的摩擦锥盘 2 分别固定在带有外花键齿圈的齿轮 1 和 6 上，随齿轮一同旋转。与之相配合的两个有外锥面的摩擦锥环 3，通过三个锁销 8 和三个定位销 4 与啮合套 5 连接。锁销 8 与定位销 4 在同一圆周上相互间隔地均匀分布。锁销 8 的两端固定在摩擦锥环 3 的孔中，两端的工作表面直径与啮合套 5 上相应销孔的内径相等，而中部直径则小于孔径。锁销 8 中部和啮合套 5 上相应的销孔两端制有角度相同的倒角——锁止角。只有在锁销与啮合套孔对中时，啮合套才能沿锁销轴向移动进行换档。在啮合套 5 的定位销孔中部有斜孔，内装弹簧 11，把钢球 10 顶向定位销并卡在中部的环槽中（如图 4-10 中 A—A 所示），以保证同步器处于正确的空档位置（即起空档定位作用），并可使定位销4随啮合套5轴向移动一定距离。定位销4两端伸入锥环内侧面，但有周向间隙，故二者在圆周方向上可以有小的相对转动，使固定在摩擦锥环上的锁销可以相对啮合套转动一定角度。

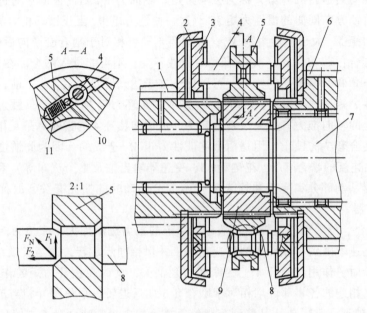

图 4-10　锁销式惯性同步器的结构图

1—第一轴齿轮　2—摩擦锥盘　3—摩擦锥环　4—定位销　5—啮合套　6—第二轴4档齿轮
7—第二轴　8—锁销　9—花键毂　10—钢球　11—弹簧

（2）工作原理　锁销式同步器的工作原理与上述锁环式同步器基本相同。在空档位置时，摩擦锥环3与摩擦锥盘2之间有一定间隙，定位销4可随啮合套5轴向移动。由4档换入5档时，啮合套5受到拨叉的轴向推力作用，通过钢球10和定位销4带动摩擦锥环3左移，使之与对应的摩擦锥盘2接触。因摩擦锥环与摩擦锥盘有转速差，接触后的摩擦作用使锥环和锁销相对于啮合套转过一个角度，锁销8的轴线与啮合套5上相应孔的轴线偏移，于是锁销中部倒角与销孔端的倒角互相抵触，以阻止啮合套5继续前移，锁止作用产生。此时锁止面上的法向压紧力 F_N 的轴向分力 F_2 作用在摩擦锥环上并使之与锥盘压紧，使啮合套与待啮合的齿圈迅速达到同步。达到同步时，起锁止作用的惯性力矩消失，作用在锁销8上的切向力 F_1 产生的拨销力矩通过锁销使摩擦锥环3、摩擦锥盘2和齿轮1相对于啮合套5转过一个角度，使锁销与啮合套上相应的销孔对中。于是，啮合套5克服弹簧11的弹力将钢球10压回孔中并沿定位销4轴向移动，直到与齿轮1的接合齿圈啮合，即顺利挂上5档。

4.4　变速器操纵机构

4.4.1　变速器操纵机构概述

1. 功用

变速器操纵机构的功用是使驾驶人能够根据道路情况准确可靠地换上或摘下变速器的某

个档位或退到空档,以保证汽车安全行驶。

2. 要求

为了使变速器在任何情况下都能准确、安全、可靠地工作,对变速器操纵机构提出如下要求:

1)无论是用直齿滑动齿轮换档,还是啮合套换档,挂档后要求保证轮齿以全齿宽啮合。在振动或汽车倾斜等条件影响下要保证不自行脱档或挂档,为此操纵机构中应该设置自锁装置。

2)为防止变速器同时挂入两个档位,造成发动机熄火或零部件损坏,操纵机构中应该设置互锁装置。

3)为防止汽车前进时误挂倒档,导致机件损坏和发生安全事故,操纵机构中应该设置倒档锁装置。

3. 类型

变速器操纵机构多为机械式,按距离驾驶人座位的远近,变速器操纵机构可以分为直接操纵机构和远距离操纵机构。

4.4.2 直接操纵机构

变速器位于驾驶人座位附近,变速杆从驾驶室地板伸出,由驾驶人直接操纵换档,这种操纵机构称为直接操纵机构。它一般由变速杆、拨块、拨叉、拨叉轴及安全装置等组成,多集装于变速器上盖或侧盖内,结构简单,操纵方便。大多数轿车和长头货车的变速器都采用这种操纵型式。

1. 选档换档机构

选档换档机构主要由变速杆、拨块、拨叉轴和拨叉等组成,其功用是完成换档的基本动作。图 4-11 所示为解放 CA1091 型汽车 6 档变速器操纵机构的组成与布置示意图。拨叉分别卡在对应啮合套的环槽中。拨叉轴支承在变速器盖上,可以轴向滑动,并和相应的拨叉固定在一起,这样拨叉轴的移动就可以带动拨叉,拨叉再推动啮合套。每根拨叉轴的中间都固定着一个拨块,拨块上有凹槽。空档时,各凹槽横向对齐。驾驶人操纵变速杆 12 的上端,下端就在凹槽中横向移动。

变速杆下端球头带动叉形拨杆 13 绕换档轴 11 轴线转动,使叉形拨杆 13 下端球头对准某一拨块的凹槽,然后纵向移动,带动拨叉轴及拨叉向前、向后移动,即可实现换档。换档包括选档和挂档两个步骤。例如横向摆动变速杆,使其下端伸入 1、2 档拨块 3 顶部的凹槽中(即为选档),再纵向摆动变速杆,使 1、2 档拨块 3 连同 1、2 档拨叉轴 8 和 1、2 档拨叉 5 沿纵向向前移动一定距离,便可挂入 2 档(即为挂档);若向后移动一定距离,则挂入 1 档。

2. 安全装置

变速器操纵机构的安全装置包括自锁、互锁和倒档锁装置。

(1)自锁装置 多数变速器的自锁装置由自锁钢球和自锁弹簧组成。其功用是防止变速器自动脱档(跳档),并保证换档到位,即轮齿(或接合齿圈)以全齿宽啮合。

图 4-12 所示为某商用车变速器的自锁和互锁装置,自锁装置由自锁钢球 1 和自锁弹簧 2 组成。每根拨叉轴的上表面沿轴向分布有三个凹槽,中间的凹槽为空档定位(槽深度小于

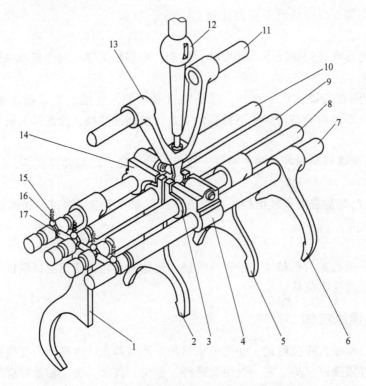

图4-11 6档变速器操纵机构的组成与布置示意图

1—5、6档拨叉 2—3、4档拨叉 3—1、2档拨块 4—倒档拨块 5—1、2档拨叉 6—倒档拨叉
7—倒档拨叉轴 8—1、2档拨叉轴 9—3、4档拨叉轴 10—5、6档拨叉轴 11—换档轴
12—变速杆 13—叉形拨杆 14—5、6档拨块 15—自锁弹簧 16—自锁钢球 17—互锁柱销

钢球半径),当任何一根拨叉轴连同拨叉轴向移动到空档或某一工作档位的位置时,必有一个凹槽正好对准自锁钢球。于是自锁钢球在自锁弹簧压力的作用下嵌入该凹槽内,拨叉轴的轴向位置即被固定,从而拨叉连同滑动齿轮(或啮合套)也被固定在空档或某一工作档位上,不能自行脱出。换档时,驾驶人对拨叉轴施加一定的轴向力,克服自锁弹簧的压力将钢球由拨叉轴的凹槽中挤出并推回孔中,拨叉轴和拨叉方能轴向移动。中间凹槽至两侧凹槽距离等于滑动齿轮由空档换入相应档位的距离。

(2)互锁装置 若变速杆下端处于两拨块中间,挂档时将会同时推动两个拨叉,挂入两个档位,由于两个档位传动比不同必使齿轮干涉,损坏零件。为防止同时挂入两个档位,需设置互锁装置。

图4-12所示的互锁装置是通过互锁钢球4和互锁销5实现互锁的,互锁钢球和互锁销装在变速器上盖的横向孔中。每根拨叉轴朝向互锁钢球一侧的表面上都制有一个深度相等的凹槽。中间拨叉两侧各有一个凹槽,任一拨叉轴处于空档时,其侧面凹槽正好对准

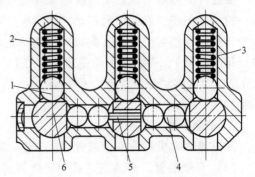

图4-12 变速器的自锁和互锁装置

1—自锁钢球 2—自锁弹簧 3—变速器盖(前端)
4—互锁钢球 5—互锁销 6—拨叉轴

互锁钢球。两钢球直径之和等于相邻两拨叉轴表面间距离加一凹槽深度。中间拨叉轴上两个侧面之间有孔相通，孔中装一根可以横向移动的互锁销5，互锁销的长度等于拨叉轴的直径减去一个凹槽的深度。

互锁装置的工作原理如图4-13所示。当变速器处于空档时，所有拨叉轴的侧面凹槽同钢球、互锁销都在同一直线上。当移动中间拨叉轴3时（图4-13a），轴3两侧的钢球从其侧面凹槽中被挤出，钢球2、4被挤嵌入拨叉轴1和轴5的侧面凹槽中，将轴1和轴5刚性地锁定在其空档位置。若要移动拨叉轴5，必须先将拨叉轴3退回至空档位置，再移动拨叉轴5，互锁钢球4从拨叉轴5的凹槽中被挤出，同时通过互锁销6推动另一侧钢球移动，将拨叉轴1和轴3锁止在空档位置（图4-13b）。同理，当移动拨叉轴1时，拨叉轴3和轴5被锁止在空档位置（图4-13c）。由此可见，互锁装置的作用是当驾驶人通过变速杆移动某根拨叉轴时，自动将其他拨叉轴锁止在空档位置，以防止同时换入两个档位。即每次只能移动一根拨叉轴，要想移动另一根拨叉轴，必须将已移动的拨叉轴退回原位。

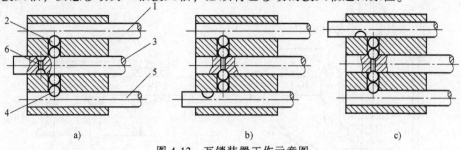

图4-13 互锁装置工作示意图

1、3、5—拨叉轴 2、4—互锁钢球 6—互锁销

（3）倒档锁装置 挂倒档时，汽车应该停在原地而不能处于行驶状态，为了防止在行驶中误挂倒档，设置了倒档锁。如图4-14所示，倒档锁由倒档锁销1和倒档锁弹簧2等组成，当驾驶人要选挂倒档时，必须用较大的力使变速杆下端克服倒档锁弹簧2的压力将倒档锁销1推向右方，这样变速杆下端才能进入倒档拨块的凹槽内，以实现挂入倒档。

由于倒档锁的存在，当驾驶人挂倒档时，必须对变速杆施加较大的力，才能挂入倒档，从而减少了误挂倒档情况的出现。

4.4.3 远距离操纵机构

当驾驶人座位离变速器较远时，则需要在变速杆与拨叉等内部操纵机

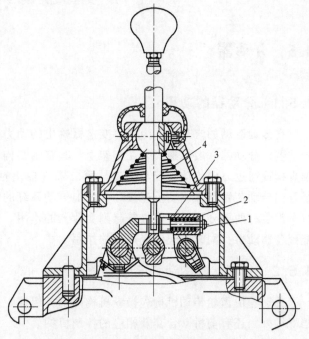

图4-14 变速器的倒档锁装置

1—倒档锁销 2—倒档锁弹簧 3—倒档拨块 4—变速杆

构之间加装一套传动机构或辅助杠杆（即外部操纵机构）进行操纵，这种操纵机构称为远距离操纵机构（或间接操纵机构）。发动机后置的汽车变速器必须采用远距离操纵机构。图 4-15 所示为变速杆安装在驾驶室地板上的远距离操纵机构示意图，其变速杆在驾驶人座位旁边并穿过驾驶室地板安装在车架上，中间通过一系列的传动杆件与变速器相连。

远距离操纵机构由外部操纵机构和内部操纵机构两部分构成。从变速杆到选档换档轴之间的所有传动件属于外部操纵机构，其功用是实现对变速器的远距离操纵；而内部操纵机构由选档换档轴、拨叉轴、拨叉、自锁装置、互锁装置和倒档锁装置等组成。

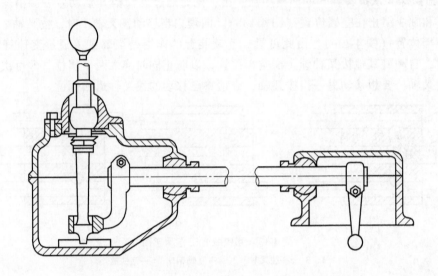

图 4-15　变速器远距离操纵机构示意图

4.5　分动器

4.5.1　分动器的功用

在多轴驱动的汽车上，为了将变速器输出的动力分配到各驱动桥，其传动系统中均装有分动器。分动器一般单独安装在车架上，其基本结构也是一个齿轮传动系统，分动器的输入轴直接或通过万向传动装置与变速器第二轴（输出轴）相连，而其输出轴有若干个，分别经万向传动装置与各驱动桥连接。为增加传动系统的最大传动比及档数，目前绝大多数越野汽车都装有两档分动器，使之兼起副变速器的作用。分动器的功用是将变速器输出的动力分配到各驱动桥，同时兼起副变速器的作用。

4.5.2　分动器的构造和工作原理

分动器由齿轮传动机构和操纵机构两部分组成。分动器内除了具有高低两档及相应的换档机构外，还有前桥啮合套及相应的控制机构。

1. 齿轮传动机构

分动器的齿轮传动机构由一系列齿轮、轴和壳体等零件组成。图 4-16 所示为北京

BJ2020 型两轴驱动越野汽车的两档分动器。此分动器单独安装在车架上，其输入轴 3 通过万向传动装置与变速器第二轴连接，输出轴共两根，即通往后驱动桥的输出轴 5 和通往前驱动桥的输出轴 8。

越野汽车在坏路或无路情况下行驶时，为使汽车有足够的牵引力，需要前桥参加驱动；而在好路上行驶时，前桥应作为从动桥，以免增加功率消耗和轮胎及传动系统零件的磨损。因此分动器中通往前桥的输出轴 8 装有前桥啮合套 6，只有将啮合套 6 左移，使轴 5 和轴 8 刚性连接，前桥方能参加驱动。

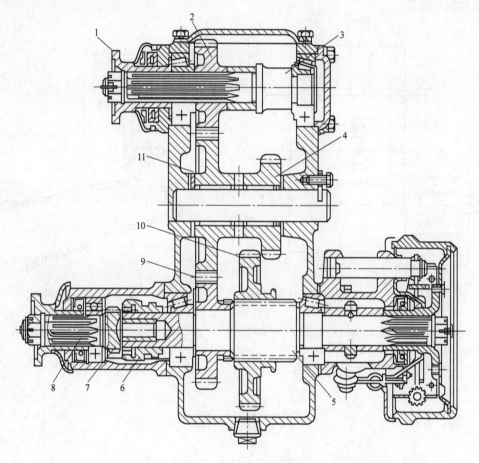

图 4-16 北京 BJ2020 型两轴驱动越野汽车的两档分动器
1—凸缘盘 2—输入轴齿轮 3—输入轴 4—中间轴低速档齿轮 5—后桥输出轴 6—前桥啮合套
7—花键齿轮 8—前桥输出轴 9—输出轴常啮合高速档齿轮 10—变速滑动齿轮
11—中间轴高速档齿轮

图 4-17 所示为东风 EQ2080 型三轴驱动越野汽车的两档分动器结构示意图，图示为此分动器处于空档位置。将换档啮合套 4 左移与齿轮 13 的接合齿圈啮合后，从输入轴 1 传来的动力，经齿轮 3、13 和中间轴 8 传到齿轮 9，由此再分别经齿轮 6、11 传到输出轴 7、10。若前桥啮合套 14 已与中桥输出轴 10 的接合齿轮啮合，则动力还可以从轴 10 传给通往前桥的输出轴 15，分动器的这个档位称为高速档，其传动比为 1.08。将换档啮合套 4 右移，与

齿轮 12 的接合齿圈啮合时，动力从输入轴 1 经齿轮 5、12 传到中间轴 8 和齿轮 9，然后再分别传到输出轴 7、10 和 15。这个档位称为低速档，传动比为 2.05。

2. 操纵机构

当分动器挂入低速档工作时，其输出转矩较大，为避免中、后桥超载，此时前桥必须参加驱动，分担部分载荷。因此，分动器的操纵机构必须保证：非先接上前桥，不得挂入低速档；非先退出低速档，不得摘下前桥（即先接上前桥，才能挂低档；先退出低档，才能摘下前桥）。分动器的操纵机构由换档操纵杆、传动杆、摇臂及轴等组成。图 4-18 所示为分动器操纵机构示意图。

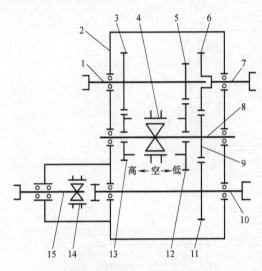
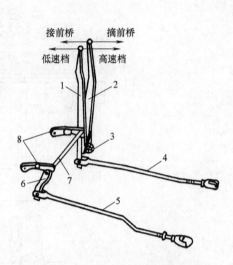

图 4-17 东风 EQ2080 型三轴驱动越野汽车的
两档分动器结构示意图
1—输入轴　2—分动器壳　3、5、6、12、9、11、13—齿轮
4—换档啮合套　7—后桥输出轴　8—中间轴
10—中桥输出轴　14—前桥啮合套
15—前桥输出轴

图 4-18　分动器操纵机构示意图
1—换档操纵杆　2—前桥操纵杆
3—螺钉　4、5—传动杆　6—摇臂　7—轴　8—支撑臂

【内容小结】

1）变速器的功用：
a）变速变矩。
b）利用倒档实现倒退行驶。
c）利用空档中断动力传递。
d）可加装动力输出器。
2）变速器的组成：变速传动机构和操纵机构。
3）变速器的类型：
a）按传动比变化方式不同，可分为有级式、无级式和综合式三种。
b）按操纵方式不同，可分为手动操纵式、自动操纵式和半自动操纵式三种。
4）变速器常见的换档方式：直齿滑动齿轮换档、啮合套换档和同步器换档。

第4章 变速器和分动器

5) 两轴式变速器的变速传动机构主要由输入轴、输出轴、倒档轴、各档齿轮及变速器壳体构成，其输入轴与输出轴平行，且无中间轴，各前进档的动力分别经一对齿轮传递。三轴式变速器的变速传动机构主要由第一轴、第二轴、中间轴、倒档轴、各档齿轮及变速器壳体构成，其第一轴和第二轴在同一轴线上，并且与中间轴平行。

6) 变速器传动机构中防止自动跳档的结构措施：齿端制成倒斜面；花键毂齿端的齿厚切薄；啮合套齿端形成凸肩。

7) 组合式变速器由主、副变速器串联而成。重型货车的装载质量大，使用条件复杂，欲保证其具有良好的动力性、经济性和加速性，则必须扩大传动比范围并增多档数，故重型货车多采用组合式变速器。

8) 同步器的功用：缩短换档时间，防止换档冲击。

同步器的组成：同步装置、锁止装置和接合装置。

按工作原理不同，同步器分为常压式、惯性式和自动增力式。

9) 锁环式惯性同步器主要由啮合套、定位销、弹簧、滑块、花键毂和锁环等组成。换档过程中，在锁环上作用有两个力矩即拨环力矩 M_2 和摩擦力矩 M_1，在未同步前总有 $M_2<M_1$，产生锁止。只有当同步后，摩擦力矩 M_1 消失，M_2 将锁环后拨，解除锁止，啮合套穿过锁环移动，实现挂档。

10) 变速器操纵机构中的安全装置有自锁装置、互锁装置和倒档锁装置。

a) 自锁装置主要由自锁钢球和自锁弹簧组成，其功用是防止自动脱档，保证换档到位。

b) 互锁装置主要由互锁钢球和互锁销组成，其功用是防止同时挂入两个档位。

c) 倒档锁装置主要由倒档锁销和倒档锁弹簧组成，其功用是防止在行驶中误挂倒档。

11) 分动器的操纵机构必须保证：非先接上前桥，不得挂入低速档；非先退出低速档，不得摘下前桥（即先接上前桥，才能挂低档；先退出低档，才能摘下前桥）。

【学 习 自 测】

1) 简述变速器的功用和组成。
2) 三轴式变速器的前进档和倒档分别经过几对齿轮传动？
3) 有些汽车设置超速档的作用是什么？
4) 变速器传动机构中防止自动跳档的结构措施有哪些？
5) 组合式变速器是如何构成的？为什么重型货车多采用组合式变速器？
6) 简述同步器的功用、组成和类型。
7) 简述锁环式惯性同步器的构造和工作原理。
8) 变速器操纵机构中的安全装置有哪些？其工作原理和作用分别是什么？
9) 分动器的操纵机构必须保证什么要求？为什么？

第 5 章

汽车自动变速器

【学习目标】

1) 熟悉自动变速器的类型和组成。
2) 掌握液力偶合器和液力变矩器的结构组成。
3) 理解液力偶合器和液力变矩器的工作原理,掌握液力变矩器特性以及两个重要的特性参数。
4) 掌握液力机械变速器的结构型式,了解各种类型的液力机械变速器的结构组成和工作原理,重点掌握行星齿轮变速器的工作原理。
5) 了解自动变速器操纵机构的类型、结构和工作原理。
6) 理解金属带式无级自动变速器的结构组成和工作原理。

5.1 概述

5.1.1 自动变速器的特点

汽车自动变速器就是前面所提及的自动操纵式变速器,它能够自动根据汽车车速和发动机转速、负荷等工况的变化来自动变换传动系统的传动比,其有以下特点:

1) 使汽车起步更加平稳,能吸收和衰减振动与冲击。
2) 使汽车能以低速稳定行驶,提高车辆通过性。
3) 可自动适应道路阻力的变化,提高汽车动力性。
4) 便于实现自动换档,提高汽车行驶安全性。
5) 减少发动机废气有害成分的排出量,减轻空气污染。
6) 采用液力元件,消除动力传动的动载荷。
7) 结构复杂,制造精度和成本高,试制费用较高。
8) 传动效率较机械变速器低(一般低 8%~12%)。
9) 由于结构复杂,修理及故障排除困难。

5.1.2 自动变速器的类型

1. 按操纵方式分

自动变速器按操纵方式分为半自动变速器和全自动变速器两种。半自动变速器仅在汽车起动和部分档位自动换档,不能在全部档位范围内自动换档;而全自动变速器在变速器全部档位范围内均能自动换档，自动改变变速器的传动比。

2. 按传动比变化方式分

自动变速器按传动比变化方式分为有级式（机械式自动变速器，AMT）、无级式（如电力式、动液式和机械式等）和综合式（液力机械式）3种。

3. 按齿轮变速系统的控制方式分

自动变速器按齿轮变速系统的控制方式分为液控液压式和电控液压式两种。液控液压式自动变速器在手控制阀选定位置后，换档时靠液压信号直接控制换档阀进行换档；而电控液压式自动变速器在手控制阀选定位置后，由电控单元控制液压阀和液压执行机构进行换档。电控液压式自动变速器主要由液力变矩器、行星齿轮变速系统、液压操纵系统和电子控制系统4部分组成，如图5-1所示。

5.1.3 自动变速器的组成

汽车上常用的自动变速器是液力机械式自动变速器，它主要由液力传动系统、机械式齿轮变速系统、液压操纵系统及液压或电子控制系统等部分组成，如图5-2所示。而液压控制系统又包括由许多控制阀组成的阀板总成和液压管路。阀板总成通常安装在齿轮变速器下方的油底壳内。电控单元接收节气门开度信号和车速信号，利用液压自动控制原理，实现自动换档。

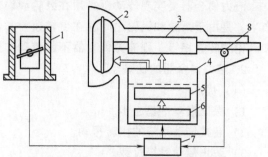

图 5-1　电控液压式自动变速器组成框图
1—节气门体　2—液力变矩器　3—行星齿轮变速器
4—液压控制操纵系统　5—换档阀门　6—电磁阀
7—电控单元　8—车速传感器

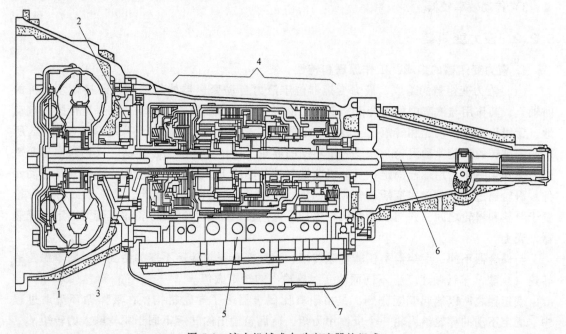

图 5-2　液力机械式自动变速器的组成
1—液力变矩器　2—油泵　3—输入轴　4—齿轮式变速器　5—液压操纵系统　6—输出轴　7—油底壳

5.2 液力偶合器与液力变矩器

5.2.1 液力偶合器

1. 液力偶合器的结构和工作原理

液力偶合器主要由泵轮、涡轮和偶合器外壳等部件组成。泵轮和涡轮之间靠液体流动传递动力。液力偶合器的工作原理可以用水泵带动水轮机转动或者一个风扇通过气流带动另一个风扇转动的原理加以理解。

液力偶合器要实现传动，必须在泵轮和涡轮之间有油液的循环流动。而油液循环流动的产生，是由于泵轮和涡轮之间存在着转速差，使两轮叶片外缘处产生压力差所致。如果泵轮和涡轮的转速相等，则液力偶合器不起传动作用。

2. 液力偶合器的优缺点

（1）优点
1）保证汽车平稳起步。
2）衰减传动系统的扭转振动。
3）防止传动系统过载。
4）显著减少换档次数。

（2）缺点
1）只能传递转矩，不能改变转矩大小。
2）不能取代离合器，使传动系统纵向尺寸增加。
3）传动效率较低。

5.2.2 液力变矩器

1. 液力变矩器的组成、工作原理和特性

（1）液力变矩器的组成　液力变矩器位于液力自动变速器的最前端，连接在发动机的曲轴上，其作用与汽车中的离合器相似，并能根据汽车行驶阻力的不同，在一定范围内自动地、无级地改变传动比和转矩比，具有一定的减速增矩功能。目前广泛采用的是如图5-3所示的由旋转的泵轮4和涡轮3以及固定不动的导轮5所组成的液力变矩器。泵轮通常与变矩器壳体连为一体，用螺栓固定在发动机曲轴后端的凸缘上，随曲轴同速同步旋转，是主动元件；涡轮通过花键与液力变矩器传动轴（即输出轴）相连将动力输出，是从动元件；导轮置于泵轮和涡轮之间，并与泵轮和涡轮保持一定的轴向间隙，通过导轮固定套管固定在变速器外壳上。

与偶合器不同，变矩器不仅能传递转矩，而且能在泵轮转矩不变的情况下，随着涡轮的转速（反映汽车行驶速度）不同而改变涡轮输出的转矩数值。

变矩器之所以能起变矩作用，是由于其比偶合器多了导轮机构，在液体循环流动过程中，固定不动的导轮给涡轮一个反作用力矩，使涡轮输出的转矩不同于泵轮输入的转矩。

（2）液力变矩器的工作原理　下面用液力变矩器工作轮的展开图来说明液力变矩器的变矩原理。沿循环圆的中间流线将其展开成一直线，于是泵轮B、涡轮W和导轮D便成为

图 5-3 液力变矩器主要零件
a）结构图 b）实物图
1—起动齿圈 2—变矩器壳体 3—涡轮 4—泵轮 5—导轮

三个沿展开直线顺次排列的环形平面，如图 5-4 所示，从而使各工作轮叶片清楚地展现出来。

1）在汽车起步之前，涡轮转速 $n_W=0$，发动机带动泵轮旋转，并对工作液产生一个大小为 M_B 的转矩，该转矩即为液力变矩器的输入转矩。液力变矩器内的工作液在泵轮叶片带动下，以一定的绝对速度 v_B 冲向涡轮叶片，因涡轮静止不动，液流将沿着叶片以绝对速度 v_W 流出涡轮并冲向导轮，然后液流再从固定不动的导轮叶片以速度 v_D 流入泵轮，如图 5-5a 所示。当液体流过叶片时，受到叶片的作用力，其方向发生变化。设泵轮、涡轮和导轮对液流的作用转矩分别为

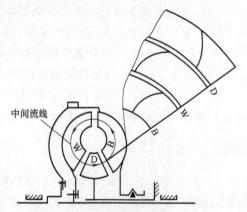

图 5-4 液力变矩器工作轮展开图

M_B、M'_W 和 M_D。根据液流受力平衡关系，则 $M'_W=M_B+M_D$，由于液流对涡轮作用的转矩 M_W 与 M'_W 大小相等、方向相反，因而在数值上，有 $M'_W=M_W=M_B+M_D$，即涡轮转矩 M_W 大于泵轮转矩 M_B，液力变矩器从而起到增大转矩的作用。

2) 在汽车起步之后，当变矩器输出的转矩，经传动系统传到驱动轮上所产生的驱动力足以克服汽车起步阻力时，汽车即起步并开始加速，与之相联系的涡轮转速 v_W 也从零逐渐增加。液流在涡轮出口处不仅具有沿叶片方向的相对速度 v_{W2}，而且具有沿圆周切线方向的牵连速度 v_{W1}，因此，此时冲向导轮叶片的液流绝对速度 v_W 是上述两者的合成速度，如图 5-5b 所示。

3) 如果涡轮转速进一步增大，沿圆周切线方向的牵连速度 v_{W1} 也随之增大，故使涡轮出口处液流绝对速度 v_W 方向将进一步向左倾斜，使导轮上所受转矩值逐渐减小，如图 5-5c 所示。当涡轮转速增大到某一数值时，由涡轮流出的液流正好沿导轮出口方向冲向导轮，由于液体流经导轮时没有改变方向，故导轮转矩 M_D 为 0，于是涡轮转矩与泵轮转矩相等，即 $M_W = M_B$。

4) 若涡轮转速继续增大，液流绝对速度 v_W 方向继续向左倾斜，导轮转矩方向与泵轮转矩方向相反，则有 $M_W = M_B - M_D$，即液力变矩器起到减小转矩的作用。当涡轮转速增大到与泵轮转速相等时，工作液的循环流动停止，液力变矩器将不能传递动力。

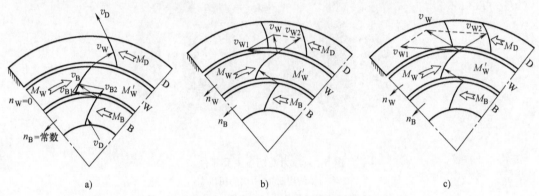

图 5-5 液力变矩器工作原理图

(3) 液力变矩器特性　液力变矩器特性是指在变矩器的泵轮转速 n_B 和转矩 M_B 不变时，涡轮转矩 M_W 随其转速 n_W 变化的规律，如图 5-6 所示。

液力变矩器特性有两个重要的特性参数：液力变矩器传动比 i 和液力变矩器变矩系数 K。

1) 液力变矩器的输出转速（即涡轮转速 n_W）与输入转速（泵轮转速 n_B）之比称为液力变矩器传动比 i，即 $i = \dfrac{n_W}{n_B} \leq 1$。

2) 液力变矩器的输出转矩（即涡轮转矩 M_W）与输入转矩（泵轮转矩 M_B）之比称为液力变矩器变矩系数 K，即 $K = \dfrac{M_W}{M_B}$。

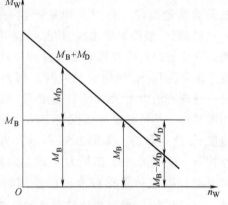

图 5-6 液力变矩器特性曲线图

液力变矩器特性曲线（图 5-6）表明：变矩系数是随涡轮转速的改变而连续变化的。在汽车起步、上坡或遇到较大行驶阻力时，如果发动机的转速和负荷不变，车速必然降低，那么与之相联系的涡轮转速也会随之下降,于是变矩系数相应增大,因而使驱动轮获得更大的转矩,保证汽车能克服增大的阻力而继续行驶。因此,液力变矩器是一种能随汽车行驶阻力的不同而自动改变变矩系数的传动装置,且具备液力偶合器的功能和优点。

2. 典型液力变矩器简介

(1) 三元件综合式液力变矩器　目前在装用自动变速器的汽车上使用的变矩器大多是综合式液力变矩器。三元件综合式液力变矩器和上述液力变矩器的结构基本相同,也是主要由泵轮、涡轮和导轮3个元件组成,不同之处只在于它的导轮不是完全固定不动的,而是通过单向离合器支承在固定于变速器壳体的导轮固定套管上,其结构如图5-7所示。

单向离合器(自由轮机构)的作用是只允许导轮单向旋转,不允许其逆转。例如,若单向离合器只允许导轮顺时针旋转,那么当顺时针旋转时,导轮可以转动,因此固定不动的导轮就不存在了,此时变矩器相当于偶合器的工作状态,不起变矩作用;而当逆时针旋转时,单向离合器将导轮锁止在导轮固定套管上,导轮固定不动,此时为变矩器的工作状态,可以改变转矩。这种可以转入偶合器工况的变矩器称为综合式液力变矩器。单向离合器的结构型式有滚柱式和楔块式两种。

(2) 四元件综合式液力变矩器　四元件综合式液力变矩器与三元件综合式液力变矩器相比,多了一个导轮,且两个导轮分别装在各自的单向离合器上(图5-8)。四元件综合式液力变矩器的特性是两个变矩器特性和一个偶合器特性的综合。

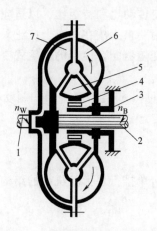
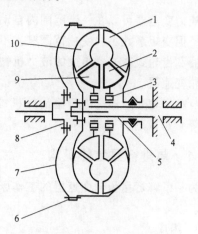

图5-7　三元件综合式液力变矩器
1—输入轴　2—输出轴　3—导轮固定套管　4—单向离合器　5—导轮　6—泵轮　7—涡轮

图5-8　四元件综合式液力变矩器
1—泵轮　2—第2导轮　3—单向离合器　4—输出轴　5—导轮固定套管　6—起动齿圈　7—变矩器壳体　8—曲轴凸缘　9—第1导轮　10—涡轮

(3) 带锁止离合器的综合式液力变矩器　液力变矩器靠工作液传递转矩,比机械离合器的传动效率低。为了提高汽车的传动效率,减少燃料消耗,现代很多轿车采用一种带锁止离合器的综合式液力变矩器,如图5-9所示。这种变矩器内有一个由液压油操纵的锁止离合器。锁止离合器的主动盘即为变矩器壳体,从动盘是一个可做轴向移动的压盘,它通过花键套与涡轮连接。其特点是在汽车变工况行驶时(如起步、加减速),锁止离合器分离,相当于普通液力变矩器;当汽车在稳定工况下行驶时,锁止离合器接合,动力不经液力传动,直接通过机械传动,变矩器效率为1,从而提高汽车行驶速度和燃油经济性。

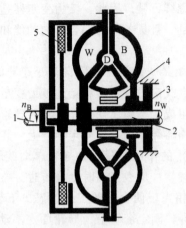

图 5-9 带锁止离合器的综合式液力变矩器
1—输入轴 2—输出轴 3—导轮固定套管 4—单向离合器 5—锁止离合器

5.3 行星齿轮变速器

液力变矩器可以在一定范围内自动地、无级地改变传动比和转矩比,以适应行驶阻力的变化,但变矩系数小,变速范围窄,不能满足汽车使用要求,故在汽车上广泛采用的是液力变矩器和齿轮式变速器组成的液力机械式变速器,与变矩器配合使用的齿轮式变速器多为行星齿轮变速器。

行星齿轮变速器是由行星齿轮机构和换档执行元件(如换档离合器、制动器及单向离合器等)组成的。

5.3.1 单排行星齿轮机构

为了了解行星齿轮变速器的工作原理,下面先分析单排行星齿轮机构的结构组成和工作原理。

1. 组成

单排行星齿轮机构主要由1个太阳轮(或称为中心轮)、1个带有若干个行星齿轮的行星架和1个齿圈组成(图 5-10)。

2. 运动规律

图 5-10 所示为单排行星齿轮机构示意图,图上标出了行星齿轮 4 所受到的作用力。设太阳轮转速为 n_1,齿圈转速为 n_2,行星架转速为 n_3;齿圈齿数 z_2 与太阳轮齿数 z_1 之比为 α,即 $\alpha=z_2/z_1=r_2/r_1$,且 $\alpha>1$。则根据能量守恒定律,由作用在单排行星齿轮机构各元件上的力矩和结构参数,可得到表示单排行星齿轮机构运动规律的特性方程式,即

$$n_1+\alpha n_2-(1+\alpha)n_3=0 \tag{5-1}$$

3. 工作原理

单排行星齿轮机构具有3个彼此可以相对旋转的运动件:太阳轮、行星架和齿圈。它可以实现4种不同组合的档位:

1) 太阳轮 1 为主动件,行星架 3 为从动件,齿圈 2 固定,此时的传动比为

$$i_{13}=n_1/n_3=1+\alpha=1+z_2/z_1 \tag{5-2}$$

2) 齿圈 2 为主动件,行星架 3 为从动件,太阳轮 1 固定,此时的传动比为

$$i_{23}=n_2/n_3=(1+\alpha)/\alpha=1+z_1/z_2 \tag{5-3}$$

3) 太阳轮 1 为主动件,齿圈 2 为从动件,行星架 3 固定,此时的传动比为

$$i_{12}=n_1/n_2=-\alpha=-z_2/z_1(倒档传动) \tag{5-4}$$

4) 如果太阳轮和齿圈连为一体,即 $n_1=n_2$,此时传动比为 1,可得

$$n_1=n_2=n_3（直接档传动） \tag{5-5}$$

由上可知,单排行星齿轮机构在有元件受约束的情况下可以获得 4 种不同的传动比,若所有元件均不受约束,则其失去传动作用。

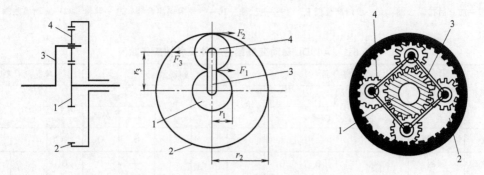

图 5-10 单排行星齿轮机构示意图
1—太阳轮 2—齿圈 3—行星齿轮架 4—行星齿轮

5.3.2 复合式行星齿轮机构

单排行星齿轮机构所提供的适用传动比数目是有限的,为了获得较多的档数,可采用两排或多排行星齿轮机构。一般具有三、四个前进档的自动变速器至少需要两排行星齿轮机构,分别将其称为前行星排和后行星排。在现代汽车的自动变速器中,目前广泛采用两种典型的复合式行星齿轮机构,即辛普森(Simpson)式和拉威娜(Ravigneaux)式。

1. 辛普森(Simpson)式行星齿轮机构

辛普森式行星齿轮机构是由两排行星齿轮机构共用一个太阳轮组成的复合式行星齿轮机构,它是目前应用最为广泛的一种复合式行星齿轮机构。辛普森式行星齿轮机构可以提供空档、第 1 降速档、第 2 降速档、直接档和倒档,即可以获得 3 个前进档和 1 个倒档。而辛普森式行星齿轮机构与一个单排行星齿轮机构(超速档行星齿轮机构)串联可组合成 4 个前进档和 1 个倒档的行星齿轮变速器。A43DL 型行星齿轮变速器就采用了这种组合方式,其结构示意图如图 5-11 所示,各换档执行元件在不同档位时的工作情况见表 5-1。

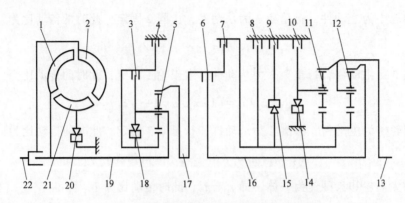

图 5-11 A43DL型行星齿轮变速器结构示意图

1—涡轮 2—泵轮 3—超速离合器C_0 4—超速制动器B_0 5—超速行星排 6—前进离合器C_1
7—高速档、倒档离合器C_2 8—2档强制制动器B_1 9—2档制动器B_2 10—低速档、倒档制动器B_3
11—前行星排 12—后行星排 13—输出轴 14—单向离合器F_2 15—单向离合器F_1 16—中间轴
17—前、后排输入轴 18—单向离合器F_0 19—主动轴 20—导轮单向离合器 21—导轮 22—发动机曲轴

表 5-1 A43DL自动变速器各构件及各档工作状况

选档位置	档位	离合器				制动器					单向离合器		
		C_0	C_1	C_2		B_0	B_1	B_2	B_3		F_0	F_1	F_2
				内卷	外圈				内圈	外圈			
P位	驻车档	O							O	O	O		
R位	倒档	O		O	O				O		O		
N位	空档	O									O		
D位	1档	O	O								O		O
	2档	O	O					O			O	O	
	3档	O	O	O							O		
	4档			O	O	O					O		
2位	1档	O	O								O		O
	2档	O	O				O	O			O		
L位	1档	O	O						O	O	O		O

注：O—表示该执行元件工作。

2. 拉威娜（Ravigneaux）式行星齿轮机构

图 5-12 所示为拉威娜式行星齿轮机构，其特点是两排行星齿轮机构共用一个齿圈5 和一个行星架2。行星架2上的长行星轮4与前排行星齿轮机构的大（后）太阳轮6啮合，同时还与后排行星齿轮机构的短行星轮3相啮合。短行星轮3还与小（前）太阳轮1啮合。它可以组成3个前进档和1个倒档的行星齿轮变速器。

拉威娜式行星齿轮机构的结构紧凑，所用构件少，相互啮合的齿较多，故可传递较大转矩，但与辛普森式相比，其结构较复杂，传动效率略低。也有不少轿车的自动变速器采用这种结构型式，如帕萨特、捷达王都市先锋及宝来轿车等。

5.3.3 换档执行元件

1. 离合器

（1）离合器的功用　离合器的功用是将变速器的输入轴和行星齿轮机构中的某个基本元件连接，或将行星齿轮机构中的某两个基本元件连接在一起，使之成为一个整体。

（2）离合器的结构　自动变速器中所使用的离合器为多片湿式离合器，其通常由离合器鼓、离合器活塞、回位弹簧、钢片、摩擦片、花键毂及密封圈组成，如图 5-13 所示。

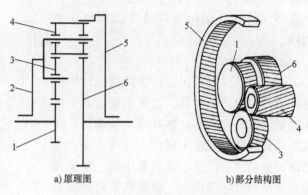

图 5-12　拉威娜式行星齿轮机构
1—小（前）太阳轮　2—行星架　3—短行星齿轮　4—长行星齿轮
5—齿圈　6—大（后）太阳轮

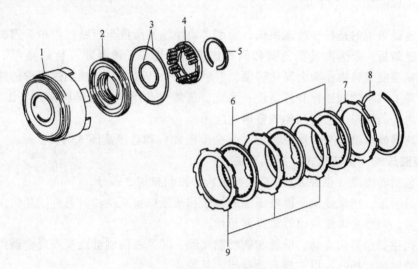

图 5-13　离合器
1—离合器鼓　2—离合器活塞　3—密封圈　4—回位弹簧　5、8—卡环　6—摩擦片　7—压盘　9—钢片

（3）离合器的工作原理　如图 5-14 所示，当液压油流入活塞缸内，活塞 2 在缸体内移动，使主动片和从动片互相压紧，因为有较高的摩擦力，离合器的主、从动片便以相同的速度旋转，离合器处于接合状态。

2. 单向离合器

单向离合器的作用是使行星齿轮机构中的某元件只能按一个方向旋转，而在另一个方向上锁止。在行星齿轮机构中有若干个单向离合器，其工作性能对变速器的换档品质有很大影响。单向离合器具有灵敏度高的优点，可瞬间锁止（或解除锁止），

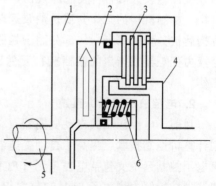

图 5-14　湿式离合器工作原理图
1—活塞缸　2—活塞　3—离合器片　4—花键毂
5—输入轴　6—回位弹簧

提高了换档时机的准确性。同变矩器的单向离合器一样，其结构也有滚柱式和楔块式两种。

3. 制动器

制动器的作用是固定行星齿轮机构中的基本元件，阻止其旋转。在自动变速器中常用的制动器有片式制动器和带式制动器。带式制动器的结构如图5-15所示，其主要由制动鼓、制动带、液压缸及活塞组成。制动带围绕在制动鼓的圆周上，制动鼓与行星齿轮机构一起旋转。

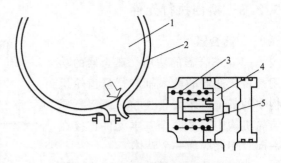

图 5-15　带式制动器的结构
1—制动鼓　2—制动带　3—外弹簧　4—活塞
5—内弹簧

5.4　自动变速器的操纵系统

自动变速器采用的是自动操纵系统。所谓自动操纵是指汽车行驶过程中，驾驶人按行驶需要控制加速踏板，根据发动机负荷和汽车速度的变化，变速器即可自动换入不同档位工作。自动操纵可使驾驶操作大为简化轻便，有利于安全行驶，并使换档过程中的速度变化平顺，从而提高了汽车的加速性和舒适性。因此，虽然自动操纵系统结构复杂，工艺要求高，但目前在国内外的轿车上已得到比较普遍的应用。

自动变速器操纵机构分为液控液压式（全液压式）和电控液压式两种。

1. 液控液压式（全液压式）操纵系统

该系统包括动力源（供油系统）、执行机构和控制机构3部分。

动力源是油泵，用来提供所需液压油的油量和油压以实现换档，另外，还向液力变矩器供应工作油液，向行星齿轮变速器输送润滑油。

执行机构主要包括离合器、低档和倒档制动器。其通过控制油压实现离合器的分离和接合、制动器的制动和松开，以实现自动换档的目的。

控制机构包括阀体和各种阀门（主油路调压阀、手控制阀和换档阀等）。控制机构的作用是按照驾驶人和各种传感器发出的信号，将油泵输出的液压油加以精确调节，并输入执行机构。控制机构的工作介质是油泵运转时产生的液压油，油泵运转时产生的液压油进入控制机构后被分为两部分：一部分用于控制系统本身的工作；另一部分则在控制系统的控制下送至液力变矩器或指定的换档执行元件，用于操纵液力变矩器及换档执行元件等液力元件的工作。

2. 电控液压式操纵系统

目前，电控液压式自动变速器（简称电控自动变速器）是在液压控制的基础上增加微型计算机控制技术，提高了自动变速器的各项性能。它包括液压操纵系统和电子控制系统，而电子控制系统又包括电控单元（ECU）、各种传感器、控制开关和执行器等。即在自动变速器换档控制中增加了ECU和与之相关的传感器和执行器，车速传感器和节气门位置传感器代替了调速器阀和节气门阀，传感器和开关将电信号输入ECU，经过ECU分析、对比、运算后，做出是否需要换档的判断。当需要换档时，通过电磁阀操纵液压的换档阀去控制执行装置（换档离合器和制动器等）的油路，实现档位的变换。由于控制方式不同，电控自动变速器与全液压自动变速器相比，具有以下优点：

1) 驾驶人可以选择适合自己的驾驶模式。
2) 换档冲击小，乘坐舒适性好。
3) 经济性好。
4) 具有故障自诊断功能。
5) 具有失效保护功能。

5.5 机械式无级变速器

机械式无级变速器（Continuous Variable Transmission，CVT）的传动比是连续可变的，即没有明确的具体档位，类似自动变速器；但其连续变化的传动比，又不同于自动变速器的换档过程。相比于普通自动变速器，这种变速器可更好地解决传动系统和发动机工况的匹配问题，以提高整车的燃油经济性和动力性。

5.5.1 机械式无级变速器的分类

机械式无级变速器主要分为链式和带式两种。

链式机械无级变速器的传动机构主要由主、从动链轮和套在其上的链条组成。借助链条左右两个侧面和链轮的两个锥盘之间的摩擦力来传递动力，并通过改变两锥盘的轴向距离调整它们与链条的接触位置和工作半径，实现无级变速传动。

带式机械无级变速器的传动机构主要由主、从动带轮的两对锥盘和其上的传动带组成。工作时，利用传动带左右两个侧面和锥盘之间的摩擦力来传递动力，并通过改变两锥盘的轴向距离调整它们与传动带的接触位置和工作半径，实现无级变速传动。

5.5.2 机械式无级变速器的工作原理

常用的机械式无级变速器为金属带式无级变速器（VDT-CVT），下面以金属带式无级变速器为例讲述机械式无级变速器的工作原理。

1. DVT-CVT 的组成和工作原理

金属带式无级变速器（VDT-CVT）的结构示意图如图 5-16 所示。它由金属带、工作轮（主动轮和从动轮）、油泵、起步离合器和控制系统等组成。工作轮由固定部分和可动部分组成，二者之间形成 V 形槽，金属带在槽内与工作轮相啮合。当工作轮的可动部分做轴向移动时，可改变金属带与主、从动工作轮的工作半径，从而改变金属带传动的传动比。使金属带运动速度降低或升高，相当于齿轮变速器更换不同直径的齿轮。主、从动工作轮可动部分的轴向移动是根据汽车的行驶工况，通过液压控制系统进行连续调节的，进而实现无级变速传动。

汽车低速行驶时，使主动轮的凹槽宽度大于从动轮的凹槽宽度，主动轮的金属带圆周半径小于从动轮的金属带圆周半径，即小圆带动大圆，传递较大的转矩，使从动轮转速降低（图 5-16a）。反之，汽车高速行驶时，主动轮的可动部分向内收拢，凹槽宽度变小，迫使金属带转速升高；从动轮则正好相反，其可动部分向外移动加大凹槽宽度，使金属带转速降低,主动轮的金属带圆周半径大于从动轮的金属带圆周半径,即变成大圆带动小圆,传递较小的转矩,使从动轮转速升高(图5-16b)。

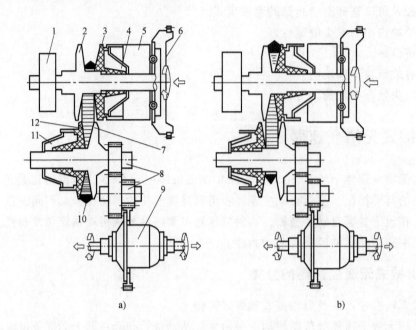

图5-16 金属带式无级变速器的结构示意图
1—油泵 2—主动轮固定部分 3—主动轮可动部分 4—主动轮液压缸 5—起步离合器 6—发动机飞轮
7—从动轮固定部分 8—中间减速器 9—主减速器与差速器 10—金属带
11—从动轮液压缸 12—从动轮可动部分

2. DVT-CVT 主要零部件的结构特点

1)金属带由多个金属片和两组金属环组成。

2)主、从动轮由可动部分和固定部分组成,其工作面为直线锥面体。

3)液压操纵系统主要由油泵、液压阀及机油滤清器等组成。油泵为系统控制的液压源,其类型有齿轮泵和叶片泵两种。

4)控制系统为一种电液控制系统,其电子控制部分主要由电控单元、传感器和控制开关等组成。

【内容小结】

1)自动变速器的类型:

a)按传动比变化方式分为有级式(机械式自动变速器,AMT)、无级式(电力式、动液式、机械式)、综合式(液力机械式)3种。

b)按齿轮变速系统的控制方式分为液控液压式和电控液压式两种。

2)液力偶合器主要由泵轮、涡轮和偶合器外壳等部件组成。泵轮和涡轮之间靠液体流动传递动力。其实现传动的必要条件是工作液在泵轮与涡轮之间有循环流动。其特点是泵轮转速总大于涡轮转速,若相等,则不起传动作用。

3）液力变矩器主要由泵轮、涡轮、导轮和变矩器壳体等部件组成，与液力偶合器的最大区别是增加了导轮。

4）液力变矩器特性是指在变矩器的泵轮转速 n_B 和转矩 M_B 不变时，涡轮转矩 M_W 随其转速 n_W 变化的规律。液力变矩器特性有两个重要的特性参数：液力变矩器传动比 i 和液力变矩器变矩系数 K。

a）液力变矩器的输出转速（即涡轮转速 n_W）与输入转速（即泵轮转速 n_B）之比称为液力变矩器传动比 i，即 $i = \dfrac{n_W}{n_B} \leq 1$。

b）液力变矩器的输出转矩（即涡轮转矩 M_W）与输入转矩（即泵轮转矩 M_B）之比称为液力变矩器变矩系数 K，即 $K = \dfrac{M_W}{M_B}$。

5）单排行星齿轮机构运动规律的特性方程式为
$$n_1 + \alpha n_2 - (1+\alpha) n_3 = 0$$

单排行星齿轮机构可以获得4种不同的传动比，若所有元件均不受约束，则失去传动作用。

6）目前广泛采用的两种典型复合式行星齿轮机构分别是辛普森（Simpson）式和拉威娜（Ravigneaux）式。

a）辛普森式行星齿轮机构的特点是两排行星齿轮机构共用一个太阳轮，它是目前应用最为广泛的一种复合式行星齿轮机构。

b）拉威娜式行星齿轮机构的特点是两排行星齿轮机构共用一个齿圈和一个行星架。

7）CVT 表示的是机械式无级变速器。

【学习自测】

1）自动变速器按传动比变化方式分为哪些类型？
2）简述自动变速器的组成。
3）液力偶合器的组成主要有哪些？
4）液力变矩器的组成主要有哪些？
5）什么是液力变矩器特性？何谓液力变矩器传动比和液力变矩器变矩系数？
6）单排行星齿轮机构的运动特性方程式是什么？
7）简述复合式行星齿轮机构的类型及其各自的特点。

第 6 章

万向传动装置

【学习目标】
1) 掌握万向传动装置的功用、组成及其应用场合。
2) 掌握万向节的功用和类型。
3) 了解各类万向节的结构特点和应用场合。
4) 掌握双十字轴万向节实现等速传动的条件。
5) 了解传动轴和中间支承。

6.1 概述

6.1.1 万向传动装置的组成

万向传动装置是由万向节和传动轴组成的，有时还加装中间支承。在变速器与驱动桥距离较远时，应将传动轴分成两段，并加装中间支承，这样可避免因传动轴过长使自振频率降低，导致高转速下共振。

6.1.2 万向传动装置的功用

万向传动装置的功用是实现汽车上任何一对轴线相交且相对位置经常变化的转轴之间的动力传递。

6.1.3 万向传动装置的应用

1. 变速器（或分动器）与驱动桥之间

对于普通的 FR 型布置型式，方向传动装置用于变速器与驱动桥之间，由于要适应在二者之间传递动力，不能采用刚性连接，必须设置万向传动装置，如图 6-1a 所示。同理，越野汽车分动器与各驱动桥之间也应设置万向传动装置，如图 6-1b 所示。

2. 离合器与变速器或变速器与分动器之间

当离合器与变速器或变速器与分动器分开布置时，虽然变速器和分动器都固定在车架上且设计轴线重合，但考虑到制造装配上的误差以及车架变形等影响因素，在二者之间还需采用万向传动装置，如图 6-1b、图 6-1c 所示。

3. 转向驱动桥和断开式驱动桥中

由于转向驱动桥既要传递动力又要转向，转向驱动桥中的半轴必须分段，并用万向节连接，如图 6-1d 所示。在断开式驱动桥中（配用独立悬架），主减速器与车架固定，而驱动轮可以相对于主减速器上下摆动。因此，在靠近主减速器处，半轴也要分段并用万向节相连接，如图 6-1e 所示。

4. 汽车转向操纵机构中

在汽车转向系统的转向操纵机构中（即转向轴与转向器之间）也常采用万向传动装置，如图 6-1f 所示。

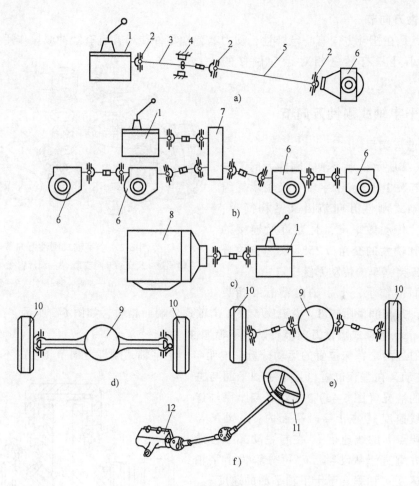

图 6-1　万向传动装置在汽车上的应用

1—变速器　2—万向节　3—中间传动轴　4—中间支承　5—主传动轴　6—驱动桥　7—分动器　8—发动机
9—主减速器　10—驱动轮　11—转向盘　12—转向器

6.2 万向节

6.2.1 万向节的功用

万向节是实现转轴之间变角度传递动力的部件，即万向节的功用就是实现转轴之间变角度的动力传递。

6.2.2 万向节的分类

按在扭转方向上是否存在弹性，万向节可分为刚性万向节和挠性万向节。

1. 刚性万向节

其特点是在扭转方向没有弹性，动力靠零件的铰链式连接传递，刚性万向节又可分为不等速万向节（常用的为十字轴式）、准等速万向节（双联式、三销轴式等）和等速万向节（球叉式、球笼式等）。

2. 挠性万向节

其特点是在扭转方向有一定弹性，动力靠弹性零件传递，且有缓冲减振作用，常用在两轴交角较小且只有微量相对运动位移的场合。

6.2.3 十字轴式刚性万向节

1. 构造与润滑

如图 6-2 所示，十字轴式刚性万向节主要由万向节叉 2 和 6、十字轴 4 及轴承等组成。十字轴式刚性万向节因其结构简单，工作可靠，传动效率高，且允许所连接的两轴之间有较大的交角（15°~20°），故普遍应用于各类汽车的传动系统中。

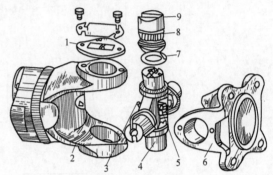

图 6-2 十字轴式刚性万向节
1—轴承盖 2、6—万向节叉 3—润滑脂嘴 4—十字轴
5—溢流阀 7—油封 8—滚针 9—套筒

为了润滑轴承，十字轴内钻有互相贯通的油道，并与润滑脂嘴 3、溢流阀 5 及 4 个轴颈外端面相通，如图 6-3 所示。

2. 单个十字轴式刚性万向节传动的不等速性

下面通过两个特殊位置的运动分析来说明单个十字轴式刚性万向节传动的不等速性。

1) 主动叉在垂直位置，且十字轴平面与主动轴垂直的情况（图 6-4a）。主动叉与十字轴连接点 a 的线速度 v_a 在十字轴平面内；从动叉与十字轴连接点 b 的线速度 v_b 在与主动叉平行的平面内，并垂直于从动轴。v_b 可分解为十字轴平面内的速度 v_b' 和垂直于十字轴平面的速度 v_b''。数值上 $v_b > v_b'$，而十字轴上 a、b 两点在十字轴平面内的线速度在数值上相等，即 $v_b' = v_a$，因此有 $v_b > v_a$。可见，在该位置时，从动轴的转速大于主动轴的转速。

2) 主动叉在水平位置，且十字轴平面与从动轴垂直的情况（图 6-4b）。主动叉与十字轴连接点 a 的线速度 v_a 在与从动叉平行的平面内，并垂直于主动轴。v_a 可分解为十字轴平面内的速度 v_a' 和垂直于十字轴平面的速度 v_a''。数值上

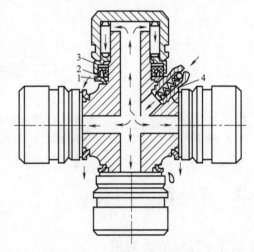

图 6-3 十字轴润滑油道和密封装置
1—油封挡盘 2—油封 3—油封座 4—注油嘴

$v_a > v_a'$，而 $v_a' = v_b$，因此有 $v_a > v_b$。在此位置时，从动轴的转速小于主动轴的转速。

由上述两个特殊情况的分析可知，十字轴万向节在传动过程中，主、从动轴的转速不等。

图 6-4c 表示两轴转角差 $(\varphi_1 - \varphi_2)$ 随主动轴转角 φ_1 的变化关系，α 为两轴夹角，从图中可以得出以下结论：

1) 当 $\varphi_1 \in (0, 90°)$ 时，从动轴转角超前；当 $\varphi_1 \in (90°, 180°)$ 时，从动轴转角滞后。因此，若主动轴匀速转动，则从动轴为非匀速。这就是所谓单十字轴万向节传动的不等速性。

2) 两轴夹角 α 越大，转角差 $(\varphi_1 - \varphi_2)$ 越大，即不等速性越严重，因此 α 一般小于 15°。

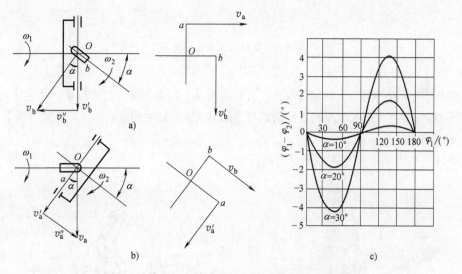

图 6-4 单个十字轴式刚性万向节传动的不等速性

3. 十字轴式双万向节传动的等速条件

（1）不等速性的危害　产生扭转振动，附加交变载荷，影响部件寿命。

（2）克服措施　采用双万向节。根据运动学分析可知，要达到等速传动的目的，必须满足以下两个条件：

1) 第 1 万向节两轴间夹角 α_1 与第 2 万向节两轴间夹角 α_2 相等。

2) 第 1 万向节的从动叉与第 2 万向节的主动叉处于同一平面内。

6.2.4 准等速万向节

准等速万向节是根据上述双万向节等速传动的原理而设计的，常见的有双联式和三销轴式。

1. 双联式

双联式万向节实际上是一套传动轴长度缩短至最小的双万向节等速传动装置。图 6-5 所示的双联叉 3 相当于在同一平面内的万向节叉，欲使轴 1 和轴 2 的角速度相等，应保证 $\alpha_1 = \alpha_2$。为此，装有分度机构，以期双联叉的对称线平分轴 1 和轴 2 的夹角。

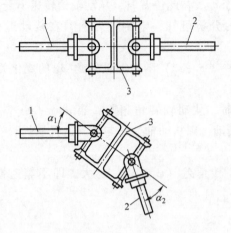

图 6-5 双联式万向节示意图

1、2—轴 3—双联叉

双联式万向节允许有较大的轴间夹角,且结构简单,制造方便,工作可靠,故在转向驱动桥中的应用逐渐增多。切诺基汽车的前传动轴与分动器前输出轴之间就采用了双联式万向节。

2. 三销轴式

三销轴式准等速万向节如图 6-6 所示。

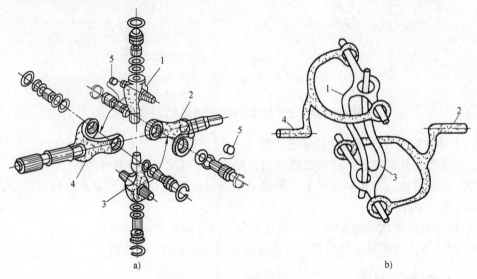

图 6-6 三销轴式准等速万向节

a)零件形状 b)装配示意图

1、3—三销轴 2—主动偏心轴叉 4—从动偏心轴叉 5—推力垫片

6.2.5 等速万向节

1. 基本原理

等速万向节的基本原理是从结构上保证万向节在工作过程中,其传力点始终处于两轴交

角的平分面上。这一原理可用一对大小相同的锥齿轮传动来说明,如图6-7所示。

2. 球叉式万向节

(1) 构造 球叉式万向节的构造如图6-8所示,其由主动叉3、从动叉1、4个传动钢球2和定心钢球4组成。主动叉3与从动叉1分别与内、外半轴制成一体。在主、从动叉上,各有4个曲面凹槽,装合后,形成两个相交的环形槽,作为钢球滚道。4个传动钢球2放在槽中,定心钢球4放在两叉中心的凹槽内,以定中心。

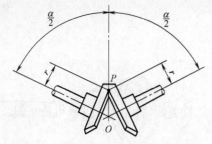

图6-7 等速万向节工作原理示意图

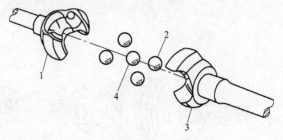

图6-8 球叉式万向节的构造
1—从动叉 2—传动钢球 3—主动叉 4—定心钢球

(2) 等速原理 球叉式万向节等速传动的结构原理如图6-9所示。主动叉和从动叉凹槽的中心线是以 O_1、O_2 为圆心的两个半径相等的圆,而圆心 O_1、O_2 与万向节中心 O 的距离相等。因此,在主动轴和从动轴以任何角度相交的情况下,传动钢球的中心都位于两圆的交点上,亦即所有传动钢球都位于角平分面上,因而保证了等角速传动。

3. 球笼式万向节

(1) 构造 球笼式万向节的构造如图6-10所示,其主要由星形套(内滚道)6、保持架(球笼)3、球形壳(外滚道)1及钢球4等组成。星形套6以内花键与主动轴相连,其外表面有6条凹槽,形成内滚道。球形壳1的内表面有相应的6条凹槽,形成外滚道。6个钢球4分别装在各条凹槽中,并由保持架3使之保持在一个平面内。动力由主动轴9经保持架3、钢球4、球形壳1输出。

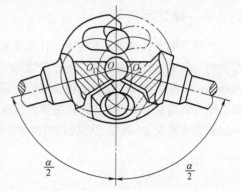

图6-9 球叉式万向节等速传动的结构原理

(2) 等速原理 球笼式万向节等速传动的结构原理如图6-11所示。外滚道的中心 A 与内滚道的中心 B 分别位于万向节中心 O 的两边,且与 O 等距离。钢球中心 C 到 A、B 两点的距离相等。保持架3的内、外球面,星形套6的外球面和球形壳1的内球面均以万向节中心 O 为球心。故当两轴交角变化时,保持架3可沿内、外球面滑动,以保持钢球在一定位置。

由图6-11可见,由于 $OA=OB$,$CA=CB$,OC 是共边,则两个三角形 $\triangle COA$ 与 $\triangle COB$ 全等,所以 $\angle COA=\angle COB$。即两轴相交任意角度 α 时,传力的钢球都位于交角平分面上。此时钢球中心到主动轴和从动轴的距离相等,从而保证了从动轴与主动轴以相等的角速度旋转。

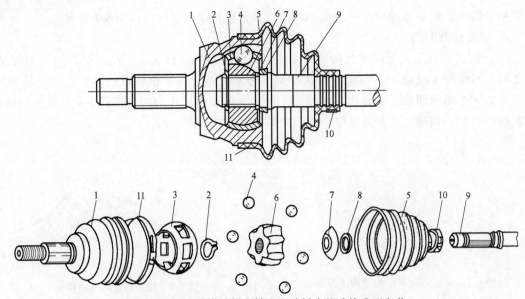

图 6-10　上海桑塔纳轿车转向驱动桥中的球笼式万向节

1—球形壳（外滚道）　2—卡环　3—保持架（球笼）　4—钢球　5—防尘罩　6—星形套（内滚道）
7—碟形垫圈　8—隔套　9—主动轴　10、11—钢带箍

6.2.6　挠性万向节

挠性万向节的特点是其传力元件采用夹布橡胶盘、橡胶块及橡胶环等弹性元件，从而保证在相交两轴间不发生机械干涉。由于弹性元件变形量有限，挠性万向节一般用于夹角较小（3°～5°）的两轴间和有微量轴向位移的传动场合。图 6-12 所示为上海 SH3540A 型自卸汽车发动机与变速器之间安装的万向传动装置，它主要由借螺栓固定在发动机飞轮上的大圆盘 2、与花键毂铆接在一起的连接圆盘 4、连接二者的四副弹性连接件 3 以及定心用的中心轴 1 组成。

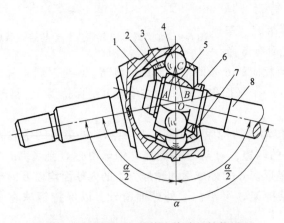

图 6-11　球笼式万向节等速传动的结构原理

1—球形壳（外滚道）　2—卡环　3—保持架（球笼）
4—钢球　5—星形套（内滚道）　6—隔套　7—碟形垫圈　8—主动轴　O—万向节中心　A—外滚道中心
B—内滚道中心　C—钢球中心　α—两轴交角（指钝角）

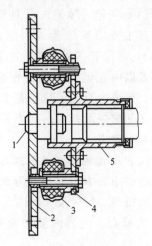

图 6-12　上海 SH3540A 型自卸汽车的万向传动装置

1—中心轴　2—大圆盘　3—连接件
4—连接圆盘　5—花键毂

对于径向刚度较小的挠性万向节，主、从动件之间应有对中装置，以免转速升高时由于轴线偏离加大而产生振动和噪声。图 6-12 所示的结构是靠大圆盘 2 上中心轴 1 的球面与花键毂的内圆面配合来定心的。

6.3 传动轴和中间支承

6.3.1 传动轴

传动轴部件由传动轴及两端焊接的花键轴和万向节叉组成。传动轴的作用是把变速器的转矩传递到驱动桥上。在汽车行驶过程中，变速器与驱动桥的相对位置经常变化，为避免运动干涉，传动轴设有滑动花键，以实现长度的变化。为减少磨损，还装有用以加注润滑脂的油嘴、油封、堵盖和防尘套。由于传动轴高速旋转，必须对其做动平衡，可贴平衡片。平衡后，在滑动叉与传动轴上刻记号，以保证拆卸后重装时二者角位置不变。为得到较高的强度和刚度，传动轴多做成空心的，一般用厚度为 1.5～3.0mm 的薄钢板卷焊，超重型货车采用无缝钢管。在转向驱动桥、断开式驱动桥或微型汽车的万向传动装置中，通常将传动轴制成实心轴。图 6-13 与图 6-14 所示分别为依维柯汽车不同部位的传动轴。

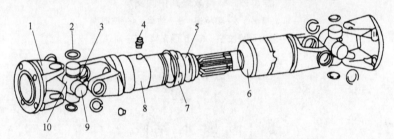

图 6-13 依维柯 S 系列汽车的中间传动轴
1—凸缘叉 2—卡环 3、4—润滑脂嘴 5—油封 6—中间传动轴 7—油封护圈
8—套管叉 9—万向节轴承 10—十字轴

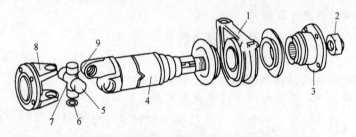

图 6-14 依维柯 S 系列汽车的主传动轴
1—中间支承总成 2—螺母 3—凸缘 4—主传动轴 5—万向节轴承 6—卡环
7—十字轴 8—凸缘叉 9—润滑脂嘴

6.3.2 中间支承

当传动轴过长时，自振频率降低，易产生共振，应将其分为两段并加装中间支承。图

6-15 所示为蜂窝软垫式中间支承。

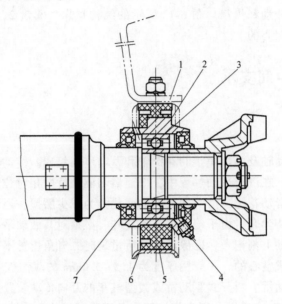

图 6-15 蜂窝软垫式中间支承
1—车架横梁 2—轴承座 3—轴承 4—注油嘴
5—蜂窝形橡胶垫 6—U 形支架 7—油封

【内容小结】

1) 万向传动装置的组成：万向节、传动轴和中间支承。
2) 万向传动装置的功用：在轴线相交且相对位置经常变化的转轴之间传递动力。
3) 万向传动装置的应用场合：
   a) 变速器或分动器与驱动桥之间。
   b) 变速器和分动器之间，离合器与变速器之间。
   c) 转向驱动桥和断开式驱动桥中。
   d) 应用于转向系统（即转向轴与转向器之间）。
4) 万向节的功用：实现转轴之间变角度的动力传递。
5) 万向节的类型：按在扭转方向上是否存在弹性，分为刚性万向节和挠性万向节。刚性万向节又可分为不等速万向节（十字轴式）、准等速万向节（双联式、三销轴式）和等速万向节（球叉式、球笼式）。
6) 十字轴式双万向节实现等速传动的条件：
   a) 第 1 万向节两轴间的夹角 α_1 与第 2 万向节两轴间的夹角 α_2 相等。
   b) 第 1 万向节的从动叉与第 2 万向节的主动叉在同一平面内。

【学习自测】

1) 万向传动装置的组成有哪些？
2) 万向传动装置的作用是什么？
3) 万向传动装置的应用场合有哪些？
4) 万向节的作用和类型有哪些？
5) 十字轴式双万向节实现等速传动的条件是什么？

第 7 章

驱 动 桥

【学习目标】

1) 掌握驱动桥的功用、组成及类型。
2) 掌握主减速器的功用、类型及各自的特点。
3) 掌握差速器的功用,以及对称式锥齿轮差速器的构造和工作原理。
4) 了解防滑差速器的类型、结构和工作原理。
5) 了解变速驱动桥的类型和各类变速驱动桥的特点。
6) 了解半轴的支承型式和受力状况以及桥壳的结构特点。

7.1 概述

7.1.1 驱动桥的组成

一般汽车的驱动桥如图7-1所示,它由主减速器4、差速器5、半轴2和驱动桥壳3等组成。

7.1.2 驱动桥的功用

驱动桥的功用是将万向传动装置传来的发动机动力经降速增矩改变传动方向后,分配给左、右驱动轮,并且允许左、右驱动轮以不同转速旋转。

1) 将万向传动装置传来的发动机转矩通过主减速器、差速器、半轴等传给驱动轮,并进一步减速增矩。
2) 通过主减速器锥齿轮副或双曲面齿轮副改变转矩的传递方向。

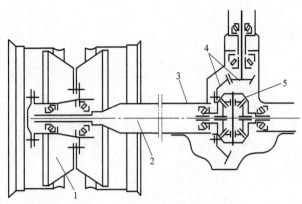

图 7-1 一般汽车驱动桥示意图
1—轮毂 2—半轴 3—驱动桥壳 4—主减速器 5—差速器

3) 通过差速器实现两侧车轮的差速作用,保证内、外侧车轮以不同转速转向。
4) 通过驱动桥壳和车轮实现承载及传力作用。

7.1.3 驱动桥的类型

1. 非断开式驱动桥

非断开式驱动桥也称为整体式驱动桥,当车轮采用非独立悬架时,驱动桥采用非断开式驱动桥。其半轴套管与主减速器壳体刚性连成一体,整个驱动桥通过弹性悬架与车架连接,两侧半轴与驱动轮不能在横向平面内相对运动。货车多采用非断开式驱动桥。

2. 断开式驱动桥

大部分轿车或越野汽车为了提高汽车行驶的平顺性或通过性,在它们的全部或部分驱动轮上采用独立悬架,其两侧驱动轮分别用弹性悬架与车架相连,两侧驱动轮彼此可独立地相对于车架或车身上下跳动。主减速器壳体固定在车架上,差速器与半轴通过万向节铰接,半轴又通过万向节与驱动轮的轮毂铰接。图7-2所示为断开式驱动桥示意图,主减速器4固定在车架上,驱动桥壳1制成分段结构并用铰链连接,半轴2也分段并用万向节6连接。

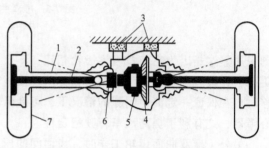

图7-2 断开式驱动桥示意图
1—驱动桥壳 2—半轴 3—支架 4—主减速器
5—差速器 6—万向节 7—驱动轮

7.2 主减速器

7.2.1 主减速器的功用

主减速器的功用是将输入的转矩增大并相应降低转速,当发动机纵置时还具有改变转矩传递方向的作用。

7.2.2 主减速器的类型

按参加减速传动的齿轮副数目不同,主减速器可分为单级主减速器和双级主减速器。在双级主减速器中,若第二级减速器齿轮有两副,并分置于两侧车轮附近,实际上成为独立部件,则称为轮边减速器。

按主减速器传动比档数可分为单速式和双速式。前者的传动比是固定的,后者有两个传动比供驾驶人选择,以适应不同行驶条件的需要。

按主减速器齿轮副结构型式可分为圆柱齿轮式、弧齿锥齿轮式、准双曲面齿轮式和蜗轮蜗杆式等。

准双曲面齿轮传动的特点是主、从动锥齿轮的轴线垂直但不相交,有轴线偏移,故可按准双曲面齿轮副的相对布置方式,将其分为上偏移和下偏移两种(图7-3)。上、下偏移是这样判定的:从大齿轮锥顶看,并把小齿轮置于大齿轮右侧,如果小齿轮轴线位于大齿轮中心线之下为下偏移;如果小齿轮轴线位于大齿轮中心线之上为上偏移。

近年来,准双曲面齿轮在广泛应用于轿车的基础上,越来越多地在中型、重型货车上得

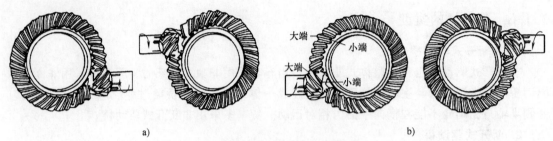

图 7-3 准双曲面齿轮的偏移
a) 下偏移 b) 上偏移

到采用。这是因为它与弧齿锥齿轮相比，不仅工作平稳性更好，轮齿的弯曲强度和接触强度更高，还具有主动锥齿轮的轴线相对从动锥齿轮轴线偏移的特点。当主动锥齿轮轴线向下偏移时，在保证一定离地间隙的情况下，可降低主动锥齿轮和传动轴的位置，因而使车身和重心降低，这有利于提高汽车行驶稳定性。

另外，准双曲面齿轮工作时，齿面间的压力和滑动较大，齿面油膜易被破坏，必须采用双曲面齿轮油润滑，绝不允许用普通齿轮油代替，否则将使齿面迅速擦伤和磨损，大大降低使用寿命。

7.2.3 单级主减速器

单级主减速器只有一对齿轮副传动，故它具有结构简单紧凑、体积小、重量轻和传动效率高等优点。目前，轿车和一般轻、中型货车采用单级主减速器，即可满足汽车动力性的要求。

1. 后驱的单级主减速器

（1）构造 在发动机纵向布置的汽车上，由于需要改变动力传递方向，单级主减速器都采用一对锥齿轮传动。图 7-4 所示为东风 EQ1090E 型汽车后驱动桥中的单级主减速器。该主减速器的减速传动机构为一对准双曲面齿轮 18 和 7。主动锥齿轮 18 有 6 个齿，从动锥齿轮 7 有 38 个齿，故主传动比 $i_0 = 6.33$。

为了保证主动锥齿轮有足够的支承刚度，主动锥齿轮 18 与轴制成一体，前端支承在互相贴近而小端相向的两个圆锥滚子轴承 13 和 17 上，后端支承在圆柱滚子轴承 19 上，形成跨置式支承。而从动锥齿轮 7 也采用了与主动锥齿轮 18 相同的支承形式即跨置式支承。

环状的从动锥齿轮 7 连接在差速器壳体 5 上，而差速器壳体 5 则用两个圆锥滚子轴承 3 支承在主减速器壳体 4 的座孔中。在从动锥齿轮 7 的背面，装有支承螺栓 6，以限制从动锥齿轮过度变形而影响齿轮的正常工作。装配时，支承螺栓与从动锥齿轮端面之间的间隙为 0.3～0.5mm。

（2）工作过程 传动轴传来的动力经叉形凸缘 11 由花键传给主动锥齿轮 18 和从动锥齿轮 7，经减速变向以后，通过螺栓 25 传给差速器壳体 5，由差速器传给两侧半轴，再传给驱动轮驱动汽车行驶。

2. 前驱的单级主减速器

图 7-5 所示为上海桑塔纳轿车前驱动桥中的单级主减速器。与上述后驱的单级主减速器

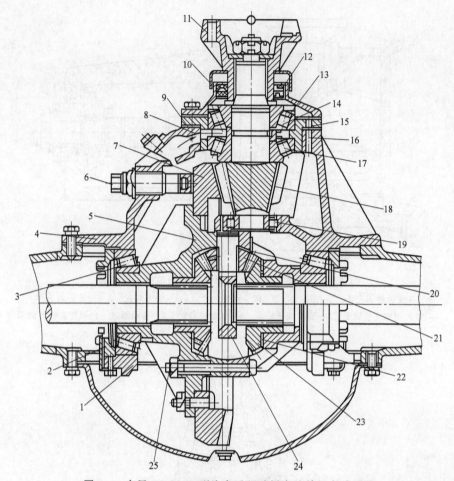

图 7-4 东风 EQ1090E 型汽车后驱动桥中的单级主减速器

1—差速器轴承盖 2—轴承调整螺母 3、13、17—圆锥滚子轴承 4—主减速器壳体 5—差速器壳体
6—支承螺栓 7—从动锥齿轮 8—进油道 9、14—调整垫片 10—防尘罩 11—叉形凸缘 12—油封
15—轴承座 16—回油道 18—主动锥齿轮 19—圆柱滚子轴承 20—行星齿轮球面垫片
21—行星齿轮 22—半轴齿轮调整垫片 23—半轴齿轮 24—行星齿轮轴 25—螺栓

不同的是，前驱的单级主减速器的主动锥齿轮 4 是安装在变速器的输出轴的末端，直接获得变速器的动力，不需要万向传动装置在两者之间传递动力。

7.2.4 双级主减速器

根据发动机特性和汽车使用条件，要求主减速器具有较大的主传动比，当主传动比 i_0 较大（一般大于 7）时，若采用由一对锥齿轮构成的单级主减速器则从动齿轮直径过大，不能保证汽车足够的最小离地间隙，故这时需要采用两对齿轮传动实现降速的双级主减速器。图 7-6 所示为解放 CA1092 型汽车驱动桥中的双级主减速器，其由一对弧齿锥齿轮副和一对斜齿圆柱齿轮副组成，且其主动锥齿轮与轴制成一体，采用悬臂式支承，刚度不如前面讲的跨置式支承。此双级主减速器两级传动的主传动比 $i_0 = 7.62$，第 1 级采用一对弧齿锥齿轮副传动，第 2 级采用一对斜齿圆柱齿轮副传动。

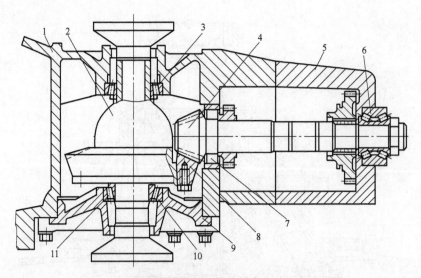

图 7-5　上海桑塔纳轿车前驱动桥中的单级主减速器
1—变速器前壳体　2—差速器　3、10—调整垫片　4—主动锥齿轮　5—变速器后壳体
6—双列圆锥滚子轴承　7—圆柱滚子轴承　8—从动锥齿轮　9—传动器盖　11—圆锥滚子轴承

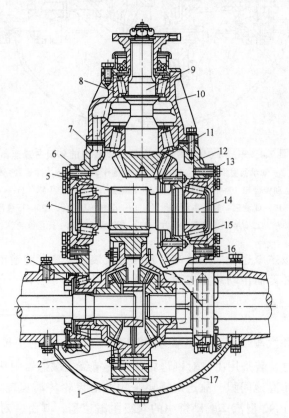

图 7-6　解放 CA1092 型汽车驱动桥中的双级主减速器
1—第 2 级从动斜齿圆柱齿轮　2—差速器壳体　3—调整螺母　4、15—轴承盖　5—第 2 级主动斜齿圆柱齿轮
6、7、8、13—调整垫片　9—第 1 级主动锥齿轮轴　10—轴承座　11—第 1 级主动锥齿轮
12—主减速器壳体　14—中间轴　16—第 1 级从动锥齿轮　17—后盖

7.2.5 轮边减速器

在重型货车、越野汽车或大型客车上,当要求有较大的主传动比和较大的离地间隙时,常将双级主减速器中的第2级减速齿轮机构制成同样的两套,分别安装在两侧驱动轮的近旁,称为轮边减速器。第1级即为主减速器,轮边减速器相当于第2级主减速器,通常为行星齿轮机构。

图7-7所示为上海SH3540A型汽车的轮边减速器示意图。此轮边减速器为一行星齿轮机构,其太阳轮3通过花键与半轴2相连接,随半轴同速同步转动,为主动件。齿圈6固定在驱动桥壳1的半轴套管上不能转动。在太阳轮3和齿圈6之间装有两个行星齿轮4,行星齿轮通过圆锥滚子轴承支承在行星架7上。行星架7与驱动轮的轮毂相连,为从动件。差速器的动力从半轴2经太阳轮3、行星齿轮4、行星架7转给轮毂而驱动车轮旋转。其传动比为 $i_0 = 1+$(齿圈齿数/太阳轮齿数)>1,即达到了减速增距的目的。

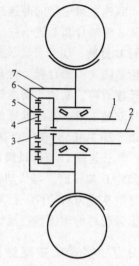

图7-7 轮边减速器示意图
1—驱动桥壳 2—半轴
3—太阳轮 4—行星齿轮
5—行星齿轮轴 6—齿圈
7—行星架

7.2.6 双速主减速器

为充分发挥汽车的动力性和提高燃油经济性,有些汽车上装用了具有两档传动比的主减速器,兼起副变速器的作用。图7-8所示为行星齿轮式双速主减速器示意图,这种双速主减速器由一对锥齿轮5和7以及一个行星齿轮机构组成。齿圈8和从动锥齿轮7连为一体,行星架9则与差速器6的壳体刚性连接。动力由锥齿轮副经行星齿轮机构传给差速器,最后由半轴传给驱动轮。在左半轴2上滑套一个啮合套1,其上设有啮合套短齿圈A和啮合套长齿圈D(即太阳轮)。

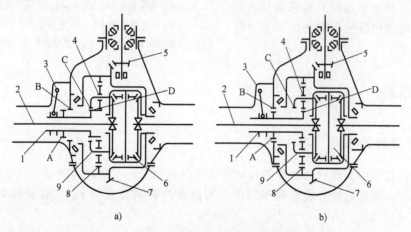

a)   b)

图7-8 汽车行星齿轮式双速主减速器示意图
a) 高速档单级传动 b) 低速档双级传动
1—啮合套 2—左半轴 3—拨叉 4—行星齿轮 5—主动锥齿轮 6—差速器 7—从动锥齿轮 8—齿圈 9—行星架
A—短齿圈 B—固定齿圈 C—行星架内齿圈 D—长齿圈

双速主减速器的高速档用于一般行驶条件。驾驶人可以通过气压或电动控制方式靠换档拨叉 3 将啮合套 1 置于左边位置（图 7-8a）。啮合套短齿圈 A 与固定在主减速器壳上的接合齿圈 B 分离，而啮合套长齿圈 D 与行星齿轮 4 和行星架 9 的齿圈 C 同时啮合，从而使行星齿轮系锁死不能自转，行星齿轮机构不起减速作用。此时，差速器壳体与从动锥齿轮 7 以相同转速旋转。显然，高速档主传动比即为主、从动锥齿轮的齿数之比。

双速主减速器的低速档用于行驶条件要求有较大驱动力时，此时拨叉 3 将啮合套 1 移向右边（图 7-8b），使啮合套短齿圈 A 与固定齿圈 B 接合，啮合套 1 即与主减速器壳体连成一体，其长齿圈 D 与行星架内齿圈 C 分离，而只与行星齿轮 4 啮合，于是，行星齿轮机构的太阳轮 D 被固定。与从动锥齿轮 7 连为一体的齿圈 8 成为主动件，与差速器壳体连在一起的行星架 9 成为从动件，行星齿轮机构起减速作用。此时，整个主减速器的主传动比由主、从动锥齿轮的传动比和行星齿轮机构的传动比共同构成，即为二者的乘积。

7.2.7 贯通式主减速器

有些多轴驱动的越野汽车，通往后桥与通往中桥的动力，在中桥与分动器之间共用一个万向传动装置传递，通至中桥的一部分动力再经中桥至后桥的万向传动装置传至后桥。这种中驱动桥的主减速器，通常称为贯通式主减速器。

多轴驱动汽车采用贯通式主减速器的优点是使结构简化，提高部件的通用性，以及便于形成系列产品。图 7-9 所示为延安 SX2150 型 6×6 越野汽车的贯通式双级主减速器示意图，其结构特点是前面（或后面）两驱动桥的传动轴为串联方式，传动轴从距分动器较近的驱动桥中穿过，通往另一驱动桥。

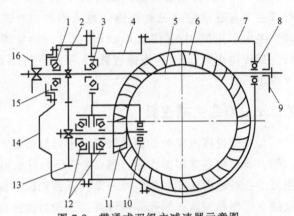

图 7-9 贯通式双级主减速器示意图

1、3、12—圆锥滚子轴承 2—主动斜齿圆柱齿轮
4、7—主减速器壳体 5—贯通轴
6—从动准双曲面齿轮 8—深沟球轴承 9、16—传动凸缘
10—圆柱滚子轴承 11—主动准双曲面齿轮
13—从动斜齿圆柱齿轮 14—主减速器盖 15—轴承座

7.3 差速器

7.3.1 差速器的功用

汽车行驶过程中，车轮对路面的相对运动有两种状态——滚动和滑动，其中滑动又有滑转和滑移两种。设车轮中心在车轮平面内相对路面的移动速度为 v，车轮旋转角速度为 ω，车轮纯滚动半径为 r_r。

1) 若 $v = r_r\omega$，则车轮对路面的运动为纯滚动。
2) 若 $v = 0$，$\omega \neq 0$，则车轮对路面的运动为纯滑转。
3) 若 $v \neq 0$，$\omega = 0$，则车轮对路面的运动为纯滑移。

汽车转弯时，内、外两侧车轮中心在同一时间内移动过的距离不相等，外侧车轮移动过的距离大于内侧车轮,如图7-10所示。若两侧车轮固联在同一刚性轴上,两侧车轮旋转角速度ω相等,则外侧车轮必然边滚动边滑移,而内侧车轮必然边滚动边滑转。

在直线行驶时,由于路面不平、轮胎制造误差及磨损程度不同等原因也会导致两侧车轮实际走过的距离不等,若二者角速度相同,则必有滑转、滑移的存在。

车轮对路面的滑动不仅会加速轮胎磨损,增加动力消耗,而且可能导致转向、制动性能的恶化。因此,在正常行驶条件下,应尽量使各个车轮都做纯滚动,也就需要使左、右车轮的旋转角速度ω_1、ω_2可以不等。为此在汽车结构上,必须采用一定的装置即差速器来实现这一要求。

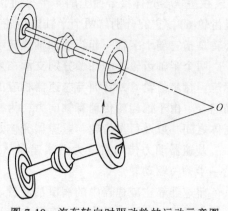

图7-10 汽车转向时驱动轮的运动示意图

差速器的功用是当汽车转弯行驶或在不平路面上行驶时,使左、右驱动轮以不同的转速滚动,即保证两侧驱动轮做纯滚动。

7.3.2 差速器的类型

1. 按照安装位置分

按安装位置不同可分为装在同一驱动桥两侧驱动轮之间的轮间差速器和多轴驱动汽车各驱动桥之间的轴间差速器两种。

2. 按工作性能分

按工作性能不同可分为齿轮式差速器和防滑差速器两种。

7.3.3 齿轮式差速器的类型

1. 按行星齿轮的形式分

按行星齿轮的形式可分为锥齿轮式和圆柱齿轮式,其中锥齿轮式差速器因结构简单、性能可靠、成本低廉等优势而在汽车中被广泛应用。

2. 按两侧输出转矩分

按两侧输出转矩是否相等可分为对称式和不对称式。

1)对称式也称为等转矩式,用作轮间差速器或由平衡悬架联系的两驱动桥之间的轴间差速器。

2)不对称式也称为不等转矩式,用作4×4汽车前、后驱动桥之间,或6×6汽车前驱动桥与中、后驱动桥之间的轴间差速器。

7.3.4 对称式锥齿轮差速器

1. 构造

常用的对称式锥齿轮差速器主要由4个行星齿轮6、十字轴(行星齿轮轴)9、两个半轴齿轮4以及差速器左、右外壳2和8等组成(图7-11)。差速器壳体由螺栓10紧固的左外壳2和右外壳8组成。主减速器从动齿轮7用铆钉或螺栓固定在右外壳8的凸缘上。十字轴

9嵌在差速器壳体接合面上的4个径向孔内。十字轴各轴颈上松套着一个直齿锥齿轮（即行星齿轮6），它们分别与两个半轴锥齿轮4啮合。行星齿轮在工作时有公转和自转两种运动。公转是指它随十字轴一起绕半轴轴线转动；自转是指其绕自身轴线转动。

两个半轴齿轮4的轴颈分别支承在差速器壳体的相应座孔内，并借内花键与左、右半轴相连。行星齿轮6的背面与差速器相应的内表面制成球面，保证行星齿轮对正中心，利于正确啮合。由于锥齿轮传动有轴向力，为减少齿轮与差速器壳体的磨损，在半轴齿轮与差速器壳体之间，以及行星齿轮与差速器壳体之间要装垫片，并且在行驶一定里程后更换。

差速器动力传动路线为主减速器从动齿轮→差速器壳体→十字轴→行星齿轮→半轴齿轮→半轴→驱动轮。

差速器靠主减速器中的润滑油润滑。差速器壳体上开有孔，供润滑油进出，十字轴轴颈上铣有平面，行星齿轮齿间钻有径向油孔，以保证行星齿轮与十字轴间的润滑。

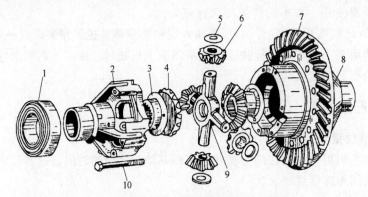

图7-11　对称式锥齿轮差速器零件分解图

1—轴承　2—左外壳　3—垫片　4—半轴齿轮　5—垫圈　6—行星齿轮
7—主减速器从动齿轮　8—右外壳　9—十字轴（行星齿轮轴）　10—螺栓

2. 工作原理

（1）差速原理　对称式锥齿轮差速器采用行星齿轮机构，图7-12所示为对称式锥齿轮差速器差速原理图。差速器壳体3与行星齿轮轴5连成一体，形成行星架，因为它又与主减速器从动齿轮6固连在一起，故为主动件，设其角速度为ω_0；半轴齿轮1和2为差速器中的从动件，其角速度分别为ω_1和ω_2。行星齿轮即可随行星齿轮轴一起绕差速器旋转轴线公

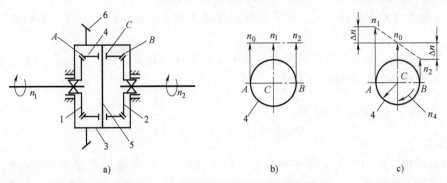

图7-12　对称式锥齿轮差速器差速原理图

1、2—半轴齿轮　3—差速器壳体　4—行星齿轮　5—行星齿轮轴　6—主减速器从动齿轮

转，又可以绕行星齿轮轴轴线自转。A、B 两点分别为行星齿轮 4 与半轴齿轮 1 和 2 的啮合点。行星齿轮的中心为 C，A、B、C 三点到差速器旋转轴线的距离均为 r（图 7-12a）。

当行星齿轮只是随同行星架绕差速器旋转轴线公转而不自转时，显然，处在同一半径 r 上的 A、B、C 三点的圆周速度都相等（图 7-12b），其值为 $\omega_0 r$。于是有 $\omega_1 = \omega_2 = \omega_0$，即差速器不起差速作用，而半轴角速度等于差速器壳体 3 的角速度。

当行星齿轮 4 除公转外，还绕行星齿轮轴 5 以角速度 ω_4 自转时（图 7-12c），啮合点 A 的圆周速度为 $\omega_1 r = \omega_0 r + \omega_4 r_4$，啮合点 B 的圆周速度为 $\omega_2 r = \omega_0 r - \omega_4 r_4$，其中，$r_4$ 为行星齿轮半径，于是有

$$\omega_1 r + \omega_2 r = (\omega_0 r + \omega_4 r_4) + (\omega_0 r - \omega_4 r_4) \tag{7-1}$$

即

$$\omega_1 + \omega_2 = 2\omega_0 \tag{7-2}$$

若角速度以每分钟转数 n 表示，则

$$n_1 + n_2 = 2n_0 \tag{7-3}$$

式（7-3）为两半轴齿轮直径相等的对称式锥齿轮差速器的运动特性方程。它表明左右两侧半轴齿轮的转速之和等于差速器壳体转速的两倍，而与行星齿轮的转速无关。可见，差速器利用行星齿轮的自转使两侧驱动轮以不同转速在地面上纯滚动。

（2）转矩分配特性 设由主减速器传来的转矩为 M_0，经差速器壳体、行星齿轮轴和行星齿轮输出给左、右两半轴齿轮的转矩分别为 M_1 和 M_2。行星齿轮相当于一个等臂杠杆，又因为两个半轴齿轮半径也是相等的，所以当行星齿轮没有自转时，差速器总是将转矩 M_0 平均分配给左、右两半轴齿轮，即 $M_1 = M_2 = 0.5 M_0$。

当两半轴齿轮以不同转速朝相同方向转动时，设左半轴转速 n_1 大于右半轴转速 n_2，则行星齿轮将按图 7-13 所示箭头 n_4 的方向绕行星齿轮轴 3 自转，此时行星齿轮孔与行星齿轮轴轴颈间以及行星齿轮背部与差速器壳体之间都将产生摩擦。行星齿轮所受的摩擦力矩 M_T 的方向与其转速 n_4 方向相反。此摩擦力矩使行星齿轮分别对左、右两半轴齿轮附加作用了大小相等而方向相反的两个圆周力 F_1 和 F_2。F_1 使传到转得快的左半轴上的

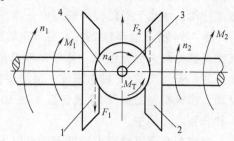

图 7-13 差速器转矩分配示意图
1、2—半轴齿轮 3—行星齿轮轴 4—行星齿轮

转矩 M_1 减小，而 F_2 使传到转得慢的右半轴上的转矩 M_2 增大。因此，当左、右驱动轮存在转速差时，$M_1 = 0.5(M_0 - M_T)$，$M_2 = 0.5(M_0 + M_T)$，左、右轮上的转矩之差就等于差速器的内摩擦力矩 M_T。

差速器的内摩擦力矩 M_T 与差速器传递的转矩 M_0 之比称为差速器的锁紧系数 K，即 $K = M_T / M_0$。输出给转速不同的左、右两侧半轴齿轮的转矩分别为 $M_1 = 0.5 M_0 (1 - K)$，$M_2 = 0.5 M_0 (1 + K)$，输出到低速半轴的转矩与输出到高速半轴的转矩之比称为转矩比 K_b，即 $K_b = M_2 / M_1 = (1 + K)/(1 - K)$，锁紧系数 K 和转矩比 K_b 可以用来衡量差速器内摩擦力矩的大小及转矩分配特性。

目前广泛使用的对称式锥齿轮差速器，其内摩擦力矩很小，锁紧系数 K 为 0.05~0.15，输出到两半轴的最大转矩比 $K_b = 1.1 \sim 1.4$。因此可以认为无论左、右驱动轮转速是否相等，

对称式锥齿轮差速器总是将转矩近似平均地分配给左、右驱动轮。这样的转矩分配特性对于汽车在良好路面上直线或转弯行驶是完全可以的，但当汽车在坏路面行驶时，这种差速器却会严重影响其通过能力。例如，当一个驱动轮在泥泞或冰雪路面上，即使另一个车轮在良好路面上，汽车也不能前进，此时在坏路上的车轮原地滑转，在好路上的车轮静止不动。这是因为在泥泞或冰雪路面上的车轮与路面之间附着力很小，路面只能对半轴作用很小的反作用转矩，虽然另一侧好路面的附着力较大，但因对称式锥齿轮差速器具有转矩平均分配的特性，使在好路面上车轮分配到的转矩只能与传到另一侧打滑驱动轮上很小的转矩相等，以致使汽车从路面获得的总驱动力不足以克服行驶阻力而不能前进。

7.3.5 防滑差速器

为了提高汽车在坏路上的通过能力，可采用各种类型的防滑差速器。防滑差速器的共同特点是在一侧驱动轮滑转时，能使大部分甚至全部转矩传给不打滑的驱动轮，以充分利用这一侧不打滑驱动轮的附着力而产生足够的驱动力，使汽车能继续行驶。

根据结构特点不同，防滑差速器有强制锁止式、高摩擦式和自由轮式3种。其中，高摩擦式防滑差速器又包括摩擦片式防滑差速器、托森差速器、蜗轮式差速器、凸轮滑块式差速器和黏性联轴器式差速器5种。下面对强制锁止式差速器、摩擦片式防滑差速器和托森差速器的结构及工作原理做比较简单的介绍。

1. 强制锁止式差速器

为了实现上述要求，最简单的办法就是在对称式锥齿轮差速器上加一差速锁，使之成为强制锁止式差速器，当一侧驱动轮滑转时，由驾驶人操纵差速锁，使差速器锁死而令其不起差速作用，相当于把两根半轴连成一体。

图 7-14 所示为奔驰 2026A 型汽车的强制锁止式差速器。它的差速锁由牙嵌式接合器及其操纵机构两大部分组成。牙嵌式接合器的固定接合套 26 用花键与差速器壳体 24 左端连接，并用弹性挡圈 27 轴向限位。滑动接合套 28 用花键与左半轴 29 连接，并可在轴上轴向滑动。操纵机构的拨叉 37 装在拨叉轴 36 上并可沿导向轴 39 轴向滑动，其叉形部分插入滑动接合套的环槽中。

当汽车在完好路面上行驶不需要锁止差速器时，牙嵌式接合器的固定接合套与滑动接合套不接合，即处于分离状态，此时为普通对称式锥齿轮差速器。

该车采用电控方式操纵差速锁。当汽车的一侧车轮处于附着力较小的路面上时，可按下仪表板上的按钮，使电磁阀接通压缩空气管路，压缩空气便从管接头进入工作缸，推动活塞克服弹簧带动滑动接合套 28 右移，使之与固定接合套 26 接合。结果，左半轴 29 与差速器壳体 24 成为刚性连接，差速器不起差速作用，即左、右两半轴被锁成一体一同旋转。这样，当一侧驱动轮滑转而无驱动力时，从主减速器传来的转矩全部分配到另一侧驱动轮上，使汽车得以正常行驶。

当汽车通过坏路后驶上好路时，驾驶人通过按钮使电磁阀切断高压气路，并使工作缸通大气，缸内压缩空气即经电磁阀排出，于是弹簧 38 复位，推动活塞使滑动接合套 28 左移回到分离位置。

仪表板上设有信号装置。当按下按钮接合差速锁时，红色信号灯亮起，以提醒驾驶人注意，汽车驶入好路面后应及时摘下差速锁。差速锁一分离，红灯即熄灭。

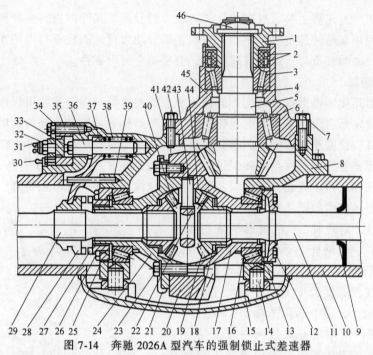

图 7-14 奔驰 2026A 型汽车的强制锁止式差速器

1—传动凸缘 2—油封 3—轴承 4—调整隔圈 5—主减速器主动齿轮轴 6—轴承 7—调整螺钉 8—主减速器壳体 9—挡油盘 10—驱动桥壳 11—右半轴 12—带挡油盘的调整螺母 13—轴承盖 14—定位销 15—集油槽 16—轴承 17—差速器壳体 18—推力垫片 19—半轴锥齿轮 20—主减速器从动齿轮 21—锁板 22—衬套 23—螺栓 24—差速器壳体 25—调整螺母 26—固定接合套 27—弹性挡圈 28—滑动接合套 29—左半轴 30—气管接头 31—带密封圈的活塞 32—差速锁指示灯开关 33—调整螺钉及其锁紧螺母 34—缸盖 35—缸体 36—拨叉轴 37—拨叉 38—弹簧 39—导向轴 40—行星锥齿轮 41—密封圈 42—螺栓 43—十字轴 44—推力垫圈 45—轴承座 46—螺母

2. 摩擦片式防滑差速器

强制锁止式差速器结构简单，易于制造。但操纵不便，一般要在停车时进行。而且接上差速锁时，左、右车轮刚性连接，将产生转向困难、轮胎磨损严重等问题，且差速锁装置在分离和接合时会影响汽车行驶的稳定性。而自锁式差速器起动柔和，有较好的驾驶稳定性和舒适性，不少城市 SUV 和四驱轿车都采用自锁式差速器。

自锁式差速器的特点是在两驱动轮或两驱动桥转速不同时，不需人力操纵，而是自动向转得慢的驱动轮或驱动桥分配较大的转矩，以提高汽车的通过性。即自锁式差速器可根据路面情况，自动地改变驱动轮上的转矩分配。摩擦片式防滑差速器即为自锁式差速器，它通过差速器内置的摩擦片，在车轮发生差速旋转时自动阻止滑动，其因结构简单而在轿车等车型上应用广泛。图 7-15 所示为摩擦片式防滑差速器。

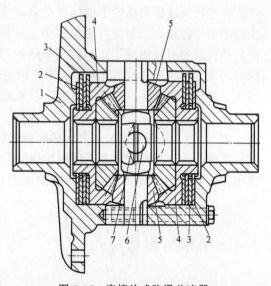

图 7-15 摩擦片式防滑差速器

1—差速器壳体 2—从动摩擦片 3—主动摩擦片 4—推力压盘 5—行星齿轮 6—十字轴 7—凸 V 形斜面

摩擦片式防滑差速器主要通过摩擦片实现动力的分配。其壳体内有多片离合器，一旦某个车轮打滑，利用车轮转速差的作用，会自动把部分动力传递到没有打滑的车轮，从而摆脱困境。不过在长时间重负荷、高强度越野时，会影响它的可靠性。

3. 托森差速器

托森差速器是美国格里森公司生产的转矩感应式差速器，即差速器可以根据其内部差动转矩的大小而决定是否限制差速器的差速作用。它巧妙地利用蜗轮蜗杆传动的不可逆原理和齿面高摩擦条件，使差速器根据其内部差动转矩的大小而自动锁死或松开，即在差速器内差动转矩较小时起差速作用，而差动转矩过大时自动将差速锁锁死，有效提高了汽车通过性。作为一种新型差速机构，托森差速器以其独特的优越性能在各种汽车上得到广泛应用。

托森差速器的结构如图7-16所示，该差速器由差速器壳1、蜗轮轴2、直齿圆柱齿轮4、蜗轮6和左、右半轴蜗杆7等组成。差速器壳1与主减速器从动齿轮5相连。3对蜗轮6通过蜗轮轴2固定在差速器壳1上，分别与左、右半轴蜗杆7相啮合，每个蜗轮两端固定有直齿圆柱齿轮4。成对的蜗轮6通过两端相互啮合的直齿圆柱齿轮4发生联系。差速器壳1通过蜗轮轴2带动蜗轮6绕半轴3的轴线转动，蜗轮再带动半轴蜗杆7转动。

当汽车转向时，左、右半轴蜗杆7出现转速差，通过成对蜗轮6两端相互啮合的直齿圆柱齿轮4相对转动，使一侧半轴蜗杆转速加快，另一侧半轴蜗杆转速下降，实现差速作用。转速比差速器壳高的半轴蜗杆受到3个蜗轮给予的与转动方向相反的附加转矩，转速比差速器壳低的半轴蜗杆受到另外3个蜗轮给予的与转动方向相同的附加转矩，从而使转速低的半轴蜗杆比转速高的半轴蜗杆得到的驱动转矩大，即当一侧驱动轮打滑时，附着力大的驱动轮比附着力小的驱动轮得到的驱动转矩大。

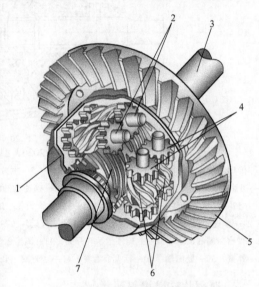

图7-16 托森差速器

1—差速器壳 2—蜗轮轴 3—半轴 4—直齿圆柱齿轮
5—主减速器从动齿轮 6—蜗轮 7—蜗杆

托森差速器又称为蜗轮-蜗杆式差速器，其锁紧系数 K 为0.56，输出到两半轴的最大转矩比 $K_b=3.5$。托森差速器内部为蜗轮蜗杆行星齿轮结构。它的工作是纯机械的而无需任何电子系统介入，基本原理是利用蜗轮蜗杆的单向传动（运动只能从蜗杆传递到蜗轮，反之发生自锁）特性，因此比电子液压控制的中央差速系统能更及时可靠地调节前后转矩的分配。

7.4 半轴与驱动桥壳

7.4.1 半轴

半轴是在差速器与驱动轮之间传递动力的实心轴，其内端用花键与差速器的半轴齿轮相连，而外端则用凸缘与驱动轮的轮毂相连。

半轴与驱动轮的轮毂在桥壳上的支承型式，决定了半轴的受力状况。普通非断开式驱动桥的半轴，根据其外端支承型式或受力状况的不同可分为半浮式、3/4 浮式和全浮式。由于 3/4 浮式未能推广，很少采用。目前汽车半轴的支承型式主要是全浮式和半浮式两种，结构如图 7-17 所示。

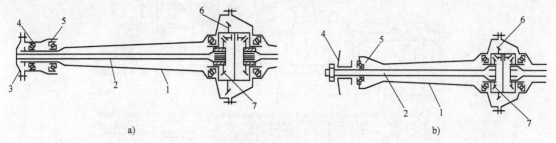

图 7-17 半轴的支承型式
a) 全浮式 b) 半浮式
1—驱动桥壳 2—半轴 3—半轴凸缘 4—轮毂 5—圆锥滚子轴承 6—主减速器从动齿轮 7—半轴齿轮

1. 全浮式半轴支承

全浮式半轴广泛应用于货车上，它只传递转矩，不承受任何外力与弯矩。图 7-18 所示为东风 EQ1090E 型汽车半轴外端与轮毂及桥壳的连接示意图。其外端用轮毂螺栓 7 将半轴凸缘连接到轮毂 9 上，轮毂 9 通过两个圆锥滚子轴承 8 和 10 支承在桥壳上。这样，轮毂受到的力及弯矩通过轴承传给桥壳，完全不经半轴传递。而半轴内端插入差速器壳，作用在主减速器从动齿轮上的力和弯矩全部由差速器壳直接承受，与半轴无关。由此可见，半轴只承受转矩，而两端均不承受任何反力和弯矩，故称为"全浮式半轴支承"。

全浮式半轴的特点是易于拆装，只须拧开半轴凸缘上的螺栓，即可将半轴抽出，而车轮与桥壳仍能支持住汽车。

2. 半浮式半轴支承

图 7-19 所示为半浮式半轴支承。半浮式半轴内端的支承方式与全浮式相同，半轴内端插入差速器壳，作用在主减速器从动齿轮上的力和弯矩全部由差速器壳直接承受，与半轴无关，故不受力及弯矩。而半浮式半轴的外端则通过键或凸缘与驱动轮的轮毂相连接，半轴通过轴承支承在桥壳内，受力传递路线为轮胎→轮毂→半轴→轴承→桥壳，即车轮的各种反力都通过轮毂直接传给半轴，再通过轴承传给驱动桥壳，即半轴外端承受全部反力及弯矩。由于半浮式半轴除受转矩外，内端免受弯矩，外端承受全部弯矩，故称为半浮式半轴支承。半浮式半轴支承结构简单，多用于反力、弯矩较小的轿车上。

7.4.2 驱动桥壳

1. 功用

驱动桥壳是用来安装主减速器、差速器、半轴、轮毂和悬架的基础件。驱动桥壳既是传动系统的组成部分，也是行驶系统的组成部分。作为传动系统的组成部分，其功用是安装并保护主减速器、差速器和半轴；作为行驶系统的组成部分，其功用是安装悬架或轮毂，和从动桥一起支承汽车悬架以上各部分的重量，承受驱动轮传来的作用力和力矩，并在驱动轮与

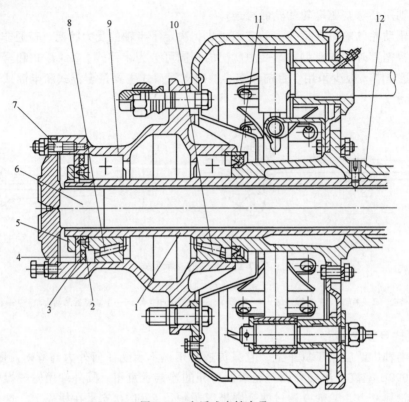

图 7-18 全浮式半轴支承

1—半轴套管 2—调整螺母 3—油封 4—锁紧垫圈 5—锁紧螺母 6—半轴
7—轮毂螺栓 8、10—圆锥滚子轴承 9—轮毂 11—油封 12—空心梁

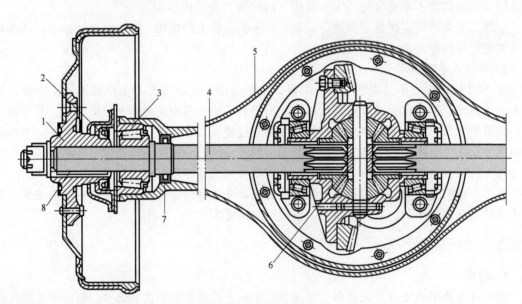

图 7-19 半浮式半轴支承

1—轮毂 2、7—油封 3—轴承 4—半轴 5—驱动桥壳
6—滑块（传力块） 8—键

悬架之间传力。驱动桥壳的功用可概括如下：

1）用来安装主减速器、差速器、半轴和轮毂等部件，用以支承并保护主减速器、差速器和半轴等，使左、右驱动轮的轴向相对位置固定。

2）与从动桥一起支承车架及其上各总成的重量。

3）汽车行驶时，承受由路面传来的各种反力及力矩，并经悬架传给车架。

为此，要求驱动桥壳应有足够的刚度和强度，质量小，便于制造，便于主减速器的拆装和调整。

2. 类型

驱动桥壳可分为整体式驱动桥壳和分段式驱动桥壳两种类型。

（1）整体式驱动桥壳 整体式驱动桥壳的特点是桥壳与主减速器壳分开制造，二者用螺栓连接在一起。图7-20所示为东风EQ1090E型汽车的驱动桥壳，为整体铸造桥壳，半轴套管1压入后桥壳2中，桥壳上有通气塞8，保证高温下的通气，保持润滑油品质和使用周期。整体式驱动桥壳具有较大的刚度和强度，且便于主减速器的装配、调整和维修，因此应用广泛。根据制造方法不同又有多种类型：

1）整体铸造式。它由空心梁、半轴套管、主减速器壳和后盖组成。其特点是刚度大，强度高，易铸成等强度梁，但质量大，铸造质量不易保证，适用于中、重型货车，如CA1091、EQ1090E。

2）中段铸造压入钢管式。它虽重量较轻、工艺简单，但刚度差，应用车型如BJ2020。

3）钢板冲压焊接式。其特点是质量小，工艺简单，材料利用率高，抗冲击性好，成本低，适于大量生产，广泛用于轿车、轻型货车，如BJ1040。

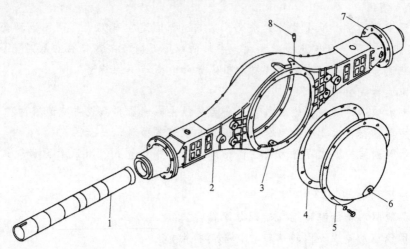

图7-20 整体式桥壳
1—半轴套管 2—后桥壳 3—放油孔 4—后桥壳垫片 5—后盖
6—油面观察孔 7—凸缘盘 8—通气塞

（2）分段式驱动桥壳 一般分为左右两段，也有3段甚至多段组成，各段之间用螺栓连接。分段式驱动桥壳的特点是易于铸造，加工简便，但维修保养不方便（拆检主减速器时，须将整个驱动桥从车上拆下来），已很少采用。图7-21所示为分段式驱动桥壳，它分为左右两段，由螺栓连成一体。它由主减速器壳10、盖13、两个半轴套管4及凸缘盘8等组成。

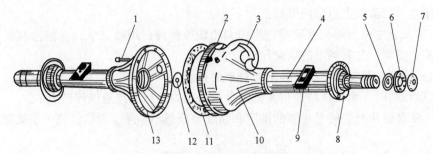

图 7-21 分段式驱动桥壳

1—螺栓 2—注油孔 3—主减速器壳颈部 4—半轴套管 5—调整螺母 6—止动垫片
7—锁紧螺母 8—凸缘盘 9—弹簧座 10—主减速器壳 11—垫片 12—油封 13—盖

【内容小结】

1) 驱动桥由主减速器、差速器、半轴和驱动桥壳等组成。

2) 驱动桥功用：减速增矩；改变转矩的传递方向；实现两侧车轮差速；承载和传力。

3) 驱动桥包括非断开式和断开式两种类型。

a) 非断开式驱动桥（也称为整体式）：半轴套管与主减速器壳刚性连成一体，整个驱动桥通过弹性悬架与车架连接，两侧半轴与驱动轮不能在横向平面内相对运动，常与非独立悬架配合使用。

b) 断开式驱动桥：没有整体式桥壳，主减速器固定在车架上，两侧驱动轮分别通过悬架与车架相连，两轮可彼此独立跳动，半轴两端用万向节，常与独立悬架配合使用。

4) 主减速器功用：减速增矩；发动机纵置时改变转矩的传递方向。

5) 主减速器类型：

a) 按参加减速传动的齿轮副数目可分为单级主减速器和双级主减速器两种。

b) 按主减速器传动比档数可分为单速式和双速式两种。

c) 按齿轮副结构型式可分为圆柱齿轮式、弧齿锥齿轮式、准双曲面齿轮式和蜗杆蜗轮式等。

6) 差速器功用：

a) 向两侧驱动轮传递转矩（转矩分配特性）。

b) 使两侧驱动轮以不同转速转动（差速特性）。

7) 差速器类型：

a) 按安装位置的不同可分为轮间差速器和轴间差速器。

b) 按工作特性分可分为齿轮式差速器和防滑差速器。

8) 对称式锥齿轮差速器主要由十字轴（行星齿轮轴）、行星齿轮、半轴齿轮和差速器壳等组成。

9) 驱动桥动力传递路线：主减速器主动齿轮→主减速器从动齿轮→差速器壳→行星齿轮轴→行星齿轮→半轴齿轮→半轴→驱动轮。

10) 对称式锥齿轮差速器的运动特性方程为 $n_1+n_2=2n_0$，此式表明两侧半轴齿轮转速之和等于差速器壳转速的两倍，而与行星齿轮的转速无关。对称式锥齿轮差速器还具有转矩等分特性。

11) 对称式锥齿轮差速器在车辆直线行驶时，行星齿轮只公转无自转；当车辆转弯行驶时，行星齿轮既公转又自转。

12) 根据结构特点不同，防滑差速器有强制锁止式、高摩擦式和自由轮式3种。

13) 半轴常用的支承型式有半浮式和全浮式两种。半浮式半轴既受转矩，又受弯矩，而全浮式半轴只受转矩，不受弯矩。

14) 驱动桥壳可分为整体式驱动桥壳和分段式驱动桥壳两种类型。

【学 习 自 测】

1) 驱动桥的功用是什么？它由哪几部分组成？是如何传递动力的？
2) 驱动桥有哪些类型？各自特点是什么？
3) 主减速器的功用和类型有哪些？
4) 差速器的功用和类型有哪些？对称式锥齿轮差速器的组成有哪些？
5) 对称式锥齿轮差速器的运动特性方程和转矩分配特性是什么？
6) 对称式锥齿轮差速器在车辆直线和转弯行驶时，行星齿轮分别做什么样的运动？
7) 防滑差速器有哪些类型？
8) 常用的半轴支承型式有哪些？其受力各有什么特点？
9) 驱动桥壳有哪些类型？

第 8 章

汽车行驶系统概述

【学习目标】
1) 掌握行驶系统的组成。
2) 掌握行驶系统的功用。
3) 了解行驶系统的受力分析。
4) 掌握行驶系统的类型。

1. 行驶系统的组成

汽车行驶系统的组成和结构型式,在很大程度上取决于汽车经常行驶路面的性质。绝大多数汽车都行驶在比较坚实的道路上,其行驶系统中直接与路面接触的部件是车轮,这种行驶系统为轮式行驶系统,这样的汽车便是轮式汽车。轮式汽车行驶系统一般由车架1,车桥6、3,车轮5、4及悬架7、2等组成,其系统简图如图8-1所示。

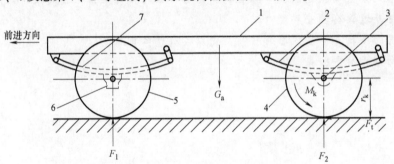

图 8-1 行驶系统的组成及受力简图
1—车架 2—后悬架 3—驱动桥 4—后轮 5—前轮 6—从动桥 7—前悬架

2. 行驶系统受力分析

轮式汽车行驶系统部分受力情况如图8-1所示。由图8-1可知:汽车的总重力为G_a,地面作用于前、后车轮的垂直反力分别为F_1、F_2,汽车的驱动转矩为M_k,汽车的驱动力为F_t,车轮半径为r_k。根据受力平衡关系则有$G_a = F_1 + F_2$;$M_k = F_t r_k$。

3. 行驶系统的功用

由于汽车行驶系统是由汽车的车架、车桥、车轮和悬架等组成的,其主要功用如下:
1) 承受汽车的总重量。
2) 接受传动系统传来的动力,通过驱动轮与地面之间的附着作用,产生驱动力,从而克服外界阻力,保证汽车正常行驶。

3) 承受并传递路面作用于车轮上的各种反力及所形成的力矩。
4) 缓和不平路面对车身造成的冲击和振动，保证汽车平顺行驶。
5) 配合转向系统，实现对车辆行驶方向的控制，并保证车辆的操纵稳定性。
6) 配合制动系统，保证车辆的制动性。

4. 行驶系统各组成的功用

1) 车架的功用：全车装配的基体，将整车有机地连接成整体，并承受汽车的载荷。
2) 车桥的功用：连接左、右车轮，承受并传递由车轮传来的载荷。
3) 悬架的功用：将汽车行驶过程中车轮产生的力和力矩，传递到车架，并通过弹性、阻尼元件、导向杆系衰减汽车的振动，提高车辆的操纵稳定性和平顺性。
4) 车轮的功用：支承整车，连接车身与地面；缓冲路面冲击载荷；产生驱动力和制动力；汽车转弯时产生侧向抗力，并回正车轮；提高车辆的通过性。

5. 行驶系统的类型

汽车行驶系统的结构型式除轮式行驶系统以外，还有全履带式行驶系统、半履带式行驶系统和车轮-履带式行驶系统等，其中轮式行驶系统被绝大部分汽车采用。

（1）全履带式汽车　如果汽车的前、后桥上都装用履带，则称为全履带式汽车，如图8-2所示。

（2）半履带式汽车　半履带是指汽车的后桥采用履带，前桥装用车轮。半履带式汽车如图8-3所示。

图 8-2　全履带式坦克车

图 8-3　半履带式装甲运兵车

履带可以减少汽车对地面的单位面积压力（比压），控制汽车下陷，同时履带上的履刺还能加强履带与土壤间的相互作用，增加汽车的附着力，提高通过性。因此，半履带式汽车主要用于在雪地或沼泽地带行驶。

（3）车轮-履带式汽车　有些特种汽车，有着可以互换使用的车轮和履带，即前、后桥既可装车轮，也可装履带，故称之为车轮-履带式汽车。图8-4所示为一种车轮-履带式汽车。从图中可以看出，不装履带即为多轴轮式车辆，用于推土、推雪

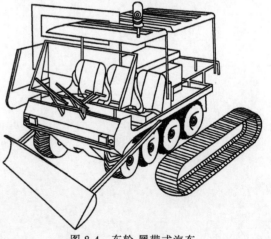

图 8-4　车轮-履带式汽车

等特种作业；也可以在车轮外加装履带构成履带式车辆，它可以大大改善和提高汽车在附着条件差的路面上的通过能力。

【内容小结】

1) 轮式汽车行驶系统的组成：车架、车桥、车轮和悬架。
2) 汽车行驶系统的功用：
a) 支承汽车总重量。
b) 将传动系统的转矩转化为驱动力。
c) 承受并传递路面的各种反力及其力矩。
d) 减振缓冲，保证汽车行驶的平顺性。
e) 配合转向系统，实现对车辆行驶方向的控制，并保证车辆的操纵稳定性。
f) 配合制动系统，保证车辆的制动性。
3) 汽车行驶系统的类型：轮式行驶系统、全履带式行驶系统、半履带式行驶系统和车轮-履带式行驶系统。

【学习自测】

1) 轮式汽车的行驶系统由哪几部分组成？
2) 汽车行驶系统的功用是什么？
3) 汽车行驶系统有哪些类型？

第 9 章

车架和承载式车身

【学习目标】

1) 掌握车架的功用和类型。
2) 掌握边梁式车架的结构特点。
3) 了解其他各类车架的结构特点。
4) 掌握承载式车身的结构特点。

9.1 车架概述

9.1.1 车架的功用

汽车车架俗称"大梁",是汽车上各部件的安装基础,通过悬架装置架在车轮上。车架上装有发动机、变速器、传动轴、前桥、后桥及车身等总成和部件。其中,发动机、变速器、车身或驾驶室通过弹性支承安装于车架上;前、后桥通过悬架连接在汽车车架上;而转向器则直接安装在车架上。总之,车架的功用是支承、连接汽车的各总成,使各总成保持相对位置正确,并承受汽车内外的各种载荷。

9.1.2 车架的要求

车架承受着全车的大部分重量,在汽车行驶时,它承受来自装配在其上的各部件传来的力及其相应的力矩的作用。当汽车行驶在崎岖不平的道路上时,车架在载荷作用下会产生扭转变形,使安装在其上的各部件相互位置发生变化。当车轮受到冲击时,车架也会相应受到冲击载荷。因而要求车架具有足够的强度,合适的刚度,同时尽量减轻重量。在良好路面上行驶的汽车,车架应布置得离地面近些,使汽车重心降低,有利于汽车行驶的稳定性,车架的形状尺寸还应保证前轮转向所需的空间。简而言之,汽车车架要满足的要求:

1) 足够的强度和刚度。
2) 结构简单。
3) 形状有利于降低重心,增大转向角。

9.1.3 车架的类型

车架通常由纵梁和横梁组成。目前,汽车车架的结构型式主要有边梁式、中梁式(或称脊梁式）和综合式 3 种。边梁式车架广泛应用于各种类型的货车、客车和少量轿车上；中梁式车架主要用于越野汽车和少量轿车上；轿车车架的形式复杂多样，其中主要以综合式车架和承载式车身为主。现代大型客车上越来越多地采用整体承载式车身骨架和桁架式车架结构。

9.2 车架构造

9.2.1 边梁式车架

边梁式车架由两根位于两边的纵梁和若干根横梁组成，用铆接法或焊接法将纵梁与横梁连接成坚固的刚性构架。图 9-1 所示为东风 EQ1090E 型汽车的边梁式车架，它主要由两根纵梁和 8 根横梁铆接而成，横梁和纵梁一般由合金钢板冲压而成。

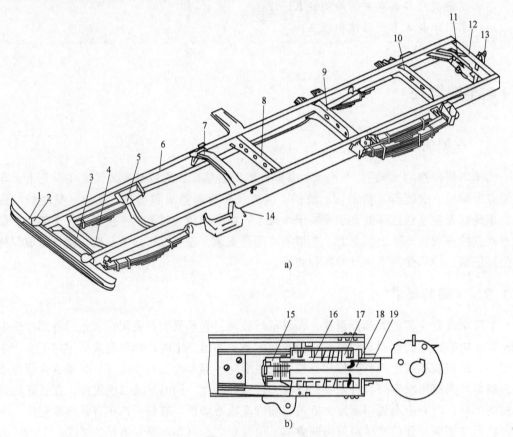

图 9-1 东风 EQ1090E 型汽车的边梁式车架
a) 车架总成 b) 拖钩部件

1—保险杠 2—挂钩 3—前横梁 4—发动机前悬置横梁 5—发动机后悬置支架和横梁 6—纵梁 7—驾驶室后悬置横梁 8—第 4 横梁 9—后钢板弹簧前支架横梁 10—后钢板弹簧后支架横梁 11—角撑横梁组件 12—后横梁 13—拖钩部件 14—蓄电池拖架 15—螺母 16、19—衬套 17—弹簧 18—拖钩

边梁式车架的纵梁通常用低合金钢板冲压而成。纵梁多采用抗弯能力较强的槽形断面，

也有采用箱形断面、"Z"字形断面和"工"字形断面等（图9-2）。因纵梁中部受弯曲力矩最大，中部断面宽，由中部至两端逐渐减少，构成等强度梁。因为生产工艺条件的限制，也有将纵梁做成等截面的。

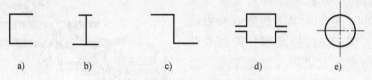

图9-2 车架纵（横）梁的剖面形状

a) 槽形 b) 工字形 c) Z字形 d) 箱形 e) 管形

边梁式车架按纵梁形状和结构特点又可分为周边式车架、X形车架和梯形车架。在许多小轿车上，为了降低重心高度和提高车架的扭转刚度，通常制成前窄后宽而后部向上弯曲的车架结构，且两根横梁制成X形（X形车架），如图9-3所示。

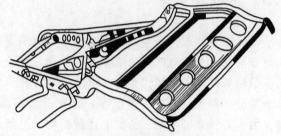

图9-3 轿车X形车架

9.2.2 中梁式车架

中梁式车架只有一根位于中央贯穿汽车前后的纵梁，因此也称为脊梁式车架，如图9-4所示。纵梁断面为圆形或矩形，其上固定有横向的托架或连接梁，使车架成鱼骨状。

图9-5所示为具有中梁式车架的轿车底盘。中梁是管式的，传动轴装在管内。主减速器壳通常固定在中梁的尾端，形成断开式驱动桥。中梁前端做成伸出的支架，以固定发动机。

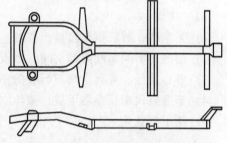

图9-4 中梁式（脊梁式）车架结构

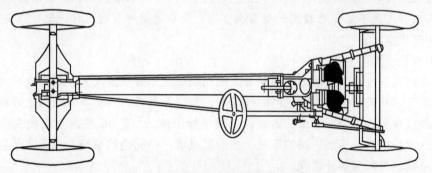

图9-5 具有中梁式车架的轿车底盘

中梁式车架重量轻，重心低，行驶稳定性好，其结构使车轮跳动空间比较大，便于采用独立悬架系统。中梁式车架的刚度和强度较大，中梁还能对传动轴有防尘作用。但这种车架制造工艺复杂，精度要求高，维护保养不方便。另外横梁是悬臂梁，弯矩大，易在根部处损坏。

9.2.3 综合式车架

图 9-6 所示的车架前半部是边梁式而后半部是中梁式，这种车架称为综合式车架（也称为复合式车架）。它同时具有边梁式和中梁式车架的特点。该车架的边梁部分用以安装发动机，悬伸出来的支架用以固定车身。这种车架实际上属于中梁式车架的变形。

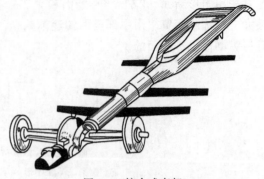

图 9-6　综合式车架

9.3　承载式车身

部分轿车和大型客车为了减小质量，取消了车架，车身兼起车架的作用，即将所有部件固定在车身上，所有的力也由车身来承受，这种车身称为承载式车身，即无梁式车身。目前大多数轿车都采用承载式车身。承载式车身和非承载式车身的用途完全不同，承载式车身的车身部分（侧围、立柱、车顶等）都在承受路面、悬架传过来的各种载荷；而非承载式车身，因为有独立的车架，所以上述载荷均由车架承受，而车身并不承受载荷，故称其为非承载式车身。

承载式车身的优缺点如下：

（1）优点

1）无车架，减轻整车重量，省油。

2）结构不影响车厢内部空间，地板高度降低，上下车方便。

3）重心较低，有利于汽车行驶的稳定性。

4）车身兼代车架参与承载，整体刚度好。

5）便于批量化生产。

（2）缺点

1）传动系统和悬架的振动和噪声会直接传入车内，需采取隔音和防振措施。

2）底盘强度远不如非承载式车身结构，当 4 个车轮受力不均匀时，车身易发生变形。

3）制造成本高。

4）不容易改型。

对于家用汽车来说，非承载式车身最大的问题就是车身质量太大，因而随着汽车技术的发展，取消了非承载式结构中独立的刚性车架，整个车身成为一个单体结构，这就是承载式车身。承载式车身的外壳、车顶和地板以及通常所说的 A、B、C 柱都是连接在一起的。在冲压阶段，钢板先被冲压成不同的形状，然后焊接成一个完整的车身。承载式车身由车身覆盖件和车身结构件两大部分组成。

【内容小结】

1）车架的功用：

a）支承和连接汽车各零部件。
b）承受车内外的各种载荷。
2）车架的类型：边梁式车架、中梁式车架、综合式车架。
3）边梁式车架：由两根位于两边的纵梁和若干根横梁组成，用铆接法或焊接法将纵梁与横梁连接成坚固的刚性构架，即为边梁式车架。
4）承载式车身：取消了车架，车身兼起车架的作用，即将所有部件固定在车身上，所有的力也由车身来承受，这种车身称为承载式车身。
5）承载式车身的优缺点。
a）优点：重量轻；降低地板高度和重心高度；上下车方便；便于批量化生产；整体刚度好。
b）缺点：制造成本高；车身易发生变形；需采取隔声防振措施；不容易改型。

【学习自测】

1）车架的功用是什么？
2）车架有哪些类型？
3）什么是边梁式车架？
4）什么是承载式车身？它有什么优缺点？

第10章

车桥和车轮

> 【学习目标】
> 1) 掌握车桥的功用和类型，了解其各自的结构特点。
> 2) 重点掌握转向桥、转向驱动桥的功用与构造。
> 3) 掌握转向轮定位参数的定义及其各自的作用。
> 4) 对车轮和轮胎的构造作一般了解，重点掌握车轮和轮胎的结构类型。

10.1 车桥

10.1.1 车桥的功用

车桥（也称车轴）通过悬架与车架（或承载式车身）相连接，两端安装汽车车轮。车桥的作用是传递车架（或承载式车身）与车轮之间的各方向的作用力及其所产生的力矩。

10.1.2 车桥的类型

根据悬架结构的不同，汽车的车桥可分为整体式和断开式两种。当采用非独立悬架时，车桥的中部是实心或空心的中心梁，这种车桥即为整体式车桥，也称为非断开式车桥；断开式车桥为活动关节式结构，与独立悬架配合使用。现代大部分轿车的左、右车轮之间实际上没有车桥，而是通过各自的悬架与车架相连接，然而习惯上仍将它们称为断开式车桥。

根据车桥上车轮的作用，车桥又可分为转向桥、驱动桥、转向驱动桥和支持桥4种类型。其中转向桥和支持桥都属于从动桥。一般汽车的前桥多为转向桥，而后桥或中、后两桥多为驱动桥。越野汽车和大部分轿车的前桥既是转向桥也是驱动桥，故称为转向驱动桥。有些单桥驱动的三轴汽车（6×2汽车）的中桥（或后桥）为驱动桥，则前桥（或中桥）都是支持桥。

10.1.3 转向桥

1. 功用

转向桥通常位于汽车的前部，因此也常称为前桥。转向桥利用转向节使车轮偏转一定的角度以实现汽车的转向，同时还承受和传递车轮与车架之间的垂直载荷、纵向力和侧向力以及这些力形成的力矩。因此，转向桥必须有足够的刚度和强度。车轮转向过程中相对运动的部件之间摩擦力应尽可能小，保证转向轮正确的安装定位，从而保证汽车转向轻便和方向的稳定性。

2. 组成

各种类型汽车的转向桥结构基本相同，主要由前轴（梁）、转向节、主销和轮毂等部分组成，如图10-1所示。转向桥通过悬架弹簧与车架连接，转向桥可以与独立悬架配合使用，也可以与非独立悬架配合使用。与独立悬架配合使用的断开式转向桥，因其提高了车辆的操纵稳定性和平顺性，能有效降低汽车的非簧载质量，广泛应用于轿车和轻型车辆的前桥。

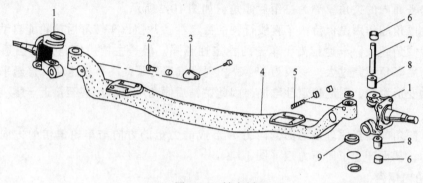

图 10-1　转向桥
1—转向节　2—转向节固定螺栓　3—转向节固定器　4—前轴
5—主销固定螺栓　6—螺塞　7—主销　8—衬套　9—轴承

3. 结构特点

（1）前轴（梁）　作为转向桥主体的前轴 4（图 10-1），常采用工字梁或空心圆管梁，且在接近两端各有一个加粗部分成拳形，其中有通孔，主销 7 即插入此孔内。前轴中部向下弯曲成凹形，其目的是降低发动机位置，从而降低汽车重心，扩展驾驶人视野，减小传动轴与变速器输出轴之间的夹角。前轴以承受弯矩为主，在制动时同时承受弯矩和扭矩。

（2）主销　其主要作用为铰接前轴 4 和转向节 1，使转向节 1 绕着主销 7 转动以实现车轮的转向。主销的中部有凹槽，安装时用主销固定螺栓 5 与它上面的凹槽配合，将主销 7 固定在前轴 4 的拳形销孔中，两者之间为过盈配合。主销 7 与转向节 1 上的销孔是间隙配合，以便实现转向。

（3）轮毂　其为旋转件，通过两个轮毂轴承（即两个圆锥滚子轴承）支承在转向节 1 的轴径上，内端为大轴承。轴承的松紧度可用调整螺母（装于轴承外端）加以调整。轮毂外端用冲压的金属罩盖住，内端装有油封。制动底板与防尘罩一起都固定在转向节上。

（4）转向节　它是车轮转向的铰链，为一叉形件。上下两叉有安装主销 7 的两个轴孔，转向节轴径用来安装车轮。转向节销孔的两耳通过主销 7 与前轴 4 两端的拳形部分连接，使前轮可以绕主销 7 偏转一定角度而使汽车转向。

转向节臂与转向杆系共同运动，实现汽车的转向。转向桥运动部件之间一般采用润滑脂润滑。

10.1.4　转向轮定位参数

所谓车轮定位，就是汽车的每个车轮、转向节和车桥与车架的安装应保持一定的相对位置。转向轮定位参数有主销后倾角、主销内倾角、前轮外倾角和前轮前束 4 个参数。通常车轮定位主要是指前轮定位,现在也有许多车辆需要进行四轮定位。转向轮定位参数的作用是保持汽车直线行驶的稳定性,保证汽车转弯时转向轻便,且使转向轮能自动回正,减少轮胎的磨损等。

1. 主销后倾角

主销安装在前轴上,在纵向平面内,其上端略向后倾斜,这种现象称为主销后倾。也就是在设计转向桥时,使主销在汽车的纵向平面内向后的一个倾角 γ,即主销轴线和地面垂线在汽车纵向平面内的夹角 γ 称为主销后倾角,如图 10-2 所示。

主销后倾角的作用是保持汽车直线行驶的稳定性,并使汽车转弯后前轮能自动回正。简要地说,后倾角越大,车速越高,车轮的稳定性越强。但是主销后倾角过大会造成转向沉重,故主销后倾角不宜过大,一般为 2°~3°。现代汽车为了提高行驶速度,普遍采用扁平低压胎,轮胎变形增加,引起稳定性增加,因此主销后倾角可以减小甚至接近于零,有的甚至为负值。

主销后倾角的回正原理是地面侧向力 F 形成的力矩的方向与车轮偏转的方向相反,形成回正作用,从而产生了回正力矩(图 10-2)。

2. 主销内倾角

主销安装在前轴上,在横向平面内,其上端略向内倾斜,这种现象称为主销内倾。也就是在设计转向桥时,使主销在汽车的横向平面内向内的一个倾角 β,即主销轴线和地面垂线在汽车横向平面内的夹角 β 称为主销内倾角,如图 10-3 所示。

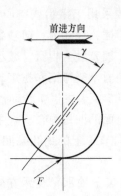

图 10-2 主销后倾角示意图

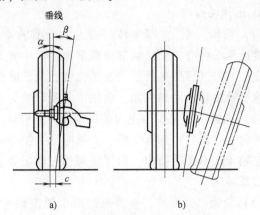

图 10-3 主销内倾角和前轮外倾角示意图
a) 主销内倾及前轮外倾 b) 主销内倾

主销内倾角的作用是使前轮转向后能自动回正,且使转向操纵轻便,同时也可减少从转向轮传到转向盘上的冲击力。主销内倾角一般为 5°~8°。主销后倾角与主销内倾角都有使汽车转向后前轮自动回正,保持汽车直线行驶的作用,二者主要的区别在于主销后倾角的回正作用与车速有关,而主销内倾角的回正作用与车速无关。高速时主销后倾角的回正作用大,低速时主要靠主销内倾角的回正作用。车辆直线行驶时车轮偶尔遇到冲击而偏转,也主要靠主销内倾角的回正作用。

3. 前轮外倾角

前轮安装在车轴上,其旋转平面上方略向外倾斜,这种现象称为前轮外倾。通过车轮中心的汽车横向平面与车轮平面的交线与地面垂线之间的夹角 α 称为前轮外倾角,如图 10-3 所示。

前轮外倾角的作用是为了提高转向操纵的轻便性和车轮行驶的安全性;避免满载时车轮出现内倾;减小轮毂外端小轴承的负荷,防止轮胎向外滑脱;减轻轮胎摩擦;便于与拱形路面接触。前轮外倾角与主销内倾角相互配合能使汽车转向轻便。前轮外倾角一般为 1°。外倾角不宜过大,否则会使轮胎产生偏磨损。

4. 车轮前束

汽车两个前轮安装后,在通过车轮轴线并与地面平行的平面内,两车轮前端略向内束,这种现象称为前轮前束。左右两前轮间后端边缘距离 A 与前端边缘距离 B 之差（A-B）称为前轮前束,如图 10-4 所示。一般前轮前束值为 0~12mm。

车轮前束作用:消除因前轮外倾产生的滑动;消除因前轮外倾造成的两侧前轮向外滚开趋势（滚锥效应）;减轻轮胎的磨损。

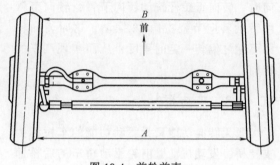

图 10-4 前轮前束

10.1.5 转向驱动桥

在许多轿车和全轮驱动的越野汽车上,前桥除作为转向桥外,还兼起驱动桥的作用,故称为转向驱动桥,如图 10-5 所示。转向驱动桥的结构组成既具有一般驱动桥所具有的主减速器 1、差速器 3 及半轴,也具有一般转向桥所具有的转向节壳体 11、主销 12 和轮毂 9 等。与单独的驱动桥、转向桥相比,其不同之处是,与转向轮相连的半轴必须分成内、外两段（内半轴 4 和外半轴 8）,其间用万向节 6（一般多为等速万向节）连接,同时主销 12 也制成上、下两段,分别固定在万向节 6 的球形支座 14 上。转向节轴颈部分做成空心的,以便外半轴 8 穿过。转向节的连接叉是球状转向节壳体 11,

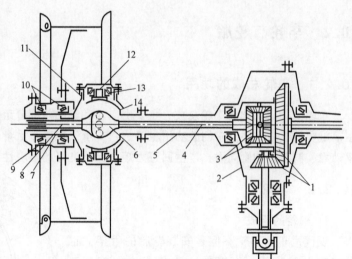

图 10-5 转向驱动桥示意图

1—主减速器 2—主减速器壳 3—差速器 4—内半轴 5—半轴套管
6—万向节 7—转向节轴颈 8—外半轴 9—轮毂 10—轮毂轴承
11—转向节壳体 12—主销 13—主销轴承 14—球形支座

既满足了转向的需要,又适应了转向节的传力。转向驱动桥广泛应用于前置前驱的轿车和全轮驱动的越野汽车上。

转向驱动桥的中部装有主减速器 1 和差速器 3。内半轴 4 和外半轴 8 通过万向节 6 连接在一起,外半轴8的端部制有花键,并通过花键与半轴凸缘相连接。当前桥驱动时,转矩由主减速器1、差速器3传给内半轴4、万向节6、外半轴8和半轴凸缘,最后传递到轮毂9,驱使车轮旋转。转向节由转向节轴颈7和转向节外壳11用螺栓连接而成。转向节轴颈7上装有两个轮毂轴承10,以支承轮毂9;转向节轴颈内孔壁内压装有衬套,以支承外半轴8。在转向节外壳11的上下两端分别装有上下两段主销的加粗部分,并用止动销止动;在转向节外壳11上端装有转向节臂,在转向节外壳11下端装有下盖。润滑脂由上、下油嘴注入后,分别进入主销中心油道,再从两个侧孔流出进入主销与衬套之间,实现润滑。当汽车转向时,转向直拉杆拉动转向节臂,转向节臂再带动转向节绕主销12摆动,这时转向轮即可随之偏转一定的角度,从而实现汽车的转向。

10.1.6 支持桥

既无转向功能又无驱动功能的车桥称为支持桥,发动机前置前轮驱动轿车的后桥即为典型的支持桥。支持桥属于从动桥。有些单桥驱动的三轴汽车,其中桥或后桥是支持桥。挂车上的车桥也是支持桥。图10-6所示为奥迪100型汽车的后支持桥。

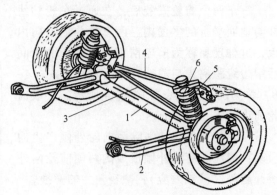

图10-6 奥迪100型汽车的后支持桥
1—后轴 2—纵向推力杆 3—横向推力杆
4—加强杆 5—减振器 6—螺旋弹簧

10.2 车轮与轮胎

10.2.1 车轮总成的功用

车轮与轮胎又称为车轮总成,主要由车轮和轮胎两部分组成。车轮与轮胎是汽车行驶系统中很重要的组成部件。它们的功用主要是:支承汽车整车重量;缓和来自路面的冲击力;产生驱动力、制动力和侧向力;产生回正力矩;保证良好的附着性;承担越障,提高通过性等。

10.2.2 车轮

1. 车轮的组成

现代汽车的车轮不但是安装轮胎的骨架,也是将轮胎和车桥(即车轴)连接起来的旋转部件,故车轮是介于轮胎和车桥之间承受负荷的旋转组件,车轮通常由轮辋和轮辐两个主要部件组成(GB/T 2933—2009)。轮辋是在车轮上安装和支承轮胎的部件,轮辐是在车轮上介于车桥和轮辋之间的支承部件。车轮除上述部件外,有时还包含轮毂。图10-7所示为红旗CA7220轿车的车轮及轮胎。轮胎1装在轮辋2上,轮辋2上还

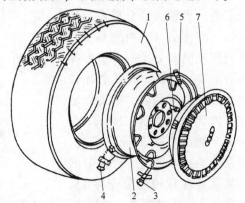

图10-7 一汽红旗CA7220轿车的车轮及轮胎
1—轮胎 2—轮辋 3—平衡块夹 4—平衡块
5—气门嘴 6—车轮螺栓 7—车轮装饰罩

装有平衡块 4 及平衡块夹 3。利用螺栓将轮辋 2 安装在轮毂上,再一起通过轴承装在车桥上。轮辋 2 的外侧装有车轮装饰罩 7。

2. 车轮的类型

按照轮辐的构造,车轮可分为辐板式和辐条式两种;按车轴一端安装的轮胎数目,车轮可分为单式车轮和双式车轮。此外,根据车轮材质的不同又可分为钢制、铝合金及镁合金车轮等。

(1) 辐板式车轮 如图 10-8 所示,这种车轮由挡圈 1、辐板 3、轮辋 2 和气门嘴孔 4 组成。辐板 3 为钢制圆板,它将轮毂和轮辋连为一体。辐板大多数是冲压制成的,少数是与轮毂铸成一体。后者多用于重型汽车上。辐板与轮辋是铆接或焊接在一起的。另外,由于货车后轴负荷比前轴大得多,为使后轮轮胎不致过载,后桥一般装用双式车轮,在同一轮毂上安装两套辐板和轮辋。

将轮辋和辐板焊接在一起的称为整体式车轮(图 10-9),而将轮辋和辐板铆接在一起的称为二体式车轮(图 10-10)。

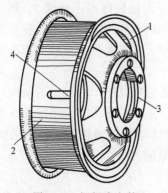

图 10-8 辐板式车轮

1—挡圈 2—轮辋 3—辐板 4—气门嘴孔

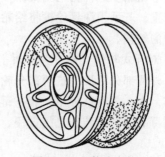

图 10-9 整体式车轮

(2) 辐条式车轮 辐条式车轮的特点是以钢丝辐条或铸造辐条为轮辐,用于重型货车的辐条式车轮多采用铸造辐条,如图 10-11 所示。钢丝辐条式车轮由于价格昂贵,维修安装不便,仅用在赛车和高级轿车上;另一种是和轮毂铸成一体的铸造辐条,铸造辐条式车轮用于装载质量较大的重型汽车上。在这种结构的车轮上,轮辋 1 通过螺栓 3 和特殊形状的衬块 2 固定在辐条 4 上,为使轮辋与辐条很好地对中,在轮辋和辐条上都加工出配合锥面 6。

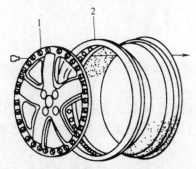

图 10-10 二体式车轮

1—辐板 2—轮辋

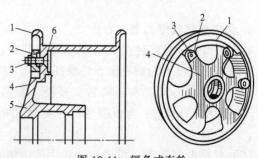

图 10-11 辐条式车轮

1—轮辋 2—衬块 3—螺栓 4—辐条 5—轮毂 6—配合锥面

现代汽车的轮辐多种多样，与汽车造型融为一体，对整车起到了很好的装饰作用。采用辐条式车轮，也有利于制动器的散热。

3. 轮辋的类型

轮辋俗称钢圈，用于安装和固定轮胎。轮辋按其结构可分为深槽轮辋、平底轮辋、对开式轮辋、半深槽轮辋、深槽宽轮辋、平底宽轮辋及全斜底轮辋等。其中常见的轮辋主要有深槽轮辋、平底轮辋和对开式轮辋3种，如图10-12所示。

（1）深槽轮辋 深槽轮辋（图10-12a）是一种整体轮辋，其结构特点是断面中部有一深凹槽，可使轮胎拆装方便，因而被称为深槽轮辋。两侧有带肩的凸缘用来固定轮胎，并与胎圈接触。肩部一般以5°±1°的倾斜度向中央倾斜。深槽轮辋结构简单，刚度大，重量相对轻，对于小尺寸弹性较大的轮胎最为适宜。但对于轮胎尺寸较大，胎圈较硬的轮胎，很难装卸。因此，这种轮辋多用于轿车和轻型越野汽车上。

（2）平底轮辋 平底轮辋（图10-12b）的结构特点是轮辋断面中部为平直的，一侧有与轮辋制成一体的凸缘，另一侧以可拆的挡圈2作凸缘。开口的锁圈3用来将挡圈2固定在轮辋上。拆卸时，先将内胎放气，然后使外胎向里移动，用撬胎棒撬下锁圈3，取下挡圈2后即可拆下轮胎。这种轮辋主要用于中、重型货车，自卸汽车和大客车。因为载重货车的轮胎非常笨重，若采用深槽轮辋将给轮胎的拆装工作带来很大的困难。因此载重货车多采用平底式结构的轮辋。

（3）对开式轮辋（也称为对拆平底式轮辋） 对开式轮辋（图10-12c）的结构特点是轮辋由内、外两部分组成，这两部分轮辋可以是等宽度的，也可以不等宽。用螺栓6将两部分连成一体。内、外两部分中，有一部分（往往是内轮辋）与轮辐固连。这种结构使轮胎的安装特别可靠，并且装卸也很方便，它多在重型汽车上采用。

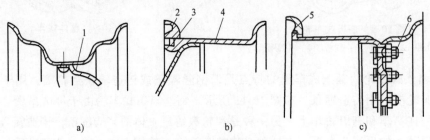

图10-12 轮辋断面型式
a）深槽轮辋 b）平底轮辋 c）对开式轮辋
1—轮辐 2、5—挡圈 3—锁圈 4—轮辋 6—螺栓

4. 国产轮辋规格的表示方法

轮辋的规格代号应使用数字和字母按下面优先顺序表示：轮辋名义直径、轮辋结构型式、轮辋名义宽度、轮辋轮廓、轮缘高度。其表示方法为：

（1）轮辋名义宽度和轮辋名义直径 现型轮辋的名义宽度和名义直径均以尺寸代号（基于英制尺寸）表示；与新型轮胎一起使用的新型轮辋，其名义宽度和名义直径用毫米表示。

（2）轮辋结构型式（可选） 轮辋的结构型式，根据其主要由几个零件组成分为一件式轮辋、二件式轮辋、三件式轮辋、四件式轮辋和五件式轮辋。符号"×"表示一件式轮辋，符号"-"表示两件或两件以上的多件式轮辋。

（3）轮辋轮廓代号　用一个或几个拉丁字母表示装胎侧的轮辋轮廓。

（4）轮缘高度　对于非道路车辆用轮辋，尺寸代号中斜线号"/"后的一个或几个数字（英寸）表示轮缘高度。这种表示对于多件式轮辋是可选的。

现有轮辋规格代号见 GB/T 2933—2009《充气轮胎用车轮和轮辋的术语、规格代号和标志》，以轮辋 16×6J 为例，其中有关数字及符号的含义如下：

16——轮辋名义直径（in）；

×——轮辋结构型式（一件式轮辋）；

6——轮辋名义宽度（in）；

J——轮辋轮廓代号。

5. 轮毂

轮毂是连接制动鼓、轮辐和半轴凸缘的重要零件，一般通过圆锥滚子轴承套装在轴管或转向节轴颈上，按轮辐的结构型式可分为辐板式车轮轮毂和辐条式车轮轮毂两种。辐板式车轮轮毂拆装方便，一般用于轻型和中型汽车车轮；辐条式车轮轮毂经常将辐条与轮毂铸造成一体，多用于重型汽车的车轮。轮毂内装有轮毂轴承，为使其润滑，可在轮毂内加入少量润滑脂。

10.2.3　轮胎

1. 轮胎的作用

轮胎是安装及固定在轮辋上的，直接与路面接触。它的作用：①承受汽车的重力；②与路面相互作用产生驱动力、制动力和侧向力；③当汽车行驶时，路面不平会引起冲击和振动，要求轮胎与悬架共同起减振缓冲的作用，保证良好的乘坐舒适性和行驶平顺性；④保证车轮和路面具有良好的附着性而不至于打滑，使汽车行驶平稳；⑤保证汽车的通过性。

2. 对轮胎的要求

鉴于轮胎有上述作用，它必须具有适宜的弹性、阻尼和承载能力；胎面部分具有增强附着能力的花纹；具有热稳定性、耐磨等。

3. 轮胎类型及其特点

汽车轮胎按其用途可分为轿车轮胎和货车轮胎两种。轿车轮胎是主要用于轿车的充气轮胎；货车轮胎是主要用于货车、客车及挂车上的充气轮胎。而货车轮胎，又分为重型、中型和轻型货车轮胎。

汽车轮胎按胎体结构可分为充气轮胎和实心轮胎。现代汽车绝大多数采用充气轮胎，而实心轮胎目前仅应用于在沥青混凝土路面的干线道路上行驶的低速汽车或重型挂车。

就充气轮胎而言，按组成结构不同，可分为有内胎轮胎和无内胎轮胎两种。

按胎内的空气压力大小，充气轮胎可分为高压胎、低压胎和超低压胎 3 种。

充气轮胎按胎体中帘线排列的方向不同，又可以分为普通斜交轮胎、带束斜交轮胎和子午线轮胎。

按胎面花纹的不同，还可以分为普通花纹胎、混合花纹胎和越野花纹胎。

（1）有内胎的充气轮胎　这种轮胎由外胎 1、内胎 2 和垫带 3 组成（图 10-13）。外胎由胎面（胎冠、胎肩、胎侧）、缓冲层、帘布层和胎圈组成。

（2）无内胎的充气轮胎　无内胎轮胎（图10-14）在外观和结构上与有内胎轮胎相似，所不同的是它没有内胎和垫带，空气通过气门嘴直接充入外胎中，其密封性是由轮辋和外胎来保证的，因此要求轮辋和外胎之间密封性好。无内胎的充气轮胎近年来在轿车和一些货车上的使用日益广泛。

无内胎轮胎的优点：轮胎穿孔时，压力不会急剧下降，能安全地继续行驶；无内胎轮胎不会因内、外胎之间摩擦和卡住而引起损坏；气密性较好，可以直接通过轮辋散热，故工作温度低，使用寿命长；结构简单，质量较小。

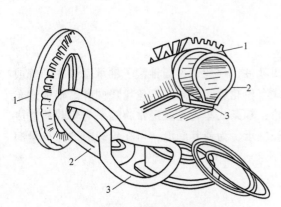

图10-13　有内胎的充气轮胎组成
1—外胎　2—内胎　3—垫带

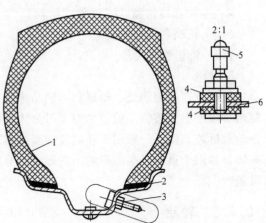

图10-14　无内胎轮胎
1—橡胶密封层　2—胎圈橡胶密封层　3—气门嘴
4—橡胶密封衬垫　5—气门嘴帽　6—轮辋

（3）普通斜交轮胎　普通斜交轮胎的外胎由帘布层、缓冲层和胎圈组成，帘布层和缓冲层各相邻层帘线交叉，且与胎中心线呈小于90°角排列。

其帘布层是外胎的骨架，用以保持外胎的形状和尺寸，通常由成双数的多层帘布用橡胶贴合而成。帘布的帘线与轮胎子午断面的交角（胎冠角）一般为52°~54°，相邻层帘线相交排列。帘布层数越多，强度越大，但弹性会降低。通常在外胎表面上注有帘布层数。

普通斜交轮胎的优点：轮胎噪声小，外胎面柔软，制造容易，价格也比子午线轮胎便宜。普通斜交轮胎的缺点：转向行驶时，接地面积小，胎冠滑移大，抗侧向力能力差；高速行驶时稳定性差，滚动阻力较大，油耗偏高；承载能力不如子午线轮胎。

（4）子午线轮胎　目前，子午线轮胎得到了越来越广泛的应用。子午线轮胎（图10-15）帘布层2的帘线排列方向与轮胎的子午断面一致（即帘线与胎面中心线成90°或接近90°排列），帘线分布如同地球的子午线，因而称为子午线轮胎，且其以带束层3箍紧胎体。

子午线轮胎帘线的这种排列方式，使帘线的强度能得到充分利用。它的帘布层数一般比普通斜交胎可减少40%~50%，使轮胎重量得以减轻，胎体较柔软，弹性好。子午线轮胎采用与胎面中心线夹角较小（10°~20°）的多层带束层，其用强度较高、伸张力较小的结构帘

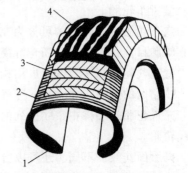

图10-15　子午线轮胎
1—胎圈　2—帘布层　3—带束层　4—胎冠

布或钢丝帘布制造,可以承受行驶时产生的较大切向力。带束层像钢带一样,紧紧地箍在胎体上,极大地提高了胎面的刚性和驱动性以及耐磨性。除此之外,子午线轮胎还有如下优点:

1)接地面积大,附着性能好,胎面滑移小,对地面单位压力也小,因而滚动阻力小,使用寿命长。

2)胎冠较厚且有坚硬的带束层,不易刺穿,行驶时变形小,可降低油耗。

3)因帘布层数少,胎侧薄,所以散热性能好。

4)径向弹性大,缓冲性能好,负荷能力较大。

5)在承受侧向力时,接地面积基本不变,故在转向行驶和高速行驶时稳定性好。

而子午线轮胎也有缺点:因胎侧较薄较柔软,胎冠较厚,故在其与胎侧过渡区易产生裂口;吸振能力弱,胎面噪声较大;制造技术要求高,成本也高。

4. 轮胎规格

轮胎规格的表示方法基本上有米制和英制两大系统,目前大多数国家包括我国在内均采用英制表示法。充气轮胎的尺寸标注如图10-16所示,其单位用的是英寸(in)。

轮胎高宽比(H/B)是轮胎断面高度H与断面宽度B的比,H/B以百分比表示称为轮胎的扁平率,经圆整后用其百分号前的数字表示,一般是5的倍数,如轿车子午线轮胎有60、65、70、75、80等系列。表10-1表示不同结构及不同名义直径轮胎的最高行驶速度。

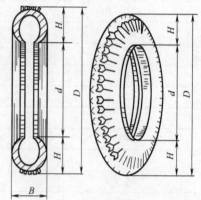

图10-16 充气轮胎的尺寸标注

D—轮胎外径 d—轮胎内径(即轮辋直径)
B—轮胎断面宽度 H—轮胎断面高度

表10-1 不同结构及不同名义直径轮胎的最高行驶速度

轮胎结构	速度符号	不同名义直径轮胎的最高行驶速度/(km/h)		
		10in	12in	≥13in
普通斜交轮胎	P	120	135	150
子午线轮胎	Q	135	145	160
子午线轮胎	S	150	165	180
子午线轮胎	H	—	195	210

(1)轮胎规格标志 以轮胎195/60R14 85 H为例,其中有关数字及符号的含义如下:

195——轮胎的名义断面宽度(断面宽约195mm);

60——轮胎名义高宽比(%),即轮胎名义高宽比(即扁平率)为60%;

R——子午线结构代号(英文单词Radial的第一个字母);

14——轮辋名义直径(轮辋直径14in,即356mm);

85——轮胎负荷指数(见表10-2,表示其最大承载能力为515kg);

H——速度符号(见表10-3,表示其最高车速为210km/h)。

(2)轮胎标准 我国执行的轮胎标准如下:

1)轿车轮胎的标准为GB 9743—2015《轿车轮胎》。

表 10-2　轮胎负荷指数

轮胎负荷指数	最大承载能力/kg	轮胎负荷指数	最大承载能力/kg
62	265	87	545
63	272	88	560
64	280	89	580
65	290	90	600
66	300	91	615
67	307	92	630
68	315	93	650
69	325	94	670
70	335	95	690
71	345	96	710
72	355	97	730
73	365	98	750
74	375	99	775
75	387	100	800
76	400	101	825
77	412	102	850
78	425	103	875
79	437	104	900
80	450	105	925
81	462	106	950
82	475	107	975
83	487	108	1000
84	500	109	1030
85	515	110	1060
86	530		

表 10-3　轮胎速度符号

速度符号	最高车速/(km/h)	速度符号	最高车速/(km/h)
L	120	T	190
M	130	U	200
N	140	H	210
P	150	V	240
Q	160	W	270
R	170	VR	210
S	180	ZR	240

2）轿车轮胎系列的标准为 GB/T 2978—2014《轿车轮胎规格、尺寸、气压与负荷》。

3）载重汽车轮胎的标准为 GB 9744—2015《载重汽车轮胎》。
4）载重汽车轮胎系列的标准为 GB/T 2977—2016《载重汽车轮胎规格、尺寸、气压与负荷》。

上述标准规定了轮胎的规格、基本参数、主要尺寸以及气压负荷对应关系等。

【内容小结】

1）根据车桥上车轮的作用，车桥可分为转向桥、驱动桥、转向驱动桥和支持桥。根据悬架结构的不同，车桥又可分为整体式和断开式两种。整体式车桥与非独立悬架配用，而断开式车桥与独立悬架配用。

2）转向桥主要由前轴（梁）、转向节、主销和轮毂等组成。转向桥通过悬架弹簧与车架连接，通过两侧车轮支承车身。

3）转向轮定位参数有主销后倾角 γ、主销内倾角 β、前轮外倾角 α 和前轮前束 $A-B$。

a）主销后倾角 γ 的定义：主销轴线和地面垂线在汽车纵向平面内的夹角。其作用：使转向后的前轮自动回正。

b）主销内倾角 β 的定义：主销轴线和地面垂线在汽车横向平面内的夹角。其作用：使前轮自动回正；使转向操纵轻便；减少从转向轮传至转向盘上的冲击力。

c）前轮外倾角 α 的定义：通过车轮中心的汽车横向平面与车轮平面的交线与地面垂线之间的夹角。其作用：使轮胎磨损均匀；减轻轮毂外轴承的负荷，防止车轮出现内倾；与拱形路面相适应。

d）前轮前束 $A-B$ 的定义：两前轮后端边缘距离 A 与前端边缘距离 B 的差值（即 $A-B$）。其作用：消除前轮外倾造成的前轮向外滚开趋势，减轻轮胎磨损。

4）除作为转向桥外，还兼起驱动桥作用的前桥为转向驱动桥。它主要由主减速器，差速器，内、外半轴，万向节，主销及转向节组成。

5）既无转向功能又无驱动功能的车桥称为支持桥，发动机前置前轮驱动轿车的后桥为典型支持桥。

6）车轮通常由轮辋和轮辐两个主要部件组成。轮辋是在车轮上安装和支承轮胎的部件，轮辐是在车轮上介于车桥和轮辋之间的支承部件。车轮除上述部件外，有时还包含轮毂。

7）按照轮辐的结构，车轮可分为辐板式和辐条式两种；按车轴一端安装的轮胎数目，车轮可分为单式车轮和双式车轮。

8）轮辋按结构可分为深槽轮辋、平底轮辋和对开式轮辋。

9）轮胎的作用：缓冲减振，保证良好的乘坐舒适性和行驶平顺性；与路面相互作用产生驱动力、制动力和侧向力；承受汽车的重力；保证汽车的通过性；保证车轮和路面具有良好的附着性，使汽车行驶平稳。

10）轮胎按胎体结构分为充气轮胎（汽车上主要使用的轮胎）和实心轮胎。

充气轮胎按组成结构分为有内胎轮胎和无内胎轮胎。

按帘线排列方向分为普通斜交轮胎、带束斜交轮胎和子午线轮胎。

11) 充气轮胎尺寸标记中的 D 代表轮胎外径；d 代表轮胎内径（即轮辋直径）；B 代表轮胎断面宽度；H 代表轮胎断面高度。

12) 轮胎断面高度 H 与断面宽度 B 之比 H/B（轮胎高宽比）以百分比表示，即为轮胎的扁平率。

【学习自测】

1) 整体式车桥与断开式车桥分别与什么样的悬架配合使用？
2) 根据车桥上车轮的作用，车桥可分为哪些类型？
3) 什么是支持桥？
4) 转向轮定位参数有哪些？各有什么作用？
5) 主销后倾角、主销内倾角、前轮外倾角、前轮前束分别是什么？
6) 转向驱动桥由什么组成？它有什么作用？
7) 车轮一般由哪些部分组成？车轮有哪些类型？
8) 轮胎的作用是什么？轮胎有哪些类型？
9) 请说明充气轮胎尺寸标记中的 D、B、d、H 分别代表什么？
10) 什么是轮胎的扁平率？
11) 理解轮胎规格标志。

第11章

悬 架

【学习目标】

1) 掌握悬架的功用、组成和类型。
2) 理解双向作用筒式减振器的结构和工作原理。
3) 掌握悬架弹性元件的类型，了解各种类型的特点。
4) 了解非独立悬架和独立悬架的类型及其特点和应用。

11.1 概述

11.1.1 悬架的功用

汽车车架（或车身）若直接安装于车桥（或车轮）上，由于道路不平而产生的冲击会传递给货物和人，可能损坏货物或令人感到十分不舒服，这是因为没有悬架装置进行减振缓冲的原因。

汽车悬架是车架（或承载式车身）与车桥（或车轮）之间一切传力连接装置的总称。悬架的作用是弹性地连接车桥和车架（或车身），缓和行驶中车辆受到的冲击，保证货物的完好和乘员的舒适；衰减弹性系统引进的振动，使汽车在行驶中保持稳定的姿势，改善操纵稳定性；传递垂直反力、纵向反力（牵引力和制动力）和侧向反力以及这些力所产生的力矩，令其作用到车架（或车身）上，以保证汽车行驶平顺；当车轮相对车架跳动时，特别是在转向时，车轮动轨迹要符合一定的要求，因此悬架还起使车轮按一定轨迹相对车身跳动的导向作用。综上所述，汽车悬架的功用主要包括：传递垂直反力、纵向反力、侧向反力及其力矩，保证汽车正常行驶，即起传力作用；起导向作用；减振缓冲；防止车身发生过大的侧向倾斜。

11.1.2 悬架的组成

一般悬架由弹性元件、导向机构、减振器和横向稳定杆组成。在多数轿车和客车上，为防止车身在转向等情况下发生过大的横向倾斜，在悬架中还设有辅助弹性元件——横向稳定器。汽车悬架的组成如图11-1所示，悬架主要由弹性元件1、减振器3和导向装置2、5三部分组成，这三部分分别起缓冲、减振和传力作用。有些悬架结构则还有缓冲块、横向稳定器等。

11.1.3 悬架系统的自然振动频率

汽车自然振动频率（也称为固有频率）是影响汽车平顺性的重要性能指标之一，一般称为车辆的偏频。其取值范围一般在 1~1.6Hz 之间。该频率由汽车簧载质量和悬架刚度决定，计算公式为

$$f_0 = \frac{1}{2\pi}\sqrt{\frac{k}{m}} = \frac{1}{2\pi}\sqrt{\frac{g}{\Delta z}} \quad (11\text{-}1)$$

式中，k 为悬架刚度（$k = mg/\Delta z$）；m 为悬架簧载质量；Δz 为悬架垂直变形量（挠度）。

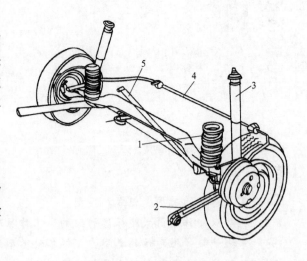

图 11-1 汽车悬架的组成
1—弹性元件 2、5—导向装置 3—减振器 4—横向稳定器

由式（11-1）可知：

1) 当悬架簧载质量一定时，悬架刚度越小，则汽车自然振动频率越低，但悬架垂直变形量（挠度）越大。

2) 当悬架刚度一定时，悬架簧载质量越大，则悬架垂直变形量（挠度）越大，而汽车自然振动频率越低。

人体最舒适的频率范围为 1~1.6Hz，因此车辆的自然振动频率 f_0 应接近此范围，最好采用变刚度悬架。原因是当车辆的载荷变化时，为使 f_0 的变化较小，需要悬架的弹簧元件具有变刚度特性，以保证车辆在不同载荷情况下具有一定的行驶平顺性。

11.1.4 悬架系统的类型

按性能是否可控，汽车悬架可分为主动悬架、半主动悬架和被动悬架 3 种。悬架的刚度和阻尼根据行驶状况的不同，可以自动调节的悬架称为主动悬架；只有悬架的阻尼可以自动调节的悬架称为半主动悬架；悬架的刚度和阻尼在行驶中都不可以调节的悬架称为被动悬架。

汽车悬架按结构特点可分为非独立悬架和独立悬架两种（图 11-2）。两侧车轮由整体式车桥刚性地连接在一起，只能共同运动的悬架称为非独立悬架，广泛应用于货车、客车和轿车的后悬架；两侧车轮由断开式车桥连接，两侧车轮单独通过悬架与车架连接，可以单独跳动的悬架称为独立悬架，广泛应用于轿车的前悬架。

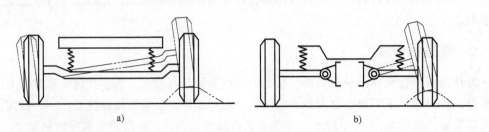

图 11-2 非独立悬架与独立悬架示意图
a) 非独立悬架 b) 独立悬架

11.2 弹性元件

悬架弹性元件的功能是支承垂直载荷,缓和和抑止不平路面引起的振动和冲击。弹性元件主要有钢板弹簧、螺旋弹簧、扭杆弹簧、气体弹簧和橡胶弹簧等。

空气弹簧和油气弹簧统称为气体弹簧,其具有变刚度特性,可调整车身高度,提高汽车的舒适性和平顺性,多应用于高级客车和高级轿车。

橡胶弹簧的单位储能高,有阻尼特性,隔振,多用于缓冲块。

11.2.1 钢板弹簧

钢板弹簧又称为叶片弹簧,是汽车悬架中应用最广泛的一种弹性元件。它是由若干片宽度相等、长度不等、曲率半径不等、厚度相等或不等的合金弹簧钢片叠加在一起组成的一根近似等强度的弹性梁,如图11-3所示。钢板弹簧的第一片(最长的一片)称为主片,其两端弯成卷耳,一端使用钢板弹簧销23与固定在车架上的支架作铰链连接,另一端使用钢板弹簧销13与固定在车架上的吊耳15作铰链连接,使弹簧能伸缩。钢板弹簧的中部用U形螺栓9、10与车桥连接。中心螺栓的作用是连接各弹簧片,保证各片的装配位置。按中心螺栓到两耳的距离分为对称式钢板弹簧和非对称式钢板弹簧。

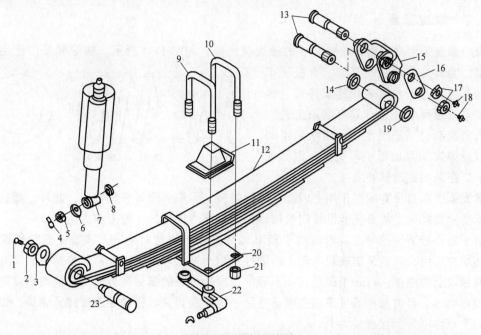

图 11-3 前钢板弹簧

1、18—润滑脂嘴 2、17、21—锁紧螺母 3—防松垫圈 4—开口销 5—带槽口螺母
6、8—减振器垫圈 7—减振器总成 9、10—U形螺栓 11—钢板弹簧减振垫
12—前钢板弹簧总成 13、23—钢板弹簧销 14、19—衬垫 15—钢板弹簧吊耳
16—锁紧片 20—底板 22—减振器支架

当钢板弹簧安装在汽车悬架中,所承受的垂直载荷为正向时,各弹簧片都受力变形,有

向上拱弯的趋势。这时,车桥和车架便相互靠近。当车桥与车架互相远离时,钢板弹簧所受的正向垂直载荷和变形便逐渐减小,有时甚至会反向。

主片卷耳受力严重,是薄弱处,为改善主片卷耳的受力情况,常将第二片末端也弯成卷耳,包在主片卷耳的外面,称为包耳。为了使各片在弹性变形时有相对滑动的可能,在主片卷耳与第二片包耳之间留有较大的空隙。有些悬架中的钢板弹簧两端不做成卷耳,而采用其他的支撑连接方式,如橡胶支撑垫。

钢板弹簧具有不少优点,但也有缺点。

1) 优点:结构简单,刚度大,工作可靠,成本低廉,维修方便。它既是悬架的弹性元件,又是悬架的导向装置。它的两端与车架铰接,可以传递各种力和力矩,并决定车轮的跳动轨迹。同时,它本身也有一定的摩擦减振作用。即钢板弹簧除具有弹性元件本身缓冲的作用外,还兼有减振和传力导向作用,一举三得,因而广泛应用于非独立悬架。

2) 缺点:它只能用于非独立悬架,质量较大,刚度大,舒适性差,纵向尺寸较长,不利于缩短汽车的前悬和后悬,与车架连接处的钢板弹簧销容易磨损等。另外,为了减轻弹簧片的磨损,还需要润滑和定期保养。

尽管钢板弹簧的缺点不少,但它至今仍在各种汽车上大量使用。为了改进钢板弹簧的性能,减轻重量,提高寿命,目前汽车上大量采用变截面的少片钢板弹簧,其具有质量小、结构简单、摩擦小及节省材料等特点。

11.2.2 螺旋弹簧

螺旋弹簧是用弹簧钢棒卷制而成的螺旋状弹簧,如图11-4所示。螺旋弹簧广泛用于独立悬架,尤其是前轮独立悬架,有些轿车后轮的非独立悬架也有采用螺旋弹簧。螺旋弹簧与钢板弹簧相比,具有制造工艺简单、无需润滑、不忌泥污、占用纵向空间不大以及弹簧本身质量小等优点,因而现代轿车广泛采用螺旋弹簧悬架。

图 11-4 螺旋弹簧

螺旋弹簧本身没有减振作用,因此在螺旋弹簧悬架中必须另装减振器。此外,螺旋弹簧只能承受垂直载荷,故必须装设导向机构以传递垂直力以外的各种力和力矩。

出于乘坐舒适性的考虑,希望对于频率高且振幅小的地面冲击,弹簧能表现得柔软一点,而当冲击力大时,又能表现出较大的刚性,减小冲击行程,因此需要弹簧同时具有两种甚至两种以上的刚度。可采用钢丝直径不等的或螺距不等的螺旋弹簧,使它们的刚度随负载的增加而增加。目前汽车通过采用变钢丝直径、螺距或弹簧直径的变刚度螺旋弹簧,以获得更好的平顺性(即乘坐舒适性)。

11.2.3 扭杆弹簧

扭杆弹簧由一根具有扭转弹性的弹簧钢制的扭杆构成,如图11-5所示。扭杆断面常为圆形,少数是矩形或管形,扭杆的一端固定在车架上,另一端的摆臂1与车轮相连。当车轮跳动时,摆臂便绕着扭杆轴线摆动,使扭杆产生沿轴向的扭转弹性变形,以保证车轮与车架的弹性连接,达到缓和冲击的目的。

扭杆弹簧总成用铬钒合金弹簧钢制成，它的表面经过加工很光滑。通常为保护扭杆表面，在其上涂有环氧树脂，并包一层玻璃纤维，再涂一层环氧树脂，最后涂上沥青和防锈涂料，以防腐蚀和损坏表面，从而提高扭杆弹簧的使用寿命。

采用扭杆弹簧作为弹性元件的悬架要设导向机构和减振器。扭杆弹簧与钢板弹簧相比，具有重量轻、单位质量储能高、结构简单、方便布置、无需润滑和保养维修简便等优点。

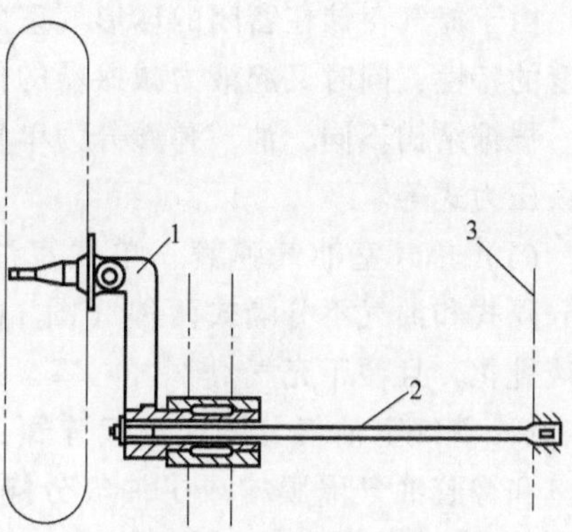

11.2.4 气体弹簧

气体弹簧以空气作为弹性介质，即在一个密闭的容器内充入压缩气体（气压为 0.5~1MPa），利用气体的可压缩性实现弹簧的作用。这种弹簧的刚度是可变的，具有较理想的弹性特性，可调整车身高度，提高汽车的舒适性和平顺性。

气体弹簧主要有空气弹簧和油气弹簧两种类型，空气弹簧又可分为囊式和膜式；而油气弹簧又可分为单气室、双气室和两级压力式。空气弹簧多用于大客车和高级轿车；油气弹簧多用于矿用车辆、越野汽车和高级轿车。

1. 空气弹簧

空气弹簧是利用压缩空气作为弹性介质的弹簧。它在轿车上有应用，尤其是在主动悬架中。这种弹簧随着载荷的增加，容器内压缩空气的压力升高，使其弹簧刚度也随之增加；反之，当载荷减小时，弹簧内的气压下降，刚度减小，因而这种弹簧具有理想的弹性特性。根据压缩空气所用容器的不同，空气弹簧分为囊式和膜式两种（图11-6）。

（1）囊式空气弹簧 囊式空气弹簧由夹有帘线的橡胶气囊和密闭其中的压缩空气组成。气囊内层用气密性好的橡胶制成，而外层则用耐油橡胶制成。气囊一般做成两节或多节，节与节之间围有钢质的腰环，使中间部分不致有径向扩张，并防止两节之间相互摩擦。气囊的上、下盖板将空气封于气囊内。

（2）膜式空气弹簧 膜式空气弹簧的密闭气囊由橡胶膜片和金属压制件组成。它的弹性曲线比囊式空气弹簧的更理想，固有频率更低，且尺寸小，便于布置，因而多用在轿车上；其缺点是造价贵，寿命较短。

2. 油气弹簧

油气弹簧是在密闭的容器中充入压缩气体和油液。油气弹簧一般以惰性气体（氮气）作为弹性介质，而用油液作为传力介质，它一般由气体弹簧和相当于液力减振器的液压缸组成。

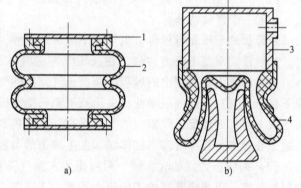

图 11-5 扭杆弹簧
1—摆臂 2—扭杆 3—车架

图 11-6 空气弹簧
a) 囊式空气弹簧 b) 膜式空气弹簧
1—盖板 2—气囊 3—金属座 4—橡胶膜片

由于氮气存储在密闭的球形气室内,其压力随外载荷的大小而变化,故油气弹簧具有变刚度的特性,同时又起液力减振器的作用。

根据结构不同,油气弹簧分为单气室、双气室以及两级压力式等。

(1) 单气室油气弹簧　单气室油气弹簧又分为油气分隔式和油气不分隔式两种(图11-7),前者可防止油液乳化,且便于充气。

1) 单气室油气分隔式油气弹簧:上半球室、下半球室和橡胶油气隔膜构成了油气分隔式弹簧,工作缸、活塞和阻尼阀等构成了减振器。

2) 单气室油气不分隔式油气弹簧:工作缸固定在车架上,管形活塞的下端与转向节相连。该油气弹簧不仅是前悬架的弹性元件和减振元件,而且还兼作转向主销。管形活塞内腔以及活塞与工作缸壁之间形成的环形腔内都充满工作油液。在管形活塞头的上面有一油层,既可以润滑活塞又可以作为气室的密封。油层上方的空间即为高压气室,其中充满高压氮气,气体和油液之间没有任何隔离装置。

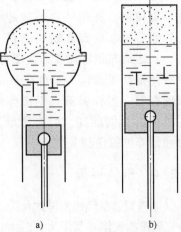

图11-7　单气室油气弹簧示意图
a) 油气分隔式　b) 油气不分隔式

(2) 双气室油气弹簧　双气室油气弹簧比单气室油气弹簧多一个作用力方向相反的反压气室和一个浮动活塞。

当弹簧处于压缩行程时,主气室中的活塞上移,使主气室内的气压增高,弹簧的刚度增大。此时浮动活塞下面的油液,在反压气室的气体压力作用下经通道流入主气室的活塞下面,补充活塞上移后空出的容积,而反压气室内的气压下降。当弹簧处于伸张行程时,主活塞下移,主气室内的气压降低,主活塞下面的油液受挤压,经通道流回浮动活塞的下面,推动活塞上移,而使反压气室内的气压增高,从而提高了伸张行程的弹簧刚度。这种油气弹簧消除了在伸张行程中活塞与缸体底部发生撞击的可能性。

(3) 两级压力式油气弹簧　两级压力式油气弹簧的特点是在工作活塞的上方设有两个并列的气室,但两个气室的工作压力不同。主气室内的气压与单气室油气弹簧的气压相近,而补偿气室内的气压则较高,从而具有了变刚度特性。

11.2.5　橡胶弹簧

橡胶弹簧是利用橡胶自身的弹性来缓和冲击、减小振动的。它可以承受压缩载荷与扭转载荷。橡胶弹簧的优点是单位质量的储能较金属弹簧多,有阻尼特性,隔振隔音性能好,多用于悬架的副簧和缓冲块。

11.3　减振器

11.3.1　减振器的基本原理

悬架系统中由于弹性元件受冲击产生振动,为加速车架与车身振动的衰减,以改善汽车的行驶平顺性（即舒适性），在大多数汽车的悬架系统内装有减振器，悬架中的减振器是与弹性元件并联安装在车架（或承载式车身）与车桥之间的，如图 11-8 所示。

汽车悬架系统中采用的减振器多为液力减振器，其工作原理是当车架（或车身）与车桥之间因振动出现相对运动时，减振器内的活塞在缸筒内上下移动，则减振器腔内的油液便反复地从一个腔经过一些窄小的孔隙流入另一个腔。此时，孔壁与油液间的摩擦及油液分子间的内摩擦便形成阻尼力，使车身和车架的振动能量转化为油液热能，再由油液和减振器壳体吸收，然后散发到

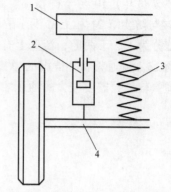

图 11-8　减振器和弹性元件的安装示意图
1—车架　2—减振器　3—弹性元件　4—车桥

大气中。在液流通道截面积和阀门弹簧力等因素不变时，阻尼力随车架与车桥（或车轮）之间的相对运动速度增减而增减，并与油液黏度有关。要求减振器所用油液的黏度受温度变化的影响尽可能小，且具有抗汽化、抗氧化以及对各种金属和非金属零件不起腐蚀作用等性能。综上所述，减振器阻尼力的大小取决于 4 个因素：液流通道截面积、阀门弹簧刚度、油液的黏度、车架与车桥（或车轮）之间的相对运动速度。

11.3.2　对减振器的要求

减振器与弹性元件承担着缓和冲击和减振的任务，阻尼力过大，将使悬架弹性变坏，甚至使减振器连接件损坏。要解决这一问题，对减振器提出以下要求：

1) 在悬架压缩行程（车桥和车架相互靠近的行程）中，减振器阻尼力应较小，以便充分发挥弹性元件的弹性作用，缓和冲击。这时，弹性元件起主要作用。

2) 在悬架伸张行程（车桥和车架相互远离的行程）中，减振器阻尼力应较大，以迅速减振。

3) 当车桥（或车轮）与车架之间的相对速度过大时，要求减振器能自动加大液流量（即增大液流通道截面积），使阻尼力始终保持在一定限度之内，以避免承受过大的冲击载荷。

11.3.3　减振器的类型

在压缩和伸张两行程内均能起减振作用的减振器称为双向作用筒式减振器。另有一种减振器仅在伸张行程内起减振作用，称为单向作用式减振器。目前，在汽车悬架系统中广泛采用双向作用筒式减振器。还有采用新型减振器的，主要包括充气式减振器和阻力可调式减振器。

11.3.4　双向作用筒式减振器

1. 构造

双向作用筒式减振器一般由 4 个阀（即压缩阀、伸张阀、流通阀、补偿阀）、3 个同心缸筒（即防尘罩、储油缸筒和工作缸筒）、两个吊耳和 1 个活塞及活塞杆等组成，如图 11-9 所示。缸筒 21 是防尘罩。缸筒 20 为储油缸，内装部分油液，其下端通过与底座焊接在一起

的下吊环（吊耳）10 与车桥相连。缸筒 19 为工作缸，其内装满油液，上端密封。活塞杆 18 的上端与防尘罩 21 和上吊环（吊耳）26 焊为一体固定在车架上，下端装有活塞 4。活塞将工作缸分为上、下两腔，活塞上有伸张阀和流通阀 3，工作缸下部的支座上装有压缩阀 14 和补偿阀 15。流通阀和补偿阀的弹簧较软，较低的油压即可使其关闭或开启。压缩阀和伸张阀的弹簧较硬，需要较大的油压才能开启，油压稍降低立刻关闭。

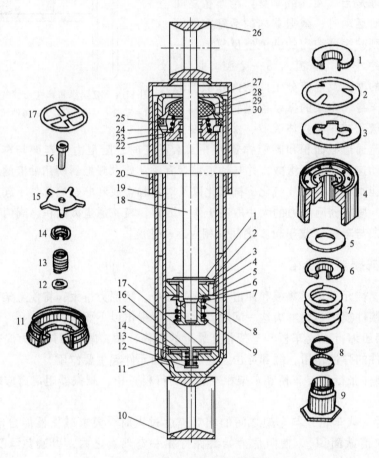

图 11-9　双向作用筒式减振器

1—流通阀限位座　2—流通阀弹簧片　3—流通阀　4—活塞　5—支撑座圈　6—支撑座　7—支撑座弹簧
8—调整垫片　9—压紧螺母　10—下吊环　11—支撑座　12—压缩阀弹簧座　13—压缩阀弹簧
14—压缩阀　15—补偿阀　16—压缩阀杆　17—补偿阀弹簧片　18—活塞杆
19—工作缸筒　20—储油缸筒　21—防尘罩　22—导向座　23—衬套　24—油封弹簧　25—密封圈
26—上吊环　27—储油缸螺母　28—油封　29—油封盖　30—油封垫圈

2. 工作原理

在压缩行程，即汽车车轮上跳而移近车身时，减振器受压缩，此时减振器内活塞 4 相对缸筒 19 向下移动。活塞下腔室的容积减少，油压升高，油液流经流通阀 3 流到活塞上面的腔室（上腔）。上腔被活塞杆 18 占去了一部分空间，因而上腔增加的容积小于下腔减小的容积，于是一部分油液推开压缩阀 14，流回储油缸。流通阀和压缩阀对油液的节流形成对悬架压缩运动的阻尼力。在伸张行程，即汽车车轮下落而远离车身时，减振器受拉伸。这时减振器的活塞 4 相对缸筒 19 向上移动。活塞上腔油压升高，流通阀 3 关闭，上腔内的油液推开伸张阀流入下腔。由于活塞杆 18 的存在，自上腔流来的油液不足以充满下腔增加的容积，使下腔产生一定的真空度，这时储油缸中的油液便推开补偿阀 15 流入下腔进行补充。伸张阀和补偿阀的节流作用在伸张运动时对悬架起到阻尼作用。

由于伸张阀弹簧的刚度和预紧力设计得比压缩阀大，在同样压力作用下，伸张阀及相应常通孔隙的通道截面积总和小于压缩阀及相应常通孔隙的通道截面积总和。这使得减振器在伸张行程产生的阻尼力大于压缩行程的阻尼力，以达到迅速减振的要求。

11.3.5 新型减振器

1. 充气式减振器

充气式减振器由 1 个缸筒、2 个活塞、1 个密封圈和 2 个阀（即压缩阀和伸张阀）组成，如图 11-10 所示。工作缸内装有工作活塞 8 和浮动活塞 2，工作活塞 8 在上，浮动活塞 2 在下，将工作缸分割为 3 部分。浮动活塞 2 下部与缸筒之间形成的密闭气室 1 内充满高压氮气，浮动活塞 2 边缘处的大截面积 O 形密封圈 3 将浮动活塞 2 上方的油液与下方氮气分开。工作活塞 8 上设有能随活塞运动速度变化而改变通道过流面积的压缩阀 4 和伸张阀 7，两阀均由一组厚度相同、直径不等且由大到小排列的弹簧钢片组成。

当车轮相对车架运动时，工作活塞在油液中往复运动，使工作活塞的上、下腔之间产生油压差，之后压力油推开压缩阀 4 或伸张阀 7 来回流动。这样压缩阀或伸张阀就会对流经的压力油产生较大的阻尼力，从而消耗振动能量，使振动衰减。由于活塞杆 6 的进出而引起的缸筒容积的变化，则由浮动活塞 2 的上下运动来补偿。

充气式减振器与双向作用筒式减振器相比，具有以下优点：

1）由于采用浮动活塞而减少了一套阀门系统，结构大为简化。

2）由于减振器内充有高压气体，能有效地减少高频振动。

3）在防尘罩直径相同的情况下，能产生更大的阻尼力。

4）由于内部的高压气体和油液被浮动活塞隔开，可避免油的乳化现象。

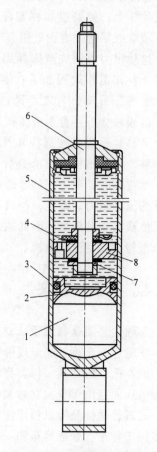

图 11-10 双向作用充气式减振器
1—密封气室 2—浮动活塞 3—O 形密封圈 4—压缩阀 5—工作缸 6—活塞杆 7—伸张阀 8—工作活塞

充气式减振器的缺点：对油封要求高；充气工艺复杂，不能修理；当缸筒受到外界物体的冲击而产生变形时，减振器不能工作。

2. 阻力可调式减振器

试验研究证明，悬架系统中理想的阻力特性应该是随着使用因素（如道路条件、载荷的变化而变化,即减振器的阻力应和悬架系统的参数有恰当的匹配关系。当悬架系统的某一参数发生变化时,减振器的阻力也应随之改变,从而可保证悬架系统有良好的振动特性。

图 11-11 所示为高级轿车上所用的阻力可调式减振器示意图,其采用了刚度可变的空气弹簧。该阻力可调式减振器的缸筒内装有活塞 8,活塞中部孔内又装有空心连杆 5,空心连杆上端固定在气室 1 的下壳上,在空心连杆 5 内还装有柱塞杆 4 及柱塞 6。柱塞杆上端顶靠在弹簧座及膜片 2 上,弹簧座和柱塞杆之间装有弹簧。空心连杆的下端靠近活塞上表面处制有节流孔。

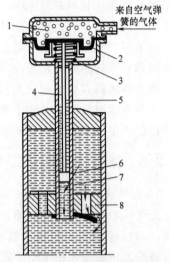

图 11-11 阻力可调式减振器示意图
1—气室 2—膜片 3—弹簧
4—柱塞杆 5—空心连杆
6—柱塞 7—节流孔 8—活塞

这种阻力可调式减振器用在弹性元件为空气弹簧的悬架上。其工作过程如下:随着汽车载荷增加,空气弹簧内的气压升高,与之相通的气室 1 内的气压也升高,并压迫膜片 2 下移直至与弹簧 3 产生的压力相平衡为止。膜片下移时还会对柱塞杆 4 及其下端的柱塞 6 施压,使之下移。当柱塞相对空心连杆 5 上的节流孔 7 的位置达到开始封堵时,节流孔的通道截面积便开始减少,因此通过节流孔的液体量减少,即增加了油液的流动阻力。反之,当汽车载荷减少时,柱塞上移,节流孔的通道截面积增大,结果减小了油液的流动阻力。因此达到随着汽车载荷变化而改变减振器阻力的目的。这种阻力可调式减振器正日益受到重视。

11.4 非独立悬架

非独立悬架是相对于独立悬架而言的,它的结构特点是两侧车轮由一根整体式车桥相连,车轮连同车桥一起通过弹性悬架与车架或车身相连。非独立悬架具有结构简单、工作可靠、成本低、强度高、保养容易以及行车中前轮定位变化小的优点,但两轮受冲击振动时互相影响,而且由于非独立悬架质量较大,悬架的缓冲性能较差,行驶时汽车的振动、冲击较大,故其舒适性及操纵稳定性都较差。所有非独立悬架在现代轿车中基本上已不再使用,一般多用于货车、普通客车和一些其他车辆上。在非独立悬架中大多数采用钢板弹簧作为弹性元件。

11.4.1 钢板弹簧非独立悬架

钢板弹簧作为非独立悬架的弹性元件,被纵向安装于车架和车桥之间。由于它兼起导向机构的作用,使得悬架系统大为简化,如图 11-12 所示。其中部用 U 形螺栓 3 将钢板弹簧固定在车桥上。钢板弹簧前端 2 为固定铰链,也称为死吊耳。它由钢板弹簧销 15 将钢板弹簧前端卷耳部与钢板弹簧前支架 1 连接在一起,前端卷耳孔中为减少磨损装有衬套。后端卷耳通过钢板弹簧吊耳销 14 与后端吊耳 9 以及吊耳支架 10 相连,后端可以自由摆动,形成活动吊耳。当车架受到冲击而使钢板弹簧变形时,两卷耳之间的距离有可能变化。钢板弹簧和车架上分别装有缓冲块5和限位块6，用来限制钢板弹簧的变形量。这种悬架被广泛用作货车的前、后悬架。

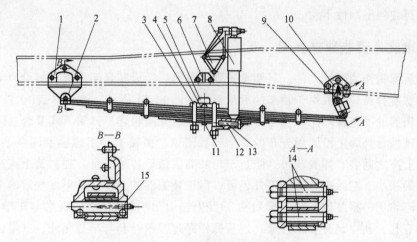

图11-12 钢板弹簧非独立悬架

1—钢板弹簧前支架 2—钢板弹簧前端吊耳 3—U形螺栓 4—前板簧盖板 5—缓冲块 6—限位块 7—减振器上支架 8—减振器 9—吊耳 10—吊耳支架 11—中心螺栓 12—减振器下支架 13—减振器连接销 14—钢板弹簧吊耳销 15—钢板弹簧销

货车后悬架所受的载荷因汽车行驶时实际装载质量不同而在很大范围内变化，因而为保持车身自然振动频率不变或变化很小，悬架的刚度应当是可以变化的，而且变化幅度应较前悬架更大。为了实现此功能，一般的措施是在后悬架中加装副簧。图11-13所示为某汽车的后悬架，它采用纵置板簧式非独立悬架结构，其由主钢板弹簧总成23和副钢板弹簧总成22叠合而成，可实现变刚度。其原因是，当载荷不大时，只有主钢板弹簧工作，当载荷继续增

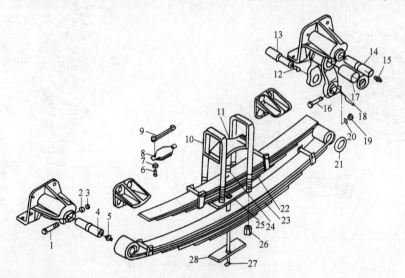

图11-13 某汽车的后悬架

1、6、16—螺栓 2、19、26—螺母 3、7、20—防松垫圈 4、13、14—钢板弹簧销 5、12、15—润滑脂嘴 8—橡胶限制件 9—底座固定件 10—U形螺栓 11—钢板弹簧减振垫 17—衬套 18—钢板弹簧吊耳总成 21、28—衬垫 22—副钢板弹簧总成 23—主钢板弹簧总成 24、27—中心螺栓 25—副钢板弹簧座

大,直至副钢板弹簧与支座接触时,主、副钢板弹簧同时起作用,使悬架的总刚度变大,以保证车身自然振动频率变化不大。但这种悬架在副钢板弹簧起作用的瞬间,悬架刚度突然增加,对汽车行驶的平顺性不利。

11.4.2 螺旋弹簧非独立悬架

因为螺旋弹簧作为弹性元件,只能承受垂直载荷,所以其悬架系统要加设导向机构和减振器。因此螺旋弹簧一般只用于轿车的后悬架,如图11-14所示。螺旋弹簧10套在减振器8的外面。减振器的下连接环用螺栓与焊在后轴3上的支座相连。弹簧下座紧套在减振器缸筒外面,并由减振器外筒上沿圆周分布的3个凸台限位。弹簧上座用螺栓紧固在车身地板上。弹簧和弹簧上座之间装有弹簧软垫,防止车轮的高频振动传给车身。在弹簧上座和车身之间还装有橡胶隔振块,它除起隔振作用外还可以保证减振器的上铰链点不发生运动干涉。

左、右车轮用一根整体车轴(即后轴3)相连,纵向推力杆1的后端与车轴焊在一起,其前端头部有孔,孔中装有橡胶衬套,连接螺栓穿过橡胶衬套与车身相连,并形成橡胶铰链点。车轮跳动时,整个后轴在汽车纵向平面内绕左、右橡胶铰链中心连线摆动。与此同时,左、右车轮还绕横向推力杆5与车身的铰链点在汽车的横向平面内摆动。由于这些铰链点都采用橡胶衬套,可消除两个方向摆动的干涉。

螺旋弹簧非独立悬架的纵、横向推力杆1、5是悬架的导向机构,是用来承受和传递车轴与车身之间的纵向和横向作用力及其力矩的杆件。加强杆4的作用是加强横向推力杆的强度,并可使车身受力均匀。

在使用螺旋弹簧非独立悬架的车上,左右两个螺旋弹簧的间距应尽可能大,以提高悬架的横向刚度,同时在非独立悬架中需要安装减振器,而减振器内安装缓冲块,当车辆上下跳动时,可减少车身冲击,使车身振动衰减。

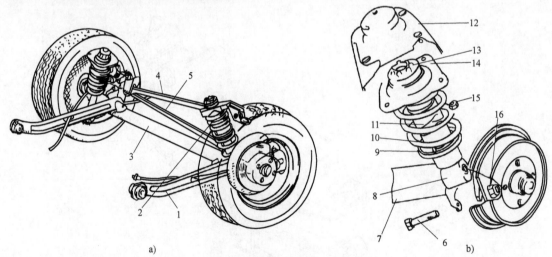

图11-14 螺旋弹簧非独立悬架
a) 后悬架 b) 局部图
1—纵向推力杆 2—螺旋弹簧和减振器总成 3、7—后轴 4—加强杆 5—横向推力杆 6—螺栓
8—减振器 9—弹簧下座 10—螺旋弹簧 11—防尘罩 12—连接件 13—弹簧上座橡胶支承
14—弹簧上座 15、16—自锁螺母

11.4.3 空气弹簧非独立悬架

非独立悬架中的弹性元件采用空气弹簧时的悬架,为空气弹簧非独立悬架,由压气机、储气筒、高度控制阀、空气弹簧及控制杆等组成,此外还有减振器、导向臂及横向稳定杆等。图 11-15 所示为空气弹簧非独立悬架示意图。囊式空气弹簧 5 的上、下端分别固定在车架和车桥(或与车桥相连的支架)上。从压气机 1 产生的压缩空气经油水分离器 10 和压力调节器 9 进入储气筒 8。压力调节器可使储气筒中的压缩空气保持一定压力。储气罐 6 通过管路与两个(或几个)空气弹簧相通。储气罐和空气弹簧中的空气压力由车身高度控制阀 3 控制。空气弹簧和螺旋弹簧一样只能传递垂直力,其纵向力和横向力及其力矩也是由纵向推力杆和横向推力杆(图中未画出)来传递。这种悬架中也要装有减振器(图中未画出)。

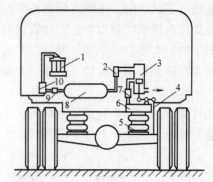

图 11-15 空气弹簧非独立悬架示意图
1—压气机 2、7—空气滤清器 3—车身高度控制阀
4—控制杆 5—空气弹簧 6—储气罐 8—储气筒
9—压力调节器 10—油水分离器

汽车在行驶时由于载荷和路面的变化,要求悬架刚度随之变化。空车时车身被抬高,满载时车身则被压得很低,会出现撞击缓冲块的情况。因而对于不同类型汽车提出不同的要求,矿山用车及大型客车要求其空车与满载时的车身高度变化不大;对于轿车要求在好路上降低车身高度,提高车速行驶,在坏路上提高车身高度,可以增大通过能力。因而要求车身高度随使用要求可以调节。

空气弹簧非独立悬架可以很容易地实现车身高度的自动调节。在装有压气机的汽车上,一般用随载荷不同而改变空气弹簧内的空气压力的方法来达到这个目的。图 11-15 上所示的车身高度控制阀 3 (简称高度阀)即起这个作用。高度阀固定在车架上,通过控制杆 4 与车桥相连。高度阀内有两个阀:通气源的充气阀和通大气的放气阀。这两个阀均由控制杆操纵。当汽车载荷增加,车桥移近车架时,控制杆上升,通过摇臂机构打开充气阀,压缩空气便进入空气弹簧,使车架和车身升高,直到恢复车身与车桥的原定距离为止。而当载荷减小车桥远离车架时,控制杆下移,打开放气阀,则空气弹簧内的空气排入大气,车身和车架随即降低直到原定数值。

空气悬架能使汽车行驶具有良好的平顺性,需要时还可以实现单轴或多轴的提升,并能够改变车身高度,对路面破坏小,但其结构复杂,对密封要求严格。空气弹簧非独立悬架在商用客车、货车、挂车及部分乘用车上得到应用。

11.4.4 油气弹簧非独立悬架

油气弹簧装于汽车上,和其他弹簧一样,也可以构成独立悬架和非独立悬架。

油气弹簧非独立悬架是弹性元件采用油气弹簧的非独立悬架。图 11-16 所示为某矿用自卸车前轮的油气弹簧非独立悬架示意图。该油气弹簧非独立悬架主要由油气弹簧 1、横向推力杆 3、缓冲块 7、上纵向推力杆 8 和下纵向推力杆 11 等部件组成。两个油气弹簧 1 的两端分别固定在前桥上的支架10和纵梁的支架2上。左右两侧各用一根下纵向推力杆11装在前桥6和纵梁4之间。一根上纵向推力杆8安装在前桥上的支架9和纵梁4的内侧支架上。上、下纵向推力杆构成平行四边形，既可传递纵向力，承受制动力引起的反作用力矩，又可保证车轮上下跳动时，主销后倾角不变，有利于汽车操纵稳定性。一根横向推力杆3安装在左侧纵梁与前桥右侧的支架上，传递侧向力。在两纵梁下方装有缓冲块7，以避免在很大冲击载荷下前桥直接碰撞车架。因油气弹簧安装在车架与车桥之间，所以将其作为弹性元件，它能将来自路面作用在车轮上的冲击力在向车架传递时予以缓和，同时又能衰减随之而来的振动。

油气弹簧的体积和质量比钢板弹簧小且具有变刚度特性，但对密封要求高，维修困难。油气悬架适用于装载质量大的商用货车。

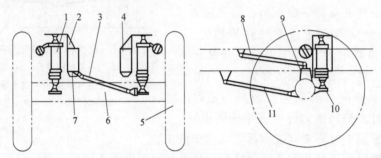

图 11-16　油气弹簧非独立悬架示意图
1—油气弹簧　2、9、10—支架　3—横向推力杆　4—纵梁　5—车轮
6—前桥　7—缓冲块　8—上纵向推力杆　11—下纵向推力杆

11.5　独立悬架

11.5.1　独立悬架概述

1. 独立悬架的特点

独立悬架的左、右车轮是用断开式车桥相连接的，每侧车轮都是单独通过弹性悬架与车架（或车身）相连，两侧车轮可以单独跳动，多用于轿车前悬架。

独立悬架具有以下优点：

1）两侧车轮可以单独跳动，互不干涉，能减小车身的倾斜和振动。

2）可减少车身受到的冲击，消除车轮偏摆。

3）降低汽车的非簧载质量（即不由弹簧支承的质量），冲击载荷小，平均车速提高，并提高了车轮的地面附着力。

4）采用断开式车桥，可以使发动机位置降低，汽车重心也得到了降低，从而提高了汽车行驶的稳定性。

5）提供了较大的车轮跳动空间，因此可减小悬架的刚度，提高了汽车行驶的平顺性。

以上优点使独立悬架广泛被用在现代汽车上，特别是轿车的前桥普遍采用独立悬架。但是，独立悬架存在着结构复杂、制造成本高、维修不便以及轮胎磨损较严重等缺点。

2. 独立悬架的类型

独立悬架的结构类型很多，主要可按车轮运动形式分成以下 3 种类型（图 11-17）。

1) 车轮在横向平面内摆动的悬架，即横臂式独立悬架（图 11-17a）。
2) 车轮在纵向平面内摆动的悬架，即纵臂式独立悬架（图 11-17b）。
3) 车轮沿主销移动的悬架，包括烛式悬架（图 11-17c）和麦弗逊式悬架（滑柱连杆式悬架，图 11-17d）。

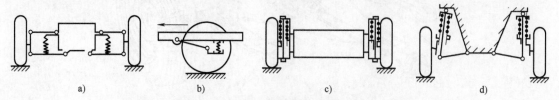

图 11-17 三种类型的独立悬架示意图
a）横臂式独立悬架 b）纵臂式独立悬架 c）烛式悬架 d）麦弗逊式悬架

11.5.2 横臂式独立悬架

横臂式独立悬架是指车轮在汽车横向平面内摆动的独立悬架，按横臂数量的多少又分为单横臂式和双横臂式两种。

1. 单横臂式独立悬架

单横臂式独立悬架是每侧车轮通过一个横臂与车架铰接且车轮只能在汽车横向平面内跳动的悬架。单横臂式独立悬架仅有一个横臂，其内端铰接在车架（身）或桥壳上，外端与车轮相连，在车身与横臂之间装有弹性元件。

单横臂式独立悬架的特点是当悬架变形时，车轮平面将产生倾斜而改变两侧车轮与路面接触点间的距离——轮距，致使轮胎相对于地面侧向滑移，破坏轮胎和地面的附着。此外，这种悬架用于转向轮时，会使主销内倾角和车轮外倾角发生较大变化，对于转向操纵有一定影响，故目前在前悬架中很少采用。由于其结构简单、紧凑、布置方便等原因，在车速不太高的重型越野汽车上也有采用。

图 11-18 所示为一款单横臂式独立后悬架的示意图。在该结构中，后桥半轴套管 8 是断开的，主减速器的右面有一个单铰链 4，半轴可绕其摆动。在主减速器上面安置着可调节车身水平作用的油气弹性元件 2，它和螺旋弹簧 7 一起承受并传递垂直力。作用在车轮上的纵向力主要由纵向推力杆 6 承受。中间支承 3 不仅可以承受侧向力，还可以部分地承受纵向力。当车轮上下跳动时，为避免运动干涉，其纵向推力杆的前端用球铰链与车身连接。

单横臂式独立悬架具有结构简单、侧倾中心高、抗侧倾能力较强等优点。但随着现代汽车速度的提高，侧倾中心过高会引起车轮跳动时轮距变化大，轮胎磨损加剧，而且在急转弯时左、右车轮垂直力转移过大，导致后轮外倾增大，减少了后轮侧偏刚度，从而出现高速时甩尾严重的现象。单横臂式独立悬架多用作后悬架，但由于不能适应高速行驶的要求，目前应用不多。

2. 双横臂式独立悬架

双横臂式独立悬架的两个摆臂长度可以相等，也可以不等（图 11-19）。双横臂式独立

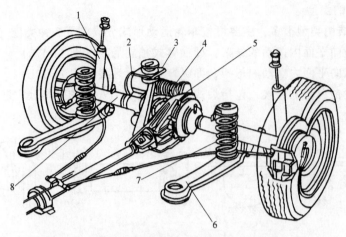

图 11-18 单横臂式独立后悬架示意图
1—减振器 2—油气弹性元件 3—中间支承 4—单铰链 5—主减速器
6—纵向推力杆 7—螺旋弹簧 8—半轴套管

悬架按上下横臂是否等长，可分为等长双横臂式和不等长双横臂式两种悬架。图 11-19a 所示为等长双横臂式独立悬架，当车轮上下跳动时，车轮平面没有倾斜，但轮距却发生了较大的变化，这将增加车轮侧向滑移的可能性，造成轮胎磨损严重，因此等长双横臂式独立悬架现在已经很少使用了。在不等长双横臂式独立悬架（图 11-19b）中，若将两摆臂长度比例选择合适，并通过合理的布置，就可以使轮距及前轮定位参数的变化处于可接受的限定范围内，这就克服了等长双横臂式独立悬架轮胎磨损严重的弊端，并且其路面适应能力好，轮胎接地面积大，附着性能好，可以保证汽车具有良好的行驶稳定性和平顺性。目前不等长双横臂式独立悬架已广泛用作轿车的前、后悬架，部分运动型轿车及赛车的后轮也采用这一悬架结构。

图 11-20 所示为一种典型的不等长双横臂式独立悬架，上横臂 2 和下横臂 6 为不等长横臂，螺旋弹簧 1 与减振器位于上、下横臂之间。

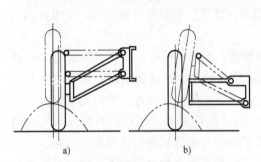

图 11-19 双横臂式独立悬架示意图
a) 等长双横臂式独立悬架
b) 不等长双横臂式独立悬架

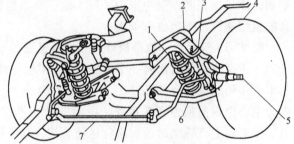

图 11-20 不等长双横臂式独立悬架
1—螺旋弹簧 2—上横臂 3—球铰链 4—车轮
5—转向节 6—下横臂 7—稳定杆

11.5.3 纵臂式独立悬架

纵臂式独立悬架是令车轮在汽车纵向平面内摆动的悬架结构，它又分为单纵臂式和双纵臂式两种。采用单纵臂式独立悬架的车辆,当车轮上下跳动时会使主销后倾角产生较大的变化,因此单纵臂式独立悬架不用在转向轮上,而多用于不转向的后轮上。双纵臂式独立悬架的两个摆臂一般做成等长的,形成一个平行四杆结构,这样,当车轮上下跳动时主销的后倾角保持不变。双纵臂式独立悬架多应用在转向轮上。

1. 单纵臂式独立悬架

单纵臂式独立悬架是每侧车轮通过一根纵臂与车架铰接且车轮只能在汽车纵向平面内跳动的悬架,它由一根纵臂、弹性元件、减振器和横向稳定杆等组成。

图 11-21 所示为一种单纵臂式扭杆弹簧后独立悬架结构示意图。此单纵臂式独立悬架的纵臂 4 平行于汽车的纵向轴线,断面是封闭箱形结构件,它的一端用花键与车轮心轴 5 连

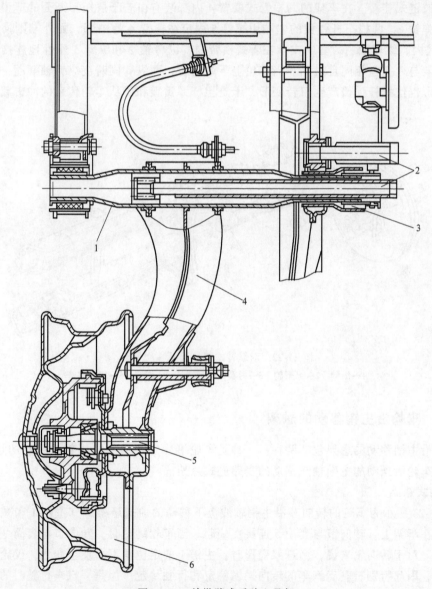

图 11-21 单纵臂式后独立悬架

1—套管 2—扭杆弹簧 3—橡胶衬套 4—纵臂 5—心轴 6—车轮

接，而另一端与套管 1 连为一体。装在套管内的扭杆弹簧 2 两端分别与套管内的花键套和车架相连。套管 1 的两端用橡胶衬套 3 支承在车架纵梁上的套管中，并以此为活动铰链。当车轮上下跳动时，纵臂以套管和扭杆的轴线为中心摆动，使扭杆弹簧产生扭转变形，从而缓和了不平路面产生的冲击。单纵臂式独立悬架结构简单，车轮跳动时除主销后倾角有较大变化外，其他角度无变化。有些乘用车的后轮就选用单纵臂式独立悬架。

2. 双纵臂式独立悬架

双纵臂式独立悬架是每侧车轮通过两根纵臂与车架铰接且车轮只能在汽车纵向平面内跳动的悬架，它由两根纵臂、弹性元件、减振器和横向稳定杆等组成。

图 11-22 所示为转向轮（前轮）的双纵臂式扭杆弹簧独立悬架。转向节和两个等长的纵臂 1 采用铰链式连接。在车架的两根管式横臂 4 内都装有由若干层矩形断面的薄弹簧钢片叠成的扭杆弹簧 6，两根扭杆弹簧的内端用螺钉 5 固定在横臂 4 的中部，而外端则插入纵臂轴 2 的矩形孔内。纵臂轴用衬套 3 支承在管式横臂内，纵臂轴 2 和纵臂 1 刚性地连接。另一侧车轮的悬架与之完全相同且对称。当车轮上下跳动时，两纵臂同时绕纵臂轴摆动，而纵臂轴的扭转变形也使扭杆弹簧产生扭转变形，于是扭杆弹簧缓和了从车轮传来的冲击载荷。

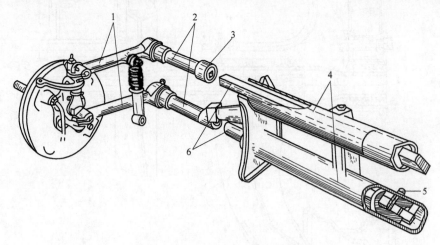

图 11-22 双纵臂式扭杆弹簧独立悬架
1—纵臂 2—纵臂轴 3—衬套 4—横臂 5—螺钉 6—扭杆弹簧

11.5.4 车轮沿主销移动的悬架

车轮沿主销移动的悬架包括两种：一种是车轮沿固定不动的主销轴线移动的烛式悬架；另一种是车轮沿摆动的主销轴线移动的麦弗逊式悬架。

1. 烛式悬架

图 11-23 所示为车轮的转向节沿主销轴线上下移动的烛式悬架。其主销 1 和减振器 3 刚性地固定在车架上，转向节与套筒 5 连接在一起。当车轮跳动时，转向节与套筒一起沿主销轴线移动。对于转向轮来说，当悬架变形时，主销 1 的定位角不会发生变化，仅轮距和轴距稍有变化，因此特别有利于汽车的转向操纵稳定和行驶稳定。但是，汽车行驶时的侧向力会全部由套在主销 1 上的长套筒 5 和主销承受，致使套筒与主销之间的摩擦阻力加大，磨损较严重。因此烛式悬架现已应用不多。

烛式悬架最大的特点是主销与车架刚性连接，螺旋弹簧安装在主销上，在汽车行驶过程中，车轮连同主销套筒沿主销轴线方向上下移动，减振器起减振作用，螺旋弹簧缓和来自车轮竖直方向的冲击载荷，主销则起导向作用，同时也承受来自车轮的纵向和横向的冲击载荷。

2. 麦弗逊式悬架

麦弗逊式悬架也称为滑柱连杆式悬架，它由滑动立柱和横摆臂组成。麦弗逊式悬架的车轮也沿着主销滑动，但与烛式悬架不完全相同，它的主销是可以摆动的，麦弗逊式悬架是摆臂式悬架与烛式悬架的结合。

如图11-24所示，筒式减振器4为滑动立柱，横摆臂1的内端通过铰链与车身相连，其外端通过球铰链与转向节3相连。减振器的上端通过带轴承的隔振块总成（可看成是减振器的上铰链点）与车身相连，减振器的下端与转向节3相连。车轮所受的侧向力通过转向节大部分由横摆臂承受，其余部分则由减振器活塞和活塞杆承受。因此，这种悬架结构较烛式悬架在一定程度上减少了滑动摩擦和磨损。

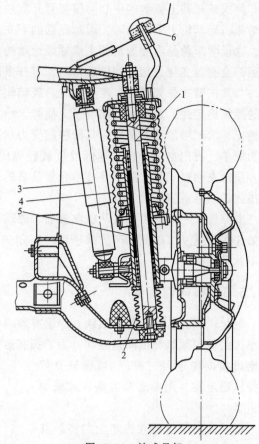

图11-23 烛式悬架
1—主销 2—防尘罩 3—减振器
4—防尘罩 5—套筒 6—通气管

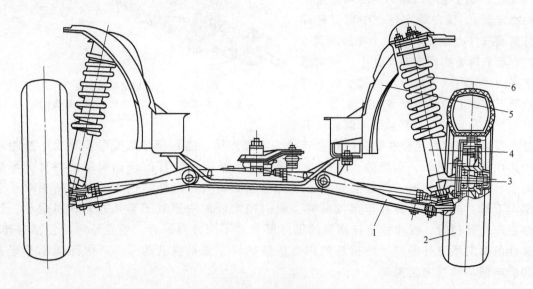

图11-24 麦弗逊式前悬架
1—横摆臂 2—车轮 3—转向节 4—减振器 5—车身 6—螺旋弹簧

筒式减振器上铰链的中心与横摆臂外端的球铰链中心的连线为主销轴线。此结构为无主销结构，当车轮上下跳动时，因减振器的下支点随横摆臂摆动，故主销轴线^㊀的角度是变化的，这说明车轮是沿着摆动的主销轴线运动的。因此，这种悬架在变形时，主销的定位角和轮距都会有些变化。然而如果适当地调整杆系的布置，可使车轮的这些定位参数变化极小。

与双横臂式悬架相比，麦弗逊式悬架结构紧凑，车轮跳动时前轮定位参数变化小，有良好的操纵稳定性，加上由于取消了上横臂，给发动机及转向系统的布置带来方便；与烛式悬架相比，由于增加了横摆臂，其滑柱的受力状况有了较大改善。另外，麦弗逊式悬架还具有结构简单、占用空间小、成本低及重量轻等优点，因此被广泛地用作中、小型轿车的前悬架。虽然麦弗逊式悬架并不是技术含量最高的悬架，但它却是一种经久耐用的独立悬架，具有很强的道路适应能力。

麦弗逊式悬架是目前发动机前置前轮驱动轿车和某些轻型客车首选的较好的悬架结构，例如，保时捷911以及国产的桑塔纳、高尔夫、奥迪100、红旗CA7220型和富康等轿车均采用此种悬架。

11.5.5 横向稳定器

现代轿车的悬架一般都很软，即固有频率很低，因此在汽车高速转弯行驶时，车身会产生很大的横向倾斜和横向角振动。为了提高悬架的侧倾刚度，减小这种横向倾斜，常在悬架中增设横向稳定器（杆），以保证良好的操纵稳定性，用得最多的是杆式横向稳定器。

杆式横向稳定器在汽车上的安装如图11-25所示。弹簧钢制成的横向稳定杆3呈扁平的U形，横向安装在汽车的前端或后端（也有轿车的前后均装有横向稳定器）。横向稳定杆3中部直杆部分的两端自由地支承在两个橡胶套筒2内，而套筒2则固定在车架上。横向稳定杆两侧纵向部分的末端通过支杆1与悬架下摆臂上的弹簧支座4相连。

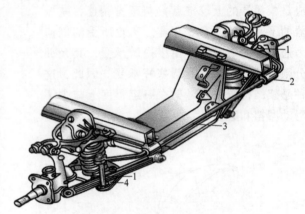

图 11-25　横向稳定器的安装
1—支杆　2—套筒　3—横向稳定杆　4—弹簧支座

当车身只有垂直移动而两侧悬架变形相等时，横向稳定杆在套筒内自由转动，不起作用。当两侧悬架变形不等而车身相对于路面横向倾斜时，车架的一侧移近弹簧支座，横向稳定杆的该侧末端就相对于车架向上移；而车架的另一侧远离弹簧支座，相应的横向稳定杆的这一侧末端则相对于车架向下移，然而在车身和车架倾斜时，横向稳定杆的中部对于车架并无相对运动。这样在车身倾斜时，横向稳定杆两侧的纵向部分向不同方向偏转，于是稳定杆便被扭转。弹性的横向稳定杆所产生的扭转的内力矩就妨碍了悬架弹簧的变形，因而减小了车身的横向倾斜和横向角振动。

㊀ 此处是将前轮转向时的旋转轴线当作虚拟的主销轴线，并非安装的实物主销。

11.6 多轴汽车的平衡悬架

11.6.1 平衡悬架的作用和特点

随着公路等级的提高，对货车的运输效率提出了更高的要求。曾经采取的办法包括：①通过减轻汽车各总成的重量和增加载货容积来提高载重量；②选用承载能力更强的总成来提高载重量。但是对于现有的材料技术和工艺手段，采用上述两种方法对载重量的提高非常有限。货车装载货物后，一般有2/3左右的负荷由后轴承担，但现行法规和实际条件限制轴荷不能超过允许范围，为了不使后轴承受过大的载荷，减少后轮的接地压力，如今各大汽车生产厂都采用增加车轴和轮胎数量的方法来提高载重量。因此，现代重型汽车的车轴一般都超过两根，通常为三轴及三轴以上的多轴汽车。多轴汽车在不平坦的路面上行驶时，它应该和两轴汽车一样保证各车轮和地面都有良好的接触。如果三轴汽车的中、后轴也像前车轴一样，全部车轮都是单独地刚性连接在车架上，则在不平的道路上行驶时很可能发生有的车轮悬空的现象，将不能保证所有车轮同时接触地面。当用弹性悬架而道路不平度较小时，虽然不一定会出现车轮悬空现象，各个车轮所分配到的垂直载荷也会有很大差别。将会造成车轮的垂直负荷有的很小，有的很大。如果是转向轮的垂直负荷变小甚至为零，将会引起车轮失去与路面的附着而大大降低汽车的操纵稳定性；如果是驱动轮的垂直负荷变小甚至为零，将不能产生足够的驱动力而大大降低汽车的牵引性能。负荷过大的车轴还有超载的危险。

针对以上可能出现的问题，多轴汽车通常采用平衡悬架的结构来解决这一问题，在两个车桥（如三轴汽车的中桥和后桥）中间处的车架上铰接一个平衡机构，这样，当一个车桥抬高时，由于平衡机构的转动，将会使另一车桥降低。而且，由于平衡机构的两臂等长，就能够保证两个车桥上的垂直载荷在任何情况下都相等，不会发生个别车轮悬空和两车轴垂直载荷不等的现象。这种能保证中、后桥车轮垂直载荷相等的悬架，称为平衡悬架。

平衡悬架一般可分为等臂式平衡悬架和摆臂式平衡悬架两种。

11.6.2 等臂式平衡悬架

等臂式平衡悬架是三轴和四轴越野汽车上普遍采用的一种平衡悬架。图11-26所示为三轴全轮驱动汽车的中、后驱动桥等臂式平衡悬架，其钢板弹簧在心轴上反装。

纵置的钢板弹簧2，它的两端自由地支承在中、后桥半轴套管上的滑板式支架内，其中部通过U形螺栓固定在心轴轴承毂5上，轴承毂通过衬套与固定不动的悬架心轴4通过铰链连接，并可绕心轴转动，悬架心轴则通过心轴支架固定在车架上。推力杆1、3的一端固

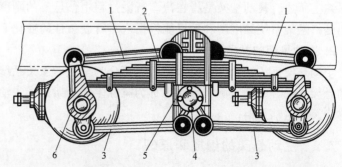

图11-26 三轴全轮驱动汽车的中、后驱动桥等臂式平衡悬架
1、3—推力杆 2—钢板弹簧 4—心轴 5—心轴轴承毂 6—半轴套管支架

定在车架上，另一端与车桥连接。推力杆用来传递驱动力、制动力及相应的反作用力。这样，钢板弹簧2便相当于一根等臂平衡杆，它以悬架心轴4为支点转动，从而可保证汽车在不平道路上行驶时，各轮都能着地，且使中、后桥车轮的垂直载荷平均分配。

11.6.3 摆臂式平衡悬架

摆臂式平衡悬架主要用在6×2的货车上。这种货车的结构特点是前桥为转向桥，中桥为驱动桥，后桥是可以升降的支持桥。图11-27所示为摆臂式平衡悬架示意图。它的中桥（驱动桥）悬架采用普通纵置钢板弹簧2，其后部吊耳与摆臂5的前端相连，而摆臂轴支架固定在车架上，摆臂的后端与汽车后桥（支持桥）相连。

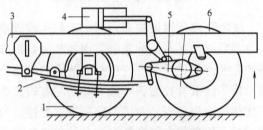

图11-27 摆臂式平衡悬架示意图
1—驱动轮 2—钢板弹簧 3—车架
4—液压缸 5—摆臂 6—支持轮

摆臂式平衡悬架的工作原理是汽车在不平路面上行驶时，若中桥（驱动桥）遇凹坑下落会通过后部吊耳向下拉摆臂5绕摆臂轴逆时针转动，同时位于摆臂后端上的后桥支持轮将向上移动。此处的摆臂相当一个杠杆，中、后桥上垂直载荷的分配比例，取决于摆臂的杠杆比及钢板弹簧前、后段长度之比。

11.7 主动悬架和半主动悬架

11.7.1 概述

1. 基本概念

传统的悬架系统的刚度和阻尼是按经验或优化设计的方法确定的，根据这些参数设计的悬架结构，在汽车行驶过程中，其性能是不变的，也是无法进行调节的，使汽车行驶平顺性和乘坐舒适性受到一定影响，故称传统的悬架系统为被动悬架系统。如果悬架系统的刚度和阻尼特性能根据汽车的行驶条件（车辆的运动状态和路面状况等）进行动态自适应调节，使悬架系统始终处于最佳减振状态，则称其为主动悬架。

综上所述，被动悬架是指在汽车行驶过程中，悬架的刚度和阻尼不可调节的悬架；主动悬架是指悬架系统的刚度和阻尼能根据汽车行驶条件的变化而自动调节的悬架。

2. 主动悬架的类型

主动悬架系统按其是否包含动力源可分为全主动悬架系统和半主动悬架系统两大类。全主动悬架系统含有动力源，因而也称为有源主动悬架；半主动悬架系统不包含动力源，因而也称为无源主动悬架。

11.7.2 主动悬架的组成和原理

1. 全主动悬架

全主动悬架又称为宽带主动悬架，系统会根据汽车的运动和路面状况，适时地调节悬架的刚度和阻尼,使其处于最佳减振状态。

全主动悬架是在被动悬架系统(弹性元件、减振器、导向机构)中附加一个可控制作用力装置。该装置通常由执行机构、测量系统、控制系统和能源系统 4 部分组成。

执行机构的作用是执行控制系统的指令,一般为力发生器或转矩发生器(液压缸、气缸、伺服电动机及电磁阀等)。测量系统的作用是测量系统各状态,为控制系统提供依据,该系统包括各种传感器:车身加速度传感器、车身高度传感器、车速传感器、前轮制动压力传感器、转向盘转角传感器及节气门位置传感器等。它们将汽车行驶速度、车身高度、车速、转向角、制动和路面状况等非电量信号变成电压信号,传输给电控单元。控制系统的作用是接收各种传感器传来的电压信号并进行数据处理,再发出各种控制指令,其核心部件是电控单元。能源系统的作用是为以上各部分提供能量。

全主动悬架可以在车身振动的全频段范围内兼顾汽车的平顺性与操纵稳定性;能够实时控制车身高度,改善通过性;能够降低车轮载荷波动,提高附着性能,改善操纵性,同时减轻了轮胎的磨损。但是全主动悬架的结构和控制复杂,硬件要求高,耗能大,成本高,这些缺点限制了全主动悬架在汽车上的推广应用。

2. 半主动悬架

与全主动悬架不同,半主动悬架用可控阻尼的减振器取代了执行器,是不考虑改变悬架的刚度,而只考虑改变悬架阻尼的悬架系统。半主动悬架由无动力源且可控的阻尼元件(减振器)和支承悬架重量与减振器并联的弹簧组成。由于半主动悬架结构简单,工作时几乎不消耗车辆动力,而且还能获得与全主动悬架相近的性能,应用前景较好。

半主动悬架按阻尼级别可分为有级式和无级式两种。

(1)有级式半主动悬架 有级式半主动悬架是将悬架系统中的阻尼分为两级、三级或更多级别,可由驾驶人选择或根据传感器信号自动选择悬架所需要的阻尼级别。也就是说,可以根据路面条件(好路或坏路)和汽车的行驶状态(转弯或制动)等来调节悬架的阻尼级别,使悬架适应外界环境的变化,从而可以较大幅度地提高汽车的行驶平顺性和操纵稳定性。

(2)无级式半主动悬架 无级式半主动悬架可根据汽车行驶的路面条件和行驶状态,对悬架系统的阻尼在几毫秒内由最小到最大进行无级调节。

图 11-28 所示为一种无级式半主动悬架结构示意图,电控单元 3 根据汽车速度、位移及加速度等传感器传来的信号,计算出与悬架相适应的最佳阻尼值,并发出控制指令到步进电动机 2,经阀杆 4 调节阀门 5,使其改变节流孔 1 的通道截面积,从而改变悬架的阻尼力。该系统虽然不必外加能源装置,但所需传感器较多,故成本仍较高。

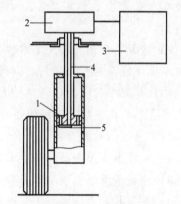

图 11-28 无级式半主动悬架结构示意图
1—节流孔 2—步进电动机
3—电控单元 4—阀杆 5—阀门

【内容小结】

1) 悬架是车架（或承载式车身）与车桥（或车轮）之间所有传力连接装置的总称。

2) 悬架的功用：传力导向，减振缓冲，防止车身产生过大的侧向倾斜。

3) 悬架的组成：弹性元件、减振器、导向机构和横向稳定杆。弹性元件起缓冲作用；减振器起减振作用；导向机构起传力导向作用；横向稳定杆起防止车身产生过大侧倾的作用。

4) 汽车悬架按其性能是否可控分为被动悬架、全主动悬架和半主动悬架；汽车悬架按其结构特点又分为独立悬架和非独立悬架。

5) 根据行驶状况的不同，刚度和阻尼可以自动调节的悬架称为全主动悬架；只有阻尼可以自动调节的悬架称为半主动悬架；刚度和阻尼在行驶中都不可以调节的悬架称为被动悬架。

6) 非独立悬架是两侧车轮由整体式车桥刚性地连接在一起，只能共同运动的悬架；独立悬架是两侧车轮由断开式车桥连接，每侧车轮单独通过悬架与车架连接，两侧车轮可以单独跳动的悬架。

7) 悬架所用的弹性元件主要有钢板弹簧、螺旋弹簧、扭杆弹簧、气体弹簧和橡胶弹簧。

8) 螺旋弹簧与钢板弹簧相比具有无需润滑、不忌泥污、所需纵向安装空间不大以及弹簧本身质量小等优点，但由于螺旋弹簧只能承受垂直载荷，必须装设导向机构和减振器。

9) 减振器阻尼力的大小取决于4个因素：孔道截面积、阀门弹簧力、油液黏度、车架与车桥（或车轮）之间的相对运动速度。

10) 悬架中的减振器与弹性元件是并联安装在车架（或承载式车身）与车桥之间的。在汽车悬架系统中广泛采用的是双向作用筒式减振器。

11) 独立悬架具有以下优点：

a) 可减少车身振动，消除车轮偏摆。

b) 冲击载荷小，降低非簧载质量，提高平均车速。

c) 采用断开式车桥，降低汽车重心，提高行驶稳定性。

d) 提供较大的车轮跳动空间，因此可减小悬架刚度，提高行驶平顺性。

12) 独立悬架按车轮的运动方式分为横臂式独立悬架、纵臂式独立悬架、烛式悬架和麦弗逊式悬架等。

13) 非独立悬架可采用的弹性元件有钢板弹簧、螺旋弹簧、空气弹簧和油气弹簧。

14) 横向稳定器的作用是防止车身产生过大的侧向倾斜，保证汽车良好的操纵稳定性。

【学习自测】

1) 什么是悬架？它的功用是什么？
2) 悬架由哪些部分组成？各部分的作用是什么？
3) 非独立悬架、独立悬架的结构特点分别是什么？各与何种车桥配合使用？
4) 减振器的功用是什么？它与弹性元件是并联还是串联的？
5) 影响减振器阻尼力大小的因素有哪些？在汽车悬架系统中广泛采用哪种减振器？
6) 汽车悬架所用弹性元件有哪几种？
7) 与钢板弹簧相比螺旋弹簧有什么优缺点？
8) 独立悬架的优点有哪些？按车轮运动方式的不同，它分为几种类型？
9) 非独立悬架可采用哪几种弹性元件？
10) 安装横向稳定器的目的是什么？
11) 被动悬架、全主动悬架、半主动悬架各自的定义是什么？

第12章

转向系统

【学习目标】

1) 掌握转向系统的功能、类型和组成。
2) 掌握两侧转向轮偏转角之间的理想关系式。
3) 理解转向中心和转弯半径的定义。
4) 理解转向系统中所存在的各种传动比的定义和转向盘自由行程的定义。
5) 掌握转向操纵机构的组成和布置，了解转向操纵机构中的主要部件及安全装置。
6) 了解转向器的传动效率，掌握转向器的类型，了解各类转向器的构造和工作原理，重点掌握齿轮齿条转向器的构造和工作原理。
7) 掌握转向传动机构的功用和类型，了解各类转向传动机构的组成和布置。
8) 了解液压助力转向系统的类型、组成和工作原理。
9) 了解电动助力转向系统的组成与工作原理。

12.1 概述

12.1.1 转向系统的功用

汽车在行驶过程中，需按驾驶人的意志经常改变其行驶方向，即所谓汽车转向。就轮式汽车而言，实现汽车转向的方法是：驾驶人通过一套专设的机构，使汽车转向桥（一般是前桥）上的车轮（即转向轮）相对于汽车纵向轴线偏转一定角度。在汽车直线行驶时，往往转向轮也会受到路面侧向干扰力的作用，自动偏转而改变行驶方向。此时，驾驶人也可以利用这套机构使转向轮向相反的方向偏转，从而使汽车恢复原来的行驶方向。这一套用来改变或恢复汽车行驶方向的专设机构，即称为汽车转向系统。因此，汽车转向系统的功用是保证汽车能按驾驶人的意志而进行转向行驶。

12.1.2 转向系统的类型和组成

汽车转向系统按转向能源的不同，可分为机械转向系统和助力转向系统两大类。

1. 机械转向系统

机械转向系统以驾驶人的体力作为转向能源，也称为人力转向系统，其中所有传力件都是机械的，它主要由转向操纵机构、转向器和转向传动机构三大部分组成，如图12-1所示。

从转向盘到转向器之间的一系列零部件（含转向盘），均属于转向操纵机构。从转向器到转向节之间的一系列零部件（不含转向节），则属于转向传动机构。

这种机械转向系统的基本工作原理：当汽车转向时，驾驶人对转向盘13施加一个转向力矩。该力矩通过转向轴12、转向万向节11和转向传动轴10输入转向器9。经转向器放大后的力矩和减速后的运动传到转向摇臂8，再经过转向直拉杆7传给固定于左转向节5上的转向节臂6，使左转向节5和它所支承的左转向轮偏转。为使右转向节1及其支承的右转向轮随之偏转相应角度，还设置了转向梯形。转向梯形由固定在左、右转向节上的转向梯形臂2、4和两端与梯形臂通过球铰链连接的转向横拉杆3组成。

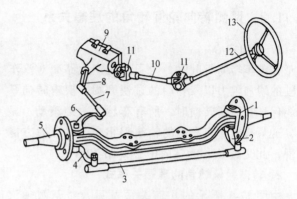

图12-1 机械转向系统示意图
1—右转向节 2、4—转向梯形臂 3—转向横拉杆 5—左转向节
6—转向节臂 7—转向直拉杆 8—转向摇臂 9—转向器
10—转向传动轴 11—转向万向节 12—转向轴 13—转向盘

2. 助力转向系统

助力转向系统是兼用驾驶人体力和发动机（或电动机）的动力作为转向能源的转向系统，其转向系统中需增加一套转向加力装置。

图12-2所示为一种液压助力转向系统的组成和液压转向加力装置的管路布置示意图。其中属于转向加力装置的部件包括转向油罐9、转向助力泵10、转向控制阀5和转向助力缸11。当驾驶人顺时针转动转向盘1（向右转向）时，转向摇臂7带动转向直拉杆6前移。直拉杆的拉力作用于转向节臂4，并依次传到转向梯形臂3和转向横拉杆12，使之右移。与此同时，转向直拉杆6还带动转向控制阀5中的滑阀，使转向助力缸11的右腔接通液面压力为零的转向油罐9。转向助力泵10的高压油进入转向助力缸11的左腔，于是转向助力缸的活塞受到向右的液压作用力再经推杆施加在转向横拉杆12上，也使之右移。这样，驾驶人只需施加在转向盘上很小的转向力矩，便可克服地面作用于转向轮上的转向阻力矩，实现车辆转向。

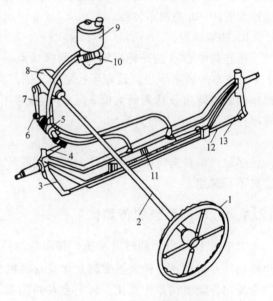

图12-2 助力转向系统示意图
1—转向盘 2—转向轴 3—转向梯形臂 4—转向节臂
5—转向控制阀 6—转向直拉杆 7—转向摇臂
8—机械转向器 9—转向油罐 10—转向助力泵
11—转向助力缸 12—转向横拉杆 13—转向梯形臂

12.1.3 两侧转向轮偏转角的理想关系

1. 转向中心

在汽车转向行驶时，为了避免产生路面对汽车行驶的附加阻力以及轮胎的过快磨损，要求转向系统能保证在汽车转向时，所有车轮均为纯滚动。显然，这只有在所有车轮的轴线都相交于一点时方能实现，此交点 O 称为转向中心（图12-3）。

2. 转向轮偏转角的理想关系式

由图12-3所示的几何关系可见，对于两轴汽车，内转向轮偏转角 β 应大于外转向轮偏转角 α。在车轮为绝对刚体的假设条件下，内、外转向轮偏转角 β 与 α 的理想关系式应为

$$\cot\alpha = \cot\beta + B/L \qquad (12-1)$$

式中，B 为两侧主销轴线与地面交点之间的距离，也称为轮距；L 为汽车轴距。

3. 转弯半径

由转向中心 O 到外转向轮与地面接触点的距离 R 称为汽车的转弯半径。转弯半径越小，则汽车转向所需场地越小，其机动性就越好。当前外转向轮偏转角 α 达到最大值 α_{max} 时，转弯半径 R 有最小值。在图示理想情况下，最小转弯半径 R_{min} 与 α_{max} 的关系为

$$R_{min} = L/\sin\alpha_{max} \qquad (12-2)$$

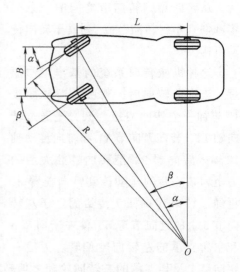

图12-3 双轴汽车转向时两侧转向轮偏转角的理想关系

多轴汽车转向时，其每个转向桥两侧的转向轮偏转角之间的关系与两轴汽车基本相同，这里不再赘述。

12.1.4 转向系统的传动比

对于图12-1所示的转向系统，转向盘的转角增量与转向摇臂转角的相应增量之比 $i_{\omega 1}$ 称为转向器角传动比。转向摇臂转角增量与转向盘所在一侧的转向节相应的转角增量之比 $i_{\omega 2}$ 称为转向传动机构角传动比。转向盘转角增量与同侧转向节相应转角增量之比 i_{ω} 则为转向系统角传动比。显然，$i_{\omega} = i_{\omega 1} i_{\omega 2}$。对于一般汽车来说，转向传动机构角传动比 $i_{\omega 2}$ 约为1。由此可见，转向系统角传动比 i_{ω} 主要取决于转向器角传动比 $i_{\omega 1}$。货车的转向器角传动比 $i_{\omega 1}$ 为 16～32，轿车为 12～20。

如果转向系统采用齿轮齿条转向器，则上述定义中的转向摇臂转角应改为齿条的移动量。另外，转向系统的传动比也可以用力来定义。两个转向轮受到的转向阻力与驾驶人作用在转向盘上的手力之比 i_p 称为转向系统的力传动比，它与角传动比 i_{ω} 成正比。

转向系统角传动比 i_{ω} 越大，则为了克服一定的地面转向阻力矩所需的施加于转向盘上的转向力矩便越小。从而在转向盘直径一定时，驾驶人应加于转向盘上的手力也越小。但 i_{ω} 过大，将导致转向操纵不够灵敏，即为了得到一定的转向节偏转角所需的转向盘转角过大。因此，选取 i_{ω} 时应适当兼顾转向省力和转向灵敏的要求。

机械转向系统同时满足转向省力和转向灵敏要求的程度是很有限的。因此采用助力转向系统已经成为中级以上轿车和中型以上货车转向系统的发展趋势。

12.1.5 转向盘自由行程

单从转向操纵灵敏而言，最好是转向盘和转向节的运动能同步开始并同步终止。然而，这在实际中是不可能的。因为在整个转向系统中，各传动件之间都必然存在着装配间隙，而且这些间隙将随着零件的磨损而增大。在转向盘转动过程的开始阶段，驾驶人对转向盘所施加的力矩很小，因为只是用来克服转向系统内部的摩擦，使各传动件开始运动直到其间隙完全消除，故可以认为这一阶段是转向盘空转阶段。此后，才需要对转向盘施加更大的转向力矩以克服经车轮传到转向节上的转向阻力矩，从而实现使各转向轮偏转的目的。转向盘在空转阶段的角行程称为转向盘自由行程。转向盘自由行程对于缓和路面冲击及避免使驾驶人过度紧张是有利的，但不宜过大，否则将使转向灵敏性能下降，无路感。一般说来，转向盘从相应于汽车直线行驶的中间位置向任一方向的自由行程最好不超过 10°~15°（车型不同取值有所变化）。当零件磨损严重到使转向盘自由行程超过 25°~30°（车型不同取值有所变化）时，必须进行调整。

12.2 转向操纵机构

从转向盘到转向传动轴这一系列零部件的总称为转向操纵机构，它由转向盘、转向轴、转向管柱和转向万向传动装置等组成。转向操纵机构是驾驶人用以操纵转向器工作的装置，它的主要作用是将驾驶人转动转向盘的操纵力矩传给转向器。图 12-4 所示为一汽奥迪 100 型轿车的转向操纵机构，它主要包括转向盘 6、转向柱套管 12 和安全转向柱 14 等零部件。

12.2.1 转向盘

转向盘（俗称"方向盘"）的构造如图 12-5 所示，它由轮缘（圈）1、轮辐 2 和轮毂 3 组成。轮辐一般为 3 根辐条（图 12-5b 左）或 4 根辐条（图 12-5b 右），也有用 2 根辐条的。转向盘轮毂孔具有细牙内花键，借此与转向轴连接。转向盘内部由成形的金属骨架构成。骨架外面一般包有柔软的合成橡胶或树脂，也有包皮革的，这样可有良好的手感，而且可防止手心出汗时握转向盘打滑。

当汽车发生碰撞时，从安全性考虑，不仅要求转向盘应具有柔软的外表皮，可起缓冲作用，还要求转向盘在撞车时，其骨架能产生变形，以吸收冲击能量，减轻驾驶人的受伤程度。

转向盘上都装有喇叭按钮，有些轿车的转向盘上还装有车速控制开关和撞车时保护驾驶人的气囊装置。现代汽车的转向盘非常复杂，除装有喇叭按钮、安全气囊以外，在多功能转向盘上还集中安装了音响操纵按钮、定速巡航按钮和换档拨片等装置。

12.2.2 转向轴

转向轴是连接转向盘和转向器的传动件，它也是将转向盘的转向操纵力传给转向器的传力轴。转向管柱固定在车身上，支承着转向盘。转向轴从转向管柱中穿过，支承在柱管内的

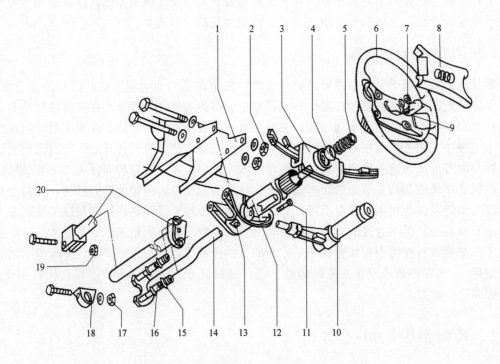

图 12-4　一汽奥迪 100 型轿车转向操纵机构

1—安全支架　2、17、19—自锁螺母　3—转向柱转换器　4—轴承　5—弹簧　6—转向盘　7—螺栓　8—喇叭接触板
9—电线　10—转向角限制器外壳　11—保险螺栓　12—转向柱套管　13—转向柱夹箍　14—安全转向柱
15—橡胶衬套　16—塑料衬套　18—夹箍　20—法兰套管

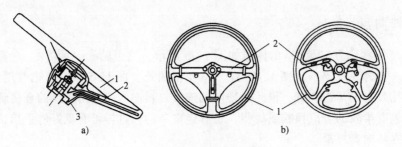

图 12-5　转向盘的构造

a) 侧视图　b) 正视图

1—轮缘　2—轮辐　3—轮毂

轴承和衬套上。图 12-6 所示为一种转向轴倾斜角度调整机构。

12.2.3　吸能装置

国外有关法则规定：汽车以 48.3km/h 的速度同障碍物正面相撞时，转向轴和转向管柱上部相对于车身未变形部分的最大位移量不得超过 127mm；或者试验用人体模型与转向盘的接触力，在它们之间的相对速度为 6.7m/s 时，不应超过 11.35kN。采取的安全措施不只是减小转向盘、转向轴的后移量，还可采用能吸收冲击能量的转向盘、转向轴及转向管柱，或采取其他能减轻驾驶人受伤程度的措施。吸收能量的方法是通过有关转向零部件在撞击时产生弹性变形、塑性变形或摩擦来实现的。

当汽车发生正面碰撞事故时,由于车身和车架的变形会导致转向轴和转向盘后移,而人体在惯性力的作用下肯定要往前冲,在这种情况下驾驶人的胸部和头部会撞到转向盘而受伤,即对驾驶人造成主要威胁的是转向盘及转向管柱等。因此,现代汽车除要求装有吸能式转向盘和在转向盘处安装安全气囊外,在设计转向操纵机构时,还要求转向轴和转向管柱必须装备能够缓和冲击的吸能装置(即被动安全装置)。

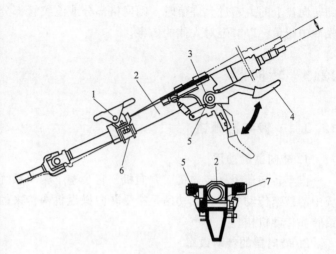

图12-6 转向轴倾斜角度调整机构
1—枢轴 2—转向管柱 3—长孔 4—调整手柄
5—锁紧螺栓 6—下托架 7—倾斜调整机

转向轴和转向管柱的吸能装置有多种,其基本工作原理是:当转向轴受到巨大冲击而产生轴向位移时,通过转向管柱或其支架产生塑性变形、转向轴产生错位等方式,吸收冲击能量。

1. 转向轴的吸能装置

图12-7所示为一汽奥迪100型轿车转向轴的吸能装置示意图。其转向轴分为上转向轴2和下转向轴3两段,中间用柔性联轴器连接。联轴器的上、下凸缘盘靠两个销钉5与销孔扣合在一起,销钉5通过衬套与销孔配合。当发生猛烈撞车时,将使车身、车架产生严重变形,导致转向盘、转向轴等部件后移。与此同时,在惯性作用下驾驶人的身体向前冲,致使转向轴上的上、下凸缘盘的销钉与销孔脱开,从而缓和了冲击,吸收了冲击能量,有效减轻了驾驶人受伤的程度。

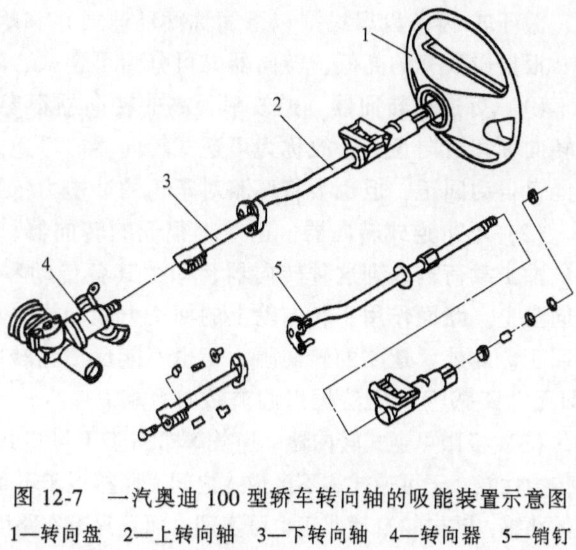

图12-7 一汽奥迪100型轿车转向轴的吸能装置示意图
1—转向盘 2—上转向轴 3—下转向轴 4—转向器 5—销钉

2. 转向管柱的吸能装置

如果转向管柱是通过支架和U形金属板固定在仪表板上,当驾驶人身体撞击转向盘时,转向管柱和支架将从仪表板上脱离下来向前移动。这时,一端固定在仪表板上而另一端固定在支架上的U形金属板就会产生扭曲变形从而吸收冲击能量。

如果汽车上装用了网格状或波纹管式转向管柱吸能装置,当发生猛烈撞车导致人体冲撞到转向盘上的力超过允许值时，则网格部分或波纹管部分将被压缩，产生塑性变形，从而吸收冲击能量，以减轻对人体的伤害。

12.3 转向器

12.3.1 转向器概述

1. 转向器的功用

汽车转向器俗称转向机或方向机，它是整个转向系统中最重要的部件。转向器是转向系统中的减速传动装置，其功用是接受转向操纵机构传来的力矩并将其放大，且改变方向后传给转向传动机构。

2. 转向器的传动效率

由于转向器是一个大传动比的机构，其传动效率一般较低。转向器的输出功率与输入功率之比称为转向器的传动效率。在功率由转向轴输入、由转向传动机构（如转向摇臂或转向横拉杆）输出的情况下求得的传动效率称为正效率；而在传动方向与此相反时求得的效率则称为逆效率。为了减轻驾驶人操纵转向盘的体力消耗，应尽量提高转向器的传动效率，特别是其正效率。

3. 转向器的分类

根据传动副的结构型式不同，转向器可分为齿轮齿条式、循环球-齿条齿扇式、蜗杆曲柄指销式、循环球曲柄指销式和蜗杆滚轮式等类型。目前在汽车上广泛采用的有齿轮齿条式、循环球-齿条齿扇式（以下简称循球式）和蜗杆曲柄指销式三种。

根据逆效率的高低，转向器又可分为可逆式、不可逆式和极限可逆式三种。

（1）可逆式转向器　逆效率很高的转向器很容易将经转向传动机构传来的路面反力传到转向轴和转向盘上，故称为可逆式转向器。可逆式转向器有利于汽车转向结束后转向轮和转向盘自动回正，但也会将坏路对车轮的冲击力传到转向盘，发生"打手"情况。

（2）不可逆式转向器　逆效率很低的转向器，称为不可逆式转向器。不平道路对转向轮的冲击载荷输入到这种转向器，即由其各传动零件（主要是传动副）承受，而不会传到转向盘上。路面作用于转向轮上的回正力矩同样也不能传到转向盘，这就使得转向轮不能自动回正。此外，道路的转向阻力矩也不能反馈到转向盘，使驾驶人不能得到路面的反馈信息（即无"路感"），无法据以调节转向力矩。

（3）极限可逆式转向器　逆效率略高于不可逆式的转向器，称为极限可逆式转向器，其反向传力性能介于可逆式和不可逆式之间，而接近于不可逆式。采用这种转向器时，驾驶人能有一定的路感，转向轮自动回正也可实现，而且只有在路面冲击力很大时，才能部分地传到转向盘。

现代汽车上一般不采用不可逆式转向器，经常在良好路面上行驶的汽车多采用可逆式转向器。极限可逆式转向器多用于中型以上的越野汽车和矿用自卸汽车。

12.3.2 齿轮齿条转向器

1. 结构和工作原理

齿轮齿条转向器是一种最常见的转向器，它是以一对相互啮合的齿轮和齿条作为传动机构的，主动件为转向齿轮，从动件为转向齿条。

齿轮齿条转向器，一般由转向齿轮、转向齿条、转向器壳体和预紧力调整装置等组成，如图 12-8 所示。作为传动副主动件的转向齿轮 1 通过轴承 9 支承在转向器壳体内，转向齿轮的上端与转向轴相连接，将驾驶人的转向操纵力输入，下端与水平布置的转向齿条 2 相啮合，形成一对传动副，而且弹簧 3 通过压块 6 将齿条压靠在齿轮上，保证两者无间隙啮合。弹簧的预紧力可用调整螺栓 4 调整，并且螺栓的端部可以起到限位作用，防止由于汽车颠簸等原因引起齿条跳动与齿轮脱离啮合而跳齿。

转向齿条的动力既可以从其两端输出，也可以从其中间输出，所以齿轮齿条转向器又可分为两端输出式和中间（或单端）输出式两种。

两端输出的齿轮齿条转向器如图 12-9 所示，转向齿轮的上端通过花键与转向轴相连，而与转向齿轮相啮合的转向齿条 2 水平布置，它的两端分别通过球头销 5 与左、右转向横拉杆相连。当转动转向盘时，转向轴带动转向齿轮 3 转动，使与之相啮合的转向齿条 2 沿轴向移动，从而使左、右转向横拉杆带动转向节左右转动，使转向轮偏转，从而实现汽车转向。中间输出的齿轮齿条转向器的结构及工作原理与两端输出的齿轮齿条转向器基本相同，不同之处在于其在转向齿条的中部用螺栓与左、右转向横拉杆相连。

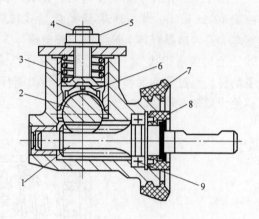

图 12-8 齿轮齿条转向器装配图
1—转向齿轮 2—转向齿条 3—弹簧
4—调整螺栓 5—螺母 6—压板
7—防尘罩 8—油封 9—轴承

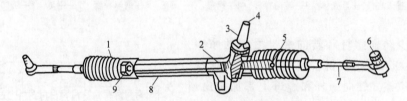

图 12-9 两端输出的齿轮齿条转向器
1—防护套 2—转向齿条 3—转向齿轮 4—花键与转向管柱 5—球头销
6—转向横拉杆末端 7—转向横拉杆总成 8—转向器壳体 9—齿条导块

2. 优点及应用

齿轮齿条转向器是一种最简单的转向器，它具有以下优点：结构简单、紧凑，重量轻，刚度大，制造容易，成本低廉，转向灵敏，正、逆效率都较高等。特别适合与麦弗逊式悬架配用，常用于轿车、微型货车和轻型货车。

12.3.3 循环球转向器

1. 结构和工作原理

循环球转向器是目前国内外应用最广泛的转向器之一。循环球转向器中一般有两级传动副，第一级是螺杆螺母传动副，第二级是齿条齿扇传动副。

图 12-10 所示为循环球-齿条齿扇式转向器的整体结构，而图 12-11 则为其结构示意图。由图 12-11 可知，此循环球-齿条齿扇式转向器主要由转向螺杆 2、转向螺母 3、齿扇轴 6、钢球 8 及转向器壳体 7 等组成。转向螺母 3 外侧的下平面加工成齿条，与齿扇轴 6（即摇臂轴）上的齿扇相啮合。可见，转向螺母既是第一级传动副的从动件，也是第二级传动副的主动件。通过转向盘和转向轴转动转向螺杆 2 时，转向螺母 3 不能转动，只能轴向移动，并驱使齿扇轴 6 转动。

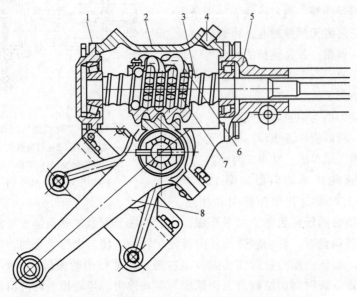

图 12-10 循环球-齿条齿扇式转向器整体结构

1—下盖 2—转向器壳体 3—转向螺杆 4—螺塞 5—上盖 6—钢球导管 7—钢球 8—转向摇臂

为了减少转向螺杆和转向螺母之间的摩擦，二者的螺纹并不直接接触，其间装有多个钢球，以实现滚动摩擦。转向螺杆和螺母上都加工出断面轮廓为两段或三段不同心圆弧组成的近似半圆的螺旋槽，二者的螺旋槽能配合形成近似圆形断面的螺旋管状通道。螺母侧面有两对通孔，可将钢球从此孔塞入螺旋形通道内。转向螺母外有两根钢球导管，每根导管的两端分别插入螺母侧面的一对通孔中，导管内也装满了钢球。这样，两根导管和螺母内的螺旋管状通道组成两条各自独立的封闭的钢球"流道"。

转向螺杆转动时，通过钢球将力传给转向螺母，使转向螺母沿轴向移动，而转向螺母下部的齿条带动与之啮合的齿扇轴（即摇臂轴）转动，然后通过摇臂轴带动摇臂摆动，这样转向器的动

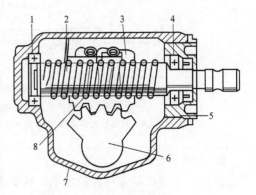

图 12-11 循环球-齿条齿扇式
转向器结构示意图

1—轴承 2—转向螺杆 3—转向螺母
4—轴承 5—调整螺母 6—齿扇轴
7—转向器壳体 8—钢球

力就传给了转向传动机构,最终再通过转向传动机构使转向轮偏转,以实现汽车转向。同时,在螺杆、螺母和钢球间的摩擦力作用下,所有钢球便在螺旋管状通道内滚动,形成"球流"。钢球在管状通道内绕行1.5周后,流出螺母而进入导管的一端,再由导管另一端流回螺旋管状通道。因此,在转向器工作时,两列钢球只是在各自的封闭流道内循环,不会脱出。

2. 优缺点及应用

循环球转向器在转向螺杆和转向螺母之间装有可循环滚动的钢球来传递动力,使滑动摩擦变为滚动摩擦,从而提高了传动效率。这种转向器的优点是:正效率很高(可达90%～95%),操纵轻便,磨损小,使用寿命长,工作平稳、可靠。其缺点是:结构复杂,成本较高,转向灵敏度不如齿轮齿条式。该种转向器常用于各种轻型和中型货车,也用于部分轻型越野汽车。

12.3.4 蜗杆曲柄指销式转向器

图12-12所示为蜗杆曲柄双指销式转向器,这种转向器主要由转向器壳体、转向蜗杆3、转向摇臂曲柄1、指销2等组成。转向器壳体固定在车身(车架)的转向器支架上,壳体内装有传动副,其主动件是转向蜗杆3,而从动件是装在摇臂轴4曲柄端部的指销2。具有梯形截面螺纹的转向蜗杆3支承在转向器壳体两端的球轴承上,蜗杆与两个手指状的锥形指销2相啮合,指销用双列圆锥滚子轴承支承于摇臂轴4内端的曲柄孔中,而曲柄1与转向摇臂轴4制成一体。当转向蜗杆3随转向盘转动时,与之啮合的

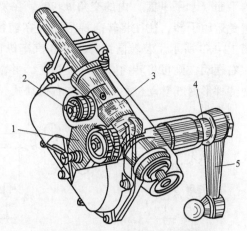

图12-12 蜗杆曲柄双指销式转向器
1—曲柄 2—指销 3—转向蜗杆 4—摇臂轴 5—摇臂

指销2便沿蜗杆3的螺旋槽上下移动,并带动曲柄1及摇臂轴4转动,然后通过摇臂轴4带动摇臂5摆动,这样转向器的动力就传给了转向传动机构,最终再通过转向传动机构使转向轮偏转,以实现汽车转向。

蜗杆曲柄指销式转向器的特点是:指销是在全部是滚动摩擦的情况下工作的,因而传动效率高,操纵轻便;由于采用分段式转向轴,便于在整车上的布置和维修,并提高了行车的安全性,也有助于转向器系列化生产。蜗杆曲柄指销式转向器通常用于转向力较大的货车,如东风EQ1090E型汽车采用的就是这种转向器。

12.4 转向传动机构

12.4.1 转向传动机构概述

从转向器到转向节之间所有传动杆件的总称为转向传动机构。转向传动机构的功用是将转向器输出的力和运动传到转向桥两侧的转向节,使两侧转向轮偏转,且使两转向轮偏转角

按一定关系变化,以保证汽车转向时车轮与地面的相对滑动尽可能小。

转向传动机构的组成和布置因转向器的结构型式、安装位置和转向轮悬架类型不同而异。转向传动机构按照悬架类型可分为与非独立悬架配用的转向传动机构和与独立悬架配用的转向传动机构两大类。

12.4.2 与非独立悬架配用的转向传动机构

1. 转向传动机构的组成与布置

与非独立悬架配用的转向传动机构如图 12-13 所示,它一般由转向摇臂 2、转向直拉杆 3、转向节臂 4 和转向梯形等组成。在前桥仅为转向桥的情况下,由转向横拉杆 6 和左、右梯形臂 5 及前梁共同构成的转向梯形一般布置在前桥之后,称为后置式,如图 12-13a 所示。当转向轮处于与汽车直线行驶状态相应的中立位置时,梯形臂 5 与转向横拉杆 6 在与道路平行的平面(水平平面)内的交角 $\theta>90°$。在发动机位置较低或转向桥兼为驱动桥的情况下,为避免运动干涉,往往将转向梯形布置在前桥之前,称为前置式。此时,上述交角 $\theta<90°$,如图 12-13b 所示。若转向摇臂不是在汽车纵向平面内前后摆动,而是在与道路平行的平面内左右摆动,则可将转向直拉杆 3 横置,并借球头销直接带动转向横拉杆 6,从而推动左、右两侧梯形臂 5 转动,称为摇臂左右摆动式,如图 12-13c 所示。

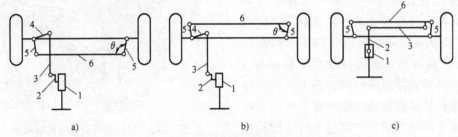

图 12-13 与非独立悬架配用的转向传动机构示意图
1—转向器 2—转向摇臂 3—转向直拉杆 4—转向节臂 5—梯形臂 6—转向横拉杆

2. 转向摇臂

转向摇臂是转向器传动副与转向直拉杆之间的传动件。循环球转向器和蜗杆曲柄指销式转向器通过转向摇臂与转向直拉杆相连。转向摇臂的大端通过花键与转向器中摇臂轴的外端连接,而其小端通过球头销与转向直拉杆连接。

3. 转向直拉杆

转向直拉杆的作用是将转向摇臂传来的力和运动传给转向节臂(或转向梯形臂)。它所受的力既有拉力,也有压力,因此转向直拉杆都是采用优质特种钢材制造的,以保证工作可靠。

图 12-14 所示为解放 CA1091 型汽车的转向直拉杆。在转向轮偏转且因悬架弹性变形而相对于车架跳动时,转向直拉杆与转向摇臂及转向节臂的相对运动都是空间运动。因此,为了不发生运动干涉,上述三者之间的连接件都采用球形铰链。

直拉杆体 9 是一段两端扩大的钢管。其前端(图 12-14 中为左端)带有球头销 2。球头销的尾端用螺母 1 固定于转向节臂的端部。两个球头座 5 在压缩弹簧 6 的作用下将球头销的球头夹持住。为保证球头与座的润滑,从润滑脂嘴 8 注入润滑脂进行润滑。拆装时供球头出

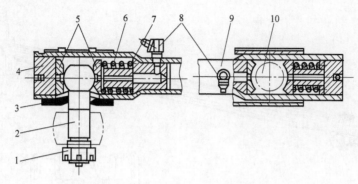

图 12-14 解放 CA1091 型汽车的转向直拉杆
1—螺母 2—转向节臂球头销 3—橡胶防尘垫 4—端部螺塞 5—球头座 6—压缩弹簧
7—弹簧座 8—润滑脂嘴 9—直拉杆体 10—转向摇臂球头销

入的孔用耐油橡胶防尘垫 3 封盖。

压缩弹簧 6 随时补偿球头与座之间因磨损而产生的空隙，保证二者间无间隙，并可缓和经车轮和转向节传来的路面冲击。弹簧预紧力可用端部螺塞 4 调节，调好后须用开口销固定螺塞位置。当球头销作用在内球头座上的冲击力超过压缩弹簧预紧力时，弹簧便进一步变形而吸收冲击能量。弹簧变形增量受到弹簧座 7 自由端的限制，这就可以防止弹簧超载，并保证在弹簧折断的情况下球头销不致从管腔中脱出。

直拉杆体 9 的后端（图 12-14 中为右端）可以嵌装转向摇臂球头销 10。这一端的压缩弹簧也装在球头座后方（图 12-14 中为右方）。这样，两个压缩弹簧可分别在沿轴线的不同方向上起缓冲作用。自球头销 2 传来的冲击力由前压缩弹簧承受。当球头销 2 受到向前的冲击力时，冲击力依次经前球头座、前端部螺塞 4、直拉杆体 9 和后端部螺塞传给后压缩弹簧。

4. 转向横拉杆

转向横拉杆是转向梯形机构的底边，它由横拉杆体 2 和旋装在两端的横拉杆接头 1 组成，如图 12-15a 所示。两端的接头（图 12-15b）结构相同。其中球头销 14 的尾部与梯形臂相连。上、下球头座 9 用聚甲醛树脂制成，有很好的耐磨性，如图 12-15c 所示。装配时两球头座的凹凸部互相嵌合，弹簧 12 保证两球头座与球头紧密接触，并起缓冲作用，其预紧力由螺塞 11 调整。

两接头借螺纹与横拉杆体连接。接头螺纹部分有切口，故具有弹性。接头旋装到横拉杆体上，再用夹紧螺栓 3 夹紧。横拉杆体两端的螺纹，一为右旋，一为左旋。因此，在旋松夹紧螺栓 3 以后，转动横拉杆体，即可改变转向横拉杆的总长度，从而调整转向轮前束。

图 12-16 所示的东风 EQ1090E 型汽车转向横拉杆接头的结构与解放 CA1091 型汽车横拉杆接头相似，但球头座是钢制的。此外，螺孔切口两边无耳孔，而是用螺栓通过冲压制成的卡箍 12 夹紧在横拉杆体上。这样就使接头的结构和制造工艺简化了。

5. 转向减振器

随着车速的提高，现代汽车的转向轮有时会产生摆振（转向轮绕主销轴线往复摆动，甚至引起整车车身的振动），这不仅影响汽车的稳定性，而且会影响汽车的舒适性，加剧前轮轮胎的磨损。在转向传动机构中设置转向减振器是克服转向轮摆振的有效措施。转向减振

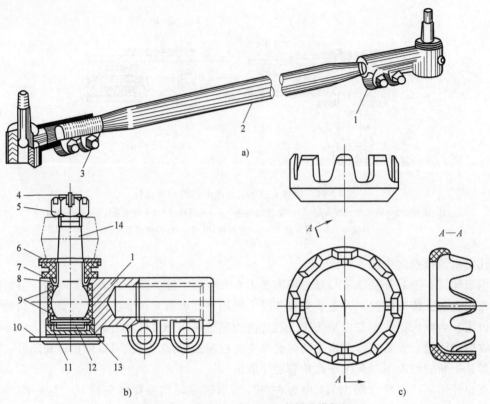

图 12-15　解放 CA1091 型汽车转向横拉杆
a) 转向横拉杆　b) 接头　c) 球头座
1—横拉杆接头　2—横拉杆体　3—夹紧螺栓　4—开口销　5—槽形螺母　6—防尘垫座
7—防尘垫　8—防尘罩　9—球头座　10—限位销　11—螺塞　12—弹簧　13—弹簧座　14—球头销

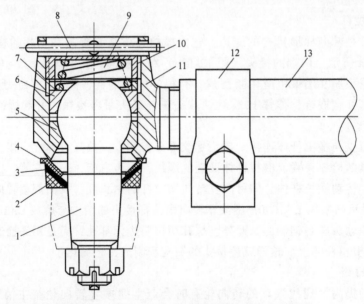

图 12-16　东风 EQ1090E 型汽车转向横拉杆接头
1—球头销　2—密封圈　3—下防尘罩　4—上防尘罩　5—下球头座　6—上球头座
7—限位套　8—开口销　9—圆锥弹簧　10—螺塞　11—左接头　12—卡箍　13—横拉杆体

器的一端与车身（或前桥）铰接，另一端与转向直拉杆（或转向器）铰接。

12.4.3 与独立悬架配用的转向传动机构

当转向轮使用独立悬架时，每个转向轮都需要相对于车架独立运动，因而其转向桥必须是断开式的。与此相应的，转向传动机构中的转向梯形也必须分成两段（图12-17a）或三段（图12-17b），并且它是由在平行于路面的平面中摆动的转向摇臂直接带动或通过转向直拉杆带动的。图12-17所示为与独立悬架配用的不同转向传动机构示意图。其中图12-17a、图12-17b所示的转向传动机构与循环球转向器配用，图12-17c、图12-17d所示的转向传动机构与齿轮齿条转向器配用。捷达轿车采用的是图12-17c所示的布置方案，它的转向梯形布置在转向桥后方；图12-17d所示为红旗CA7220型轿车的转向传动机构布置方案，它的转向梯形布置在转向桥前方。它们的转向器都布置在转向桥后方。

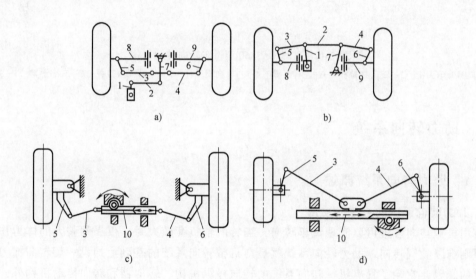

图12-17　与独立悬架配用的不同转向传动机构示意图
1—转向摇臂　2—转向直拉杆　3—左转向横拉杆　4—右转向横拉杆　5—左梯形臂
6—右梯形臂　7—摇杆　8—悬架左摇臂　9—悬架右摇臂　10—齿轮齿条转向器

红旗CA7560型轿车的转向传动机构即采用图12-17a所示方案，其具体结构如图12-18所示。由图12-18可知，摇杆7的前端固定于车架横梁中部，后端借球头销与转向直拉杆2和左、右转向横拉杆4、5连接。转向直拉杆外端与转向摇臂球头销1相连。左、右转向横拉杆的外端也用球头销分别与左、右梯形臂3和6铰接，故能随同侧车轮相对于车架和摇杆7在横向平面内上下摆动。

转向直拉杆仅在外端有球头座，在两球头座背面各设有一个压缩弹簧，分别吸收由横拉杆4和5传来的两个方向上的路面冲击，并自动消除球头与座之间的间隙。

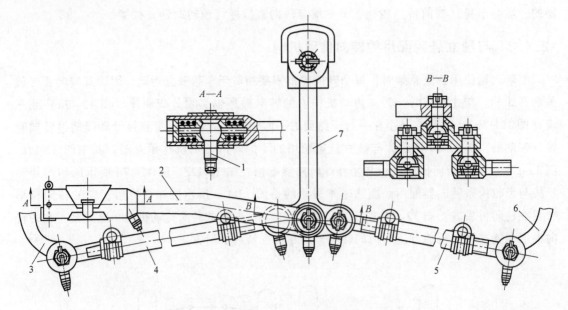

图 12-18 红旗 CA7560 型轿车转向传动机构
1—转向摇臂球头销 2—转向直拉杆 3—左梯形臂 4—左转向横拉杆 5—右转向横拉杆 6—右梯形臂 7—摇杆

12.5 助力转向系统

12.5.1 助力转向系统概述

1. 助力转向系统的组成和功用

使用机械转向装置可以实现汽车转向,当转向轴负荷较大时,仅靠驾驶人的体力作为转向能源则难以顺利转向。助力转向系统就是在机械转向系统的基础上加设一套转向加力装置而形成的。因此它除了具有机械转向系统的转向操纵机构、转向器和转向传动机构外,又增加了转向加力装置。转向加力装置减轻了驾驶人操纵转向盘的作用力。

助力转向系统的转向能源来自驾驶人的体力和发动机(或电动机)的动力。采用助力转向系统的汽车转向所需的能量,在正常情况下,只有小部分是驾驶人提供的体能,而大部分是发动机驱动的助力泵、空气压缩机或发电机所提供的液压能、气压能或电能,从而减轻了驾驶人的转向操纵力。

综上所述,将发动机输出的部分机械能转化为压力能(或电能),并在驾驶人控制下,对转向传动机构或转向器中某一传动件施加辅助作用力,使转向轮偏摆,以实现汽车转向的一系列装置称为助力转向系统。

2. 助力转向系统的类型

根据助力能源的不同,助力转向系统可以分为液压助力、气压助力和电动助力三种类型。

气压助力转向系统主要应用于部分前轴最大轴载质量为 3~7t 且采用气压式制动系统的货车和客车。装载质量特大的货车就不宜采用气压助力转向系统,因为气压系统的工作压力较低(一般不高于 0.7MPa),用于这种重型汽车时,其部件尺寸将过于庞大。

液压助力转向系统的工作压力可达 10MPa 以上，故其部件尺寸很小。液压系统工作时无噪声，工作滞后时间短，而且能吸收来自不平路面的冲击。因此，液压助力转向系统已在各级各类汽车上获得了广泛应用。

电动助力转向系统是利用汽车上的直流电源驱动电动机对转向系统施加助力的。

目前气压助力转向已被淘汰，应用最广泛的是液压助力转向，另外还有近年来迅速发展并推广应用的电动助力转向。本节主要介绍液压助力转向和电动助力转向这两种助力转向系统。

3. 助力转向系统的优缺点

由于助力转向系统具有转向操纵灵活、轻便，在设计汽车时对转向器结构型式的选择灵活性大，能吸收路面对前轮产生的冲击等优点，已在各国制造的汽车中普遍采用。

但是，具有固定放大倍率的助力转向系统的主要缺点是：如果所设计的固定放大倍率的助力转向系统是为了减小汽车在停车或低速行驶状态下转动转向盘的力，则当汽车以高速行驶时，这一固定放大倍率的助力转向系统会使转动转向盘的力显得太小，不利于对高速行驶的汽车进行方向控制；反之，如果所设计的固定放大倍率的助力转向系统是为了增加汽车在高速行驶时的转向力，则当汽车停驶或低速行驶时，转动转向盘就会显得非常吃力。

电子控制技术在汽车助力转向系统中的应用，使汽车的驾驶性能达到了令人满意的程度。电子控制助力转向系统在低速行驶时可使转向轻便、灵活；当汽车在中高速行驶区域转向时，又能保证提供最优的助力放大倍率和稳定的转向手感，从而提高了高速行驶的操纵稳定性。

12.5.2 液压助力转向系统

1. 液压助力转向系统的组成和工作原理

液压助力转向系统中属于转向加力装置的部件有转向助力泵、转向油罐、转向油管以及位于整体式助力转向器内部的转向助力缸和转向控制阀等。图 12-19 所示为液压助力转向系统示意图。转向助力泵 6 安装在发动机上，由曲轴通过 V 带驱动并向外输出液压油。转向油罐 5 有进、出油管接头，通过油管分别与转向助力泵和转向控制阀 2 连接，转向控制阀用以改变油路。机械转向器与转向助力缸总成 3 形成左右两个工作腔，它们分别通过油道与转向控制阀 2 连接。当汽车直线行驶时，转向控制阀 2 将转向助力泵 6 泵出来的液压油与转向油罐 5 相通，转向助力泵处于卸载状态，助力转向器不起助力作用。当汽车需要向右转向时，驾驶人向右转动转向盘，通过转向操纵机构 1 使转向控制阀 2 动作，结果促使转向助力泵 6 泵出来的液压油与 R 腔接通，将 L 腔与转向油罐 5 接通，在油压的作用下，活塞向下移动，通过转向传动机构 4 使左、右转向轮向右偏转，从而实现汽车向右转向。汽车向左转向时，情况与上述相

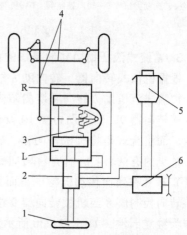

图 12-19 液压助力转向系统示意图
1—转向操纵机构 2—转向控制阀 3—机械转向器与转向助力缸总成 4—转向传动机构 5—转向油罐 6—转向助力泵 R—转向助力缸右腔 L—转向助力缸左腔

反。由于有转向加力装置的作用,驾驶人只需提供比采用机械转向系统时小得多的转向力矩,就能使转向轮偏转。

2. 液压助力转向系统的类型

根据系统内部压力状态的不同,液压助力转向系统可以分为常压式和常流式两种。

常压式液压助力转向系统(图12-20)的特点是无论转向盘处于正中位置还是转向位置、保持静止还是在转动,系统管路中的油液总是保持高压状态;而常流式液压助力转向系统(图12-21)的转向助力泵虽然始终工作,但液压助力系统不工作时,助力泵处于空转状态,管路的负荷要比常压式小,大多数液压助力转向系统都采用常流式。但不管哪种方式,转向助力泵都是必备部件,它可以将输入的发动机机械能转化为油液的压力。

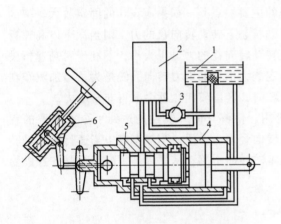

图12-20 常压式液压助力转向系统示意图
1—转向油罐 2—储能器 3—转向助力泵
4—转向助力缸 5—转向控制阀 6—机械转向器

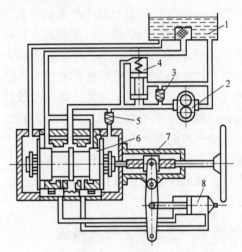

图12-21 常流式液压助力转向系统示意图
1—转向油罐 2—转向助力泵 3—溢流阀
4—流量控制阀 5—单向阀 6—转向控制
阀 7—机械转向器 8—转向助力缸

3. 常流式液压助力转向系统的结构布置方案

根据机械式转向器、转向助力缸和转向控制阀三者在转向装置中的布置和连接关系的不同,常流式液压助力转向系统的结构布置方案分为整体式、组合式和分离式三种。整体式是将机械转向器9、转向助力缸10设计成一体,并与转向控制阀8组装在一起,如图12-22a所示。而组合式是将机械转向器、转向助力缸及转向控制阀三者中的两者组合制成一个整体,常见的有两种:一种是将转向助力缸10与转向控制阀8组合成一个整体(称为转向加力器)布置在转向传动机构中,而机械转向器9作为独立部件,如图12-22c所示;另一种是将转向控制阀8与机械转向器9组合成一个部件,称为半整体式助力转向器,转向助力缸则作为独立部件,如图12-22b所示。

4. 液压助力转向系统的优缺点

液压助力转向系统之所以能被广泛使用,是因为它具有以下优点:转向盘与转向轮之间全部是机械部件连接,操控精准,路感直接,信息反馈丰富;转向助力泵由发动机驱动,转向动力充沛,各种车辆都适用;技术成熟,可靠性高,平均制造成本低。

但由于依靠发动机动力驱动,能耗较高,车辆的行驶动力无形中就被消耗了一部分;液

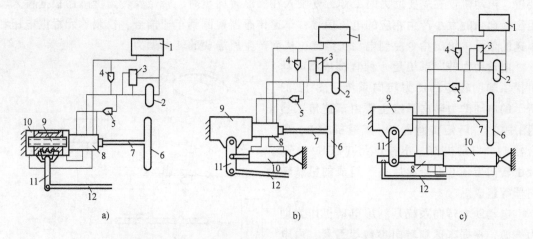

图 12-22 常流式液压助力转向系统结构布置方案示意图
1—转向油罐 2—转向助力泵 3—流量控制阀 4—溢流阀 5—单向阀 6—转向盘 7—转向轴
8—转向控制阀 9—机械转向器 10—转向助力缸 11—转向摇臂 12—转向直拉杆

压系统的管路结构非常复杂,各种控制油液的阀门数量繁多,后期的保养维护需要成本较高;整套油路经常保持高压状态,使用寿命也会受到影响;尤其是在低速转弯时,会觉得转向比较沉重,这些都是液压助力转向系统的缺点所在。

12.5.3 电动助力转向系统

1. 电动助力转向系统概述

在转向系统中普及率较高的有液压助力转向(Hydraulic Power Steering,HPS)、电控液压助力转向(Electric Hydraulic Power Steering,EHPS)和电动助力转向(Electric Power Steering,EPS)。其中,液压助力转向(HPS)已发展了近一个世纪,技术成熟,成本低廉,普及率也最高。但是这种助力转向的缺点也很明显,它会消耗发动机功率,并且结构复杂,液压泵、液压管路以及液压缸都需要定期维护保养,液压泵转子与液压油之间的损耗会产生很大的能量损失,而液压泵在不转向时也会消耗能量,因此目前在小型轿车中已开始逐步被淘汰。电控液压助力转向(EHPS)虽比传统的液压助力转向先进一些,引入了电控装置,可随速度高低调节助力大小,不过它的开发成本高,并且依旧靠发动机驱动,这就意味着它的能耗并未降低。

电动助力转向(EPS)是在上述两种助力转向机构的基础上发展起来的,它是利用独立的电动机直接提供转向动力,辅助驾驶人进行转向操作的助力转向系统,且助力的大小由电控单元根据车速快慢进行控制。它具有节能、环保(可相应降低排放)、高安全性等特点,目前正在逐步取代液压助力转向,如本田飞度、菲亚特 Punto、雪铁龙 C2 等车型都采用此种助力转向系统,而它也是未来汽车转向技术的发展方向之一。

2. 电动助力转向系统的组成和工作原理

电动助力转向系统是在传统机械转向系统的基础上发展起来的。它利用电动机产生的动力帮助驾驶人进行转向操作,系统主要由三大部分构成:信号传感装置(包括转矩传感器、转角传感器和车速传感器)、转向助力机构(电动机、离合器、减速传动机构)及电子控制装置。电动机仅在需要助力时工作，驾驶人在操纵转向盘时，转矩及转角传感器根据输入转矩和转向角的大小产生相应的电压信号，车速传感器检测到车速信号，控制单元根据电压和车速的信号，给出指令控制电动机运转，从而产生所需要的转向助力。

电动助力转向系统是一种直接依靠电动机提供辅助转矩的助力转向系统，图12-23所示的电动助力转向系统主要由车速传感器（图中略）、转矩传感器9、减速机构8、离合器11、电动机10、电控单元（ECU）3以及由转向齿轮5和转向齿条4组成的机械转向器等组成。

电动助力转向系统是利用电动机作为助力能源，根据车速和转向参数等因素，由电控单元完成助力控制，其基本工作原理是：转矩传感器9通过扭杆连接在转向轴2的中间，当转向轴转动时，转矩传感器开始工作，把上下两段转向轴在扭杆作用下产生的相对转动角位移变成电信号传给电控单元3，

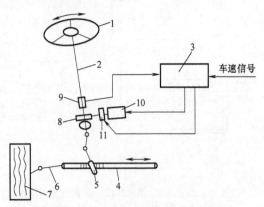

图 12-23　电动助力转向系统示意图
1—转向盘　2—转向轴　3—电控单元（ECU）　4—转向齿条　5—转向齿轮　6—转向横拉杆　7—转向轮　8—减速机构　9—转矩传感器　10—电动机　11—离合器

电控单元根据车速传感器和转矩传感器的信号决定电动机10的旋转方向和助力电流的大小，并将指令传递给电动机，通过离合器11和减速机构8将辅助动力施加到转向系统（转向轴）中，从而完成实时控制助力转向。汽车不转向时，电控单元不向电动机控制器发出指令，电动机不工作。因此它可以很容易地实现在车速不同时提供不同的助力效果，保证汽车在低速转向行驶时轻便灵活，高速转向行驶时稳定可靠。因而电动助力转向系统助力特性的设置具有较高的自由度。

3. 电动助力转向系统的类型

根据助力电动机安装位置的不同，电动助力转向系统可以分为转向轴助力式、转向齿轮助力式和转向齿条助力式三种，如图12-24所示。转向轴助力式（图12-24a）的电动机固定在转向轴一侧，通过减速机构与转向轴相连，直接驱动转向轴助力转向；转向齿轮助力式（图12-24b）的电动机和减速机构与转向小齿轮相连，直接驱动转向齿轮助力转向；转向齿条助力式（图12-24c）的电动机和减速机构则直接驱动转向齿条提供助力。

4. 电动助力转向系统的优缺点

液压助力转向系统已发展了近一个世纪，其技术已相当成熟。但随着汽车微电子技术的发展，对汽车节能性和环保性的要求不断提高，该系统存在的耗能、对环境可能造成的污染等固有不足已越来越明显，不能完全满足时代发展的要求。

电动助力转向系统是将最新的电力电子技术和高性能的电动机控制技术应用于汽车转向系统，能显著改善汽车动态性能和静态性能，提高行驶中驾驶人的舒适性和安全性，减少环境污染等。因此，该系统一经提出，就受到许多大型汽车公司的重视，相信在未来的汽车转向系统中电动助力转向将成为主流。与传统液压助力转向系统相比，电动助力转向系统具有以下优点：

1）机械系统直接与电动机连接，效率可高达90%（液压助力转向系统的效率一般为

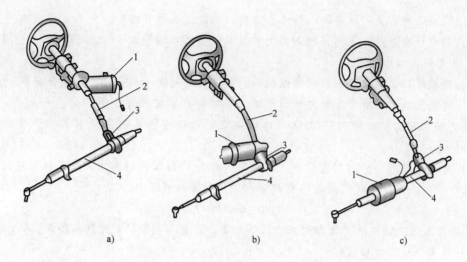

图 12-24 电动助力转向系统的类型
a) 转向轴助力式 b) 转向齿轮助力式 c) 转向齿条助力式
1—电动机 2—转向轴 3—转向齿轮 4—转向齿条

60%~80%），而且只在转向时才工作，因此效率高，能量消耗少。

2）系统内部采用刚性连接，反应灵敏，滞后小，驾驶人的"路感"好。

3）仅仅是在机械转向系统的基础上增加一套电动机和减速机构，结构简单，质量小。

4）不需要充入液体，系统便于集成，整体尺寸小，节省空间；而且省去液压泵和辅助管路，使总体布置更加方便。

5）不存在油液泄漏、液压软管回收等问题，对环境污染少，而且适用于纯电动汽车。

但电动助力转向系统也存在以下缺点：

1）车用电源的电压较低（一般为12V或24V），这导致电动助力转向系统提供的辅助动力较小，难用于大型车辆。

2）减速机构、电动机等部件产生的摩擦力和惯性力会影响转向特性（如产生过多转向等），或者改变转向盘的自动回正作用以及它的阻尼特性，因此正确匹配整车性能至关重要。

3）减速机构、电动机和转矩传感器等部件的使用增加了系统的成本。

由此可见，电动助力转向系统尤其适用于对空间、重量要求更高的使用小排量发动机的微型汽车上。在停车场停车的过程中，汽车的转向操作力显著降低，这一优点已经得到广泛认可。在未来的发展中，一方面要提高控制性能并改善转向路感，以适应中、高级轿车的需求；另一方面要控制成本，提高可靠性和耐久性，使它适用于更广泛的车型。

【内容小结】

1）汽车转向系统是一套用来改变或恢复汽车行驶方向的专设机构。

2）汽车转向系统的功用是保证汽车能按驾驶人的意志而进行直线或转向行驶。

3）按转向能源的不同，汽车转向系统分为机械转向系统和助力转向系统。

a) 机械转向系统：以驾驶人的体力为转向能源，其所有的传力件都是机械零件。

b) 助力转向系统：兼用驾驶人体力和发动机（或电动机）的动力作为转向能源，并加设了一套转向加力装置。

4) 机械转向系统主要由转向操纵机构、转向器和转向传动机构三大部分组成。

5) 为实现转向时所有车轮均为纯滚动，要求所有车轮的轴线都相交于一点 O，此交点 O 称为转向中心。由转向中心 O 到外转向轮与地面接触点的距离 R 称为汽车的转弯半径。

6) 对于两轴汽车，内转向轮偏转角 β 应大于外转向轮偏转角 α。在车轮为绝对刚体的假设条件下，内、外转向轮偏转角 β 与 α 的理想关系式应为

$$\cot\alpha = \cot\beta + B/L$$

式中，B 为两侧主销轴线与地面交点之间的距离，也称为轮距；L 为汽车轴距。

7) 转向系统的传动比：

a) 转向盘的转角增量与转向摇臂转角的相应增量之比 $i_{\omega 1}$ 称为转向器角传动比。

b) 转向摇臂转角增量与转向盘所在一侧的转向节相应的转角增量之比 $i_{\omega 2}$ 称为转向传动机构角传动比。

c) 转向盘转角增量与同侧转向节相应转角增量之比 i_ω 则为转向系统角传动比且有 $i_\omega = i_{\omega 1} i_{\omega 2}$。

d) 两个转向轮受到的转向阻力与驾驶人作用在转向盘上的手力之比 i_p 称为转向系统的力传动比，它与角传动比 i_ω 成正比。

8) 转向盘在空转阶段的角行程，称为转向盘自由行程。转向盘自由行程的作用是缓和路面冲击，避免打手而导致驾驶人过度紧张，但不宜过大，否则将使转向灵敏性能下降，无路感。转向盘的自由行程最好不超过 10°～15°（因具体车型而异），当超过 25°～30°时，必须调整。

9) 从转向盘到转向传动轴这一系列零部件的总称为转向操纵机构，它由转向盘、转向轴、转向管柱和转向万向传动装置等组成。

10) 转向器传动效率为转向器的输出功率与输入功率之比；在功率由转向轴输入、由转向摇臂输出的情况下求得的传动效率，称为正效率；而传动方向与上述相反时求得的效率，则称为逆效率。

11) 根据传动副的结构型式不同，转向器主要分为齿轮齿条式、循环球-齿条齿扇式、蜗杆曲柄指销式三种。根据逆效率的高低，转向器又可分为可逆式、不可逆式和极限可逆式三种。

12) 循环球转向器中一般有两级传动副，第一级是螺杆螺母传动副，第二级是齿条齿扇传动副。

13) 从转向器到转向节之间所有传动杆件的总称为转向传动机构。转向传动机构的功用是将转向器输出的力和运动传给转向轮，使两转向轮偏转角按一定关系变化。

14) 转向传动机构按照悬架类型可分为与非独立悬架配用的转向传动机构和与独立悬架配用的转向传动机构两大类。

15) 助力转向系统根据助力能源不同,可以分为液压助力、气压助力和电动助力三种类型。

16) 液压助力转向系统中属于转向加力装置的部件有转向助力泵、转向油罐、转向油管以及位于整体式助力转向器内部的转向助力缸和转向控制阀等。根据系统内部压力状态的不同,液压助力转向系统可以分为常压式和常流式两种。

17) 电动助力转向系统主要由车速传感器、转矩传感器、减速机构、离合器、电动机、电控单元(ECU)以及机械转向器等组成。

18) 与液压助力转向系统相比,电动助力转向系统的优点如下:
a) 效率高,能量消耗少。
b) 反应灵敏,滞后小,驾驶人的"路感"好。
c) 结构简单,质量小。
d) 系统便于集成,整体尺寸小,总体布置更加方便。
e) 无液压元件,对环境污染少。

【学习自测】

1) 转向系统的功用是什么?
2) 根据转向能源的不同转向系统可分为哪几类?机械转向系统由哪几部分组成?
3) 写出两轴汽车两侧转向轮偏转角之间的理想关系式及其含义。
4) 什么是汽车的转向中心和汽车转弯半径?什么是转向系统角传动比和转向器角传动比?
5) 什么是转向盘自由行程?有何作用?
6) 什么是转向操纵机构?它由哪几部分组成?
7) 简述转向传动机构的作用和类型。
8) 简述液压助力转向系统的类型、组成和工作原理。
9) 简述电动助力转向系统的组成和工作原理。
10) 电动助力转向系统是如何分类的?与液压助力式相比它有哪些优点?

第 13 章

制 动 系 统

【学习目标】

1) 掌握制动系统的功用、基本组成和类型。
2) 理解制动系统的工作原理。
3) 掌握摩擦制动器的定义和类型。
4) 掌握鼓式制动器的基本组成和工作原理。
5) 掌握鼓式制动器的类型,了解各类鼓式制动器的结构和工作原理。
6) 掌握盘式制动器的基本组成,了解浮动钳盘式和固定钳盘式制动器的结构和工作原理。
7) 掌握人力制动系统、伺服制动系统和动力制动系统的定义,了解它们各自的类型及特点。
8) 了解 ABS 和 ASR 的功用、基本组成和工作原理。

13.1 概述

13.1.1 制动系统的功用

汽车制动系统的主要功用是使行驶中的汽车减速甚至停车,使下坡行驶的汽车的速度保持稳定,以及使已停驶的汽车保持不动。

对汽车起制动作用的只能是作用在汽车上且方向与汽车行驶方向相反的外力,而这些外力的大小都是随机的、不可控制的,因此汽车上必须装设一系列专门装置,以便驾驶人能根据道路和交通等情况,借以使外界(主要是路面)在汽车某些部分(主要是车轮)施加一定的力,从而对车辆进行一定程度的强制制动,这种可控制的对汽车进行制动的外力称为制动力,这样的一系列专门装置即为制动系统。

13.1.2 制动系统的基本结构和工作原理

1. 基本结构

汽车制动系统主要由车轮制动器和液压传动或气压传动机构组成,一般制动系统的工作原理可用图 13-1 所示的一种简单的液压制动系统示意图来说明。车轮制动器主要由旋转部分、固定部分和调整机构组成。旋转部分是制动鼓 8,固定部分是固定在制动底板 11 上的制动蹄 10，调整机构由偏心支承销 12 和调整凸轮组成，用于调整蹄鼓间隙。而其制动传动机构主要由制动踏板 1、推杆 2、制动主缸 4、制动轮缸 6 及制动管路等组成。制动鼓固定在车轮轮毂上，随车轮一起旋转，它的工作面是内圆柱面。在固定不动的制动底板上，有两个制动蹄支承销 12，支承着两个弧形制动蹄的下端。制动蹄的外圆面上装有制动蹄摩擦片 9，上端用制动蹄回位弹簧 13 拉紧压靠在制动轮缸 6 的活塞上，制动轮缸也安装在制动底板上。

2. 工作原理

制动系统不工作时，制动鼓的内圆面与制动蹄摩擦片的外圆面之间保持一定间隙，使车轮和制动鼓可以自由旋转。

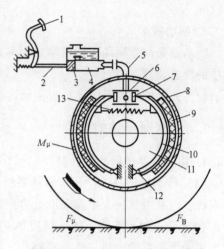

图 13-1　制动系统工作原理示意图
1—制动踏板　2—推杆　3—主缸活塞
4—制动主缸　5—制动油管　6—制动轮缸
7—轮缸活塞　8—制动鼓　9—摩擦片
10—制动蹄　11—制动底板　12—支承销　13—制动蹄回位弹簧

要使行驶中的汽车减速，驾驶人应踩下制动踏板 1，通过推杆 2 和主缸活塞 3，使主缸内的油液在一定压力下流入制动轮缸 6，并通过两个轮缸活塞 7 推使两制动蹄 10 绕支承销 12 转动，上端向两边分开而以其摩擦片 9 压紧在制动鼓 8 的内圆面上。制动蹄对制动鼓产生摩擦力矩 M_μ，其方向与车轮旋转方向相反。制动鼓将该力矩 M_μ 传到车轮后，由于车轮与路面间有附着作用，车轮即对路面作用一个向前的周缘力 F_μ，同时路面也给车轮一个向后的反作用力 F_B，F_B 是路面给车轮的制动力。制动力 F_B 由车轮经车桥和悬架传给车架和车身，迫使汽车产生一定的减速度。制动力越大，则汽车的减速度越大。影响制动力的因素有摩擦力矩 M_μ 和路面附着条件。松开制动踏板，制动蹄回位弹簧 13 即将制动蹄 10 拉回原位，摩擦力矩 M_μ 和制动力 F_B 消失，制动作用即行解除。

综上所述，制动系统的基本工作原理是：在汽车车轮上作用一个与汽车行驶方向或趋势相反的力矩，并使路面产生阻碍车轮转动和汽车行驶的阻力。汽车的动能被强制转化为其他形式的能量。

13.1.3　制动系统的基本组成

制动系统主要由供能装置、控制装置、传动装置和制动器四个基本部分组成。

1. 供能装置

供能装置包括供给、调节制动所需能量以及改善传能介质状态的各种部件。其中，产生制动能量的部分称为制动能源，人的肌体也可作为制动能源。

2. 控制装置

控制装置包括产生制动动作和控制制动效果的各种部件。图 13-1 所示的制动踏板 1 即为最简单的一种控制装置。

3. 传动装置

传动装置包括将制动能量传输到制动器的各个部件，如图 13-1 中的制动主缸 4 和制动轮缸 6。

4. 制动器

制动器是产生阻碍车辆运动或运动趋势的力（即制动力）的部件，也包括辅助制动系统中的缓速装置。

较为完善的制动系统还具有制动力调节装置、报警装置和压力保护装置等附加装置。

13.1.4 制动系统的类型

1. 按制动系统的功用分类

（1）行车制动系统　行车制动系统是使行驶中的汽车减速或在最短的距离内停车的制动系统，它是由驾驶人用脚来操纵的，故又称为制动踏板（脚制动）系统。

（2）驻车制动系统　驻车制动系统是使停止的汽车在原地驻留的制动系统，它是由驾驶人用手来操纵的，故又称为手制动（手刹）系统。

（3）第二制动系统　在行车制动系统失效的情况下，保证汽车仍能实现减速或停车的制动系统即为第二制动系统。在许多国家的制动法规中规定第二制动系统也是汽车必须具备的。

（4）辅助制动系统　辅助制动系统是在汽车下长坡时用以稳定车速的制动系统。经常在山区行驶的汽车以及某些特殊用途的汽车，为了提高行车的安全性和减轻行车制动系统性能的衰退及制动器的磨损，用该制动系统在下坡时稳定车速。

2. 按制动系统的制动能源分类

（1）人力制动系统　人力制动系统是以驾驶人的肌体作为唯一的制动能源的制动系统。

（2）动力制动系统　动力制动系统是完全靠由发动机的动力转化而成的气压或液压形式的势能进行制动的制动系统。

（3）伺服制动系统　伺服制动系统是兼用人力和发动机动力进行制动的制动系统。

按制动能量的传输方式，制动系统又可分为机械式、液压式、气压式和电磁式等。同时采用两种以上传能方式的制动系统可称为组合式制动系统。

另外，按制动系统回路多少又可分为单回路制动系统和双回路制动系统，目前我国规定所有汽车都必须采用双回路制动系统。

13.1.5 对制动系统的要求

1）应具有足够的制动力，工作可靠。

2）操纵轻便。

3）前、后桥上的制动力分配应合理，左、右车轮上的制动力应相等。

4）制动应平稳。

5）避免自行制动。

6）散热性好。

7）对挂车的制动系统，要求挂车的制动作用略早于主车，挂车自行脱挂时能自动进行应急制动。

13.2 制动器

制动器是制动系统中用以产生阻碍车辆运动或运动趋势的力的部件，后一提法适用于驻车制动器。一般制动器都是通过其中的固定元件对旋转元件施加制动力矩，使后者的旋转角速度降低，同时依靠车轮与路面的附着作用，产生路面对车轮的制动力以使汽车减速。

凡利用固定元件与旋转元件工作表面的摩擦而产生制动力矩的制动器都称为摩擦制动器。目前，一般汽车所用的制动器几乎都是摩擦制动器。

13.2.1 制动器的分类

目前汽车所用的摩擦制动器可分为鼓式制动器和盘式制动器两大类。鼓式制动器摩擦副中的旋转元件为制动鼓，其工作表面为圆柱面；盘式制动器摩擦副中的旋转元件则为圆盘状的制动盘，以端面为工作表面。

旋转元件固装在车轮或半轴上，制动力矩直接分别作用于两侧车轮上的制动器称为车轮制动器。旋转元件固装在传动系统的传动轴上，其制动力矩须经过驱动桥再分配到两侧车轮上的制动器则称为中央制动器。车轮制动器一般用于行车制动，也有兼用于第二制动（或应急制动）和驻车制动的。中央制动器一般只用于驻车制动和缓速制动。

13.2.2 鼓式制动器

鼓式制动器有内张型和外束型两种。内张型鼓式制动器是以制动鼓的内圆柱面为工作表面，在现代汽车上应用广泛；外束型鼓式制动器则是以制动鼓的外圆柱面为工作表面，目前只用作极少数汽车的驻车制动器。

内张型鼓式制动器采用带摩擦片的制动蹄作为固定元件。位于制动鼓内部的制动蹄在一端承受促动力时，可绕其另一端的支点向外旋转，压靠到制动鼓内圆面上，产生摩擦力矩（制动力矩）。凡对蹄端加力使蹄转动的装置统称为制动蹄促动装置。

鼓式制动器根据制动蹄促动装置的不同，可分为轮缸式制动器、凸轮式制动器和楔式制动器。轮缸式制动器以液压制动轮缸作为制动蹄促动装置，多为液压制动系统所采用，如图13-1所示；凸轮式制动器以凸轮作为促动装置，多为气压制动系统所采用；而楔式制动器则用楔作为促动装置。本节主要介绍轮缸式制动器。

轮缸式制动器按制动蹄的受力情况不同，可分为领从蹄式、双领蹄式、双向双领蹄式、双从蹄式、单向自增力式和双向自增力式等类型。

1. 领从蹄式制动器

领从蹄式制动器的结构如图13-2所示。制动底

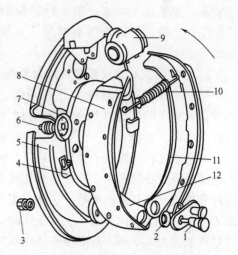

图 13-2 领从蹄式制动器的结构
1—偏心调整螺钉 2—垫圈 3—锁止螺母
4—托架 5—制动底板 6—偏心轮调整螺钉
7—偏心轮 8—摩擦片 9—制动轮缸
10—回位弹簧 11、12—制动蹄

板 5 固定在后桥壳或前桥转向节凸缘上，在制动底板的下部装有两个偏心调整螺钉 1，制动蹄 11、12 的下端有孔，套装在偏心调整螺钉上，并用锁止螺母 3 锁止。制动底板的中部装有两制动蹄托架 4，以限制制动蹄的轴向位置。制动蹄上端用回位弹簧 10 拉靠在制动轮缸 9 的顶块上。制动蹄的外圆面上铆接着摩擦片 8。作为制动蹄促动装置的制动轮缸也用螺钉固装在制动底板上。制动鼓固装在车轮轮毂的凸缘上，随车轮一起转动。

领从蹄式制动器的工作原理示意图如图 13-3 所示。设汽车前进时制动鼓的旋转方向（这称为制动鼓正向旋转）如图中箭头所示。沿箭头方向看去，制动蹄 1 的支承点 2 在其前端，制动轮缸 6 所施加的促动力作用于其后端，因而该制动蹄张开时的旋转方向与制动鼓的旋转方向相同。具有这种属性的制动蹄称为领蹄。与此相反，制动蹄 4 的支承点 3 在后端，促动力加于其前端，其张开时的旋转方向与制动鼓的旋转方向相反。具有这种属性的制动蹄称为从蹄。倒车时制动蹄 1 变为从蹄，而制动蹄 4 变为领蹄，这种在制动鼓正向旋转和制动鼓反向旋转时，都有一个领蹄和一个从蹄的制动器即称为领从蹄式制动器。领从蹄式制动器的两制动蹄对制动鼓作用力 F_{N1} 和 F_{N2} 的大小是不相等的，因此在制动过程中对制动鼓产生一个附加的径向力。制动鼓所受来自两蹄的法向力不能互相平衡的制动器称为非平衡式制动器，两蹄所受促动力相等的领从蹄式制动器称为等促动力制动器。

由图 13-3 可知，领从蹄式制动器只使用了一个左右对称的促动装置，两蹄所受促动力相等（即为等促动力制动器）；制动鼓所受来自两蹄的法向反力不能互相平衡（即为非平衡式制动器）；在汽车倒车时领从蹄功能互换，且它们的制动效能相等；领从蹄式制动器的制动效能比较稳定，结构简单可靠，便于安装。鉴于以上特点，领从蹄式制动器广泛用作货车的前、后轮制动器和轿车的后轮制动器。

2. 双领蹄式和双向双领蹄式制动器

（1）双领蹄式制动器　在制动鼓正向旋转时，两制动蹄均为领蹄的制动器称为双领蹄式制动器，如图 13-4 所示。两制动蹄各用一个单活塞式制动轮缸 1 促动，且两套制动蹄、制动轮缸、支承销和调整凸轮等在制动底板上的布置是中心对称的，以代替领从蹄式制动器中的轴对称布置。等直径的两个制动轮缸可借油管连通，使其油压相等。这样，在汽车前进时，两制动蹄均为领蹄；在倒车时，两制动蹄均变为从蹄。由此可见，这种双领蹄式制动器具有单向作用，在前进时制动效能好，倒车时制动效能大大下降，且不便安装驻车制动器，故一般不用作后轮制动器；但两制动蹄受力相同，磨损均匀，且两制动蹄作用于制动鼓的法向力是平衡的，即这种单向作用的双领蹄式制动器属于平衡式制动器。

（2）双向双领蹄式制动器　如果能使上述双领蹄式制动器的两制动蹄的支承销和促动力作用点位置互换，则在倒车制动时就可以得到与前进制动时相同的制动效果。双向双领蹄式制动器的设计就是基于此设想制成的，该制动蹄在制动鼓正、反向旋转时均为领蹄，如图

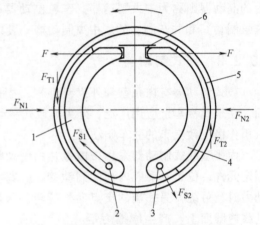

图 13-3　领从蹄式制动器工作原理示意图
1—领蹄　2、3—支承点　4—从蹄
5—制动鼓　6—制动轮缸

13-5 所示。双向双领蹄式制动器的两制动蹄共用两个双活塞式制动轮缸促动。两制动蹄的两端都采用浮式支承，且支点的周向位置也是浮动的。其制动底板上的所有固定元件，如制动蹄、制动轮缸、回位弹簧等都是成对的，而且是既按轴对称又按中心对称布置的。因此无论是前进制动还是倒车制动，两制动蹄都是领蹄，故称为双向双领蹄式制动器。

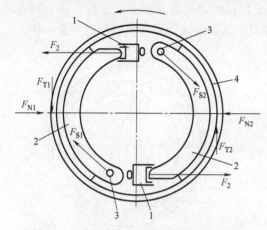

图 13-4 双领蹄式制动器工作原理示意图
1—制动轮缸 2—制动蹄 3—支承销 4—制动鼓

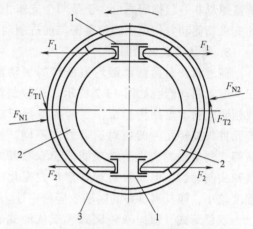

图 13-5 双向双领蹄式制动器工作原理示意图
1—制动轮缸 2—制动蹄 3—制动鼓

图 13-6 所示为红旗 CA7560 型轿车前轮双向双领蹄式制动器的具体结构。在前进制动时，所有的轮缸活塞 8 都在液压作用下向外移动，将制动蹄 6 和 11 压靠到制动鼓 1 上。在

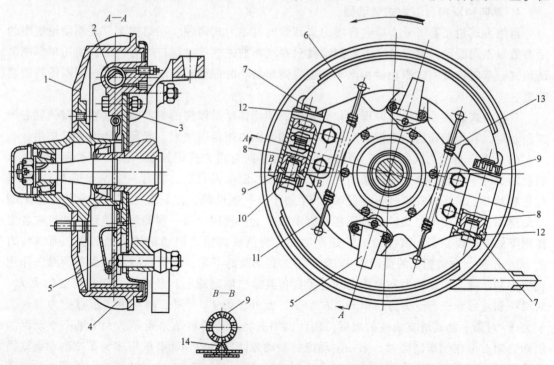

图 13-6 红旗 CA7560 型轿车前轮双向双领蹄式制动器结构示意图
1—制动鼓 2—制动轮缸 3—制动底板 4—制动鼓散热筋片 5—制动蹄限位片 6—上制动蹄 7—支座
8—轮缸活塞 9—调整螺母 10—可调支座 11—下制动蹄 12—防护套 13—回位弹簧 14—锁片

制动鼓的摩擦力矩作用下，两蹄都绕车轮中心，按图中箭头所示的车轮旋转方向转动，将两轮缸的活塞外端的可调支座 10 推回，直到顶靠着轮缸端面为止。此时两轮缸的支座 10 成为制动蹄的支点，该制动器的工作情况便与上述双领蹄式制动器一样。倒车制动时，摩擦力矩的方向相反，使两制动蹄绕车轮中心逆着图中箭头方向转过一个角度，将可调支座 10 连同调整螺母 9 一起推回原位，于是两个支座 10 便成为制动蹄的新支承点。这样，每个制动蹄的支点和促动力作用点的位置都与前进制动时相反，其制动效能同前进制动时完全一样。

3. 双从蹄式制动器

前进制动时两制动蹄均为从蹄的制动器称为双从蹄式制动器，如图 13-7 所示。这种制动器与双领蹄式制动器结构相似，二者的差异只在于固定元件与旋转元件的相对运动方向不同。虽然双从蹄式制动器的前进制动效能低于双领蹄式和领从蹄式制动器，但其效能对摩擦系数变化的敏感程度较小，即具有良好的制动效能稳定性。

双领蹄式、双向双领蹄式、双从蹄式制动器的固定元件布置都是中心对称的。如果间隙调整正确，则其制动鼓所受两蹄施加的两个法向合力能互相平衡，不会对轮毂轴承造成附加径向载荷。因此，这三种制动器都属于平衡式制动器。

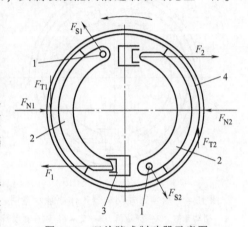

图 13-7 双从蹄式制动器示意图
1—支承销 2—制动蹄 3—制动轮缸 4—制动鼓

4. 单向和双向自增力式制动器

自增力式制动器可分为单向自增力式和双向自增力式两种，在结构上只是制动轮缸中的活塞数目不同而已。单向自增力式制动器只在汽车前进制动时起自增力作用，使用单活塞制动轮缸；双向自增力式制动器在汽车前进或倒车制动时都能起自增力作用，使用双活塞制动轮缸。

自增力式制动器的增力原理是：利用可调顶杆体浮动铰接的制动蹄来代替固定的偏心销式制动蹄，利用前蹄的助势推动后蹄，使总的摩擦力矩得以增大，起到自动增力的作用。

(1) 单向自增力式制动器 图 13-8 所示为单向自增力式制动器。第一制动蹄 6 和第二制动蹄 2 的下端分别浮支在浮动的顶杆 1 的两端。制动器只在上方有一个支承销 4。在汽车前进制动时，单活塞式轮缸 5 将促动力 F_1 加于第一制动蹄，使其上端离开支承销，整个制动蹄绕顶杆左端支承点旋转，并压靠在制动鼓 3 上。显然，第一制动蹄是领蹄，并且在各力作用下处于平衡状态。顶杆 1 由于是浮动的，自然成为第二制动蹄的促动装置，而将与力 F_1 大小相等、方向相反的促动力 F_2 施于第二制动蹄的下端，故第二制动蹄也是领蹄。作用在第一制动蹄上的促动力和摩擦力通过顶杆传到第二制动蹄上，形成第二制动蹄促动力 F_2。对第一制动蹄 6 进行受力分析可知，$F_2 > F_{S1}$。此外，力 F_2 对第二制动蹄支承点的力臂也大于力 F_1 对第一制动蹄支承点的力臂。因此，第二制动蹄的制动力矩必然大于第一制动蹄的制动力矩。但在倒车制动时，第一制动蹄的制动效能比一般领蹄要低得多，第二制动蹄则因未受促动力而不起制动作用。故此时这个制动器的制动效能甚至比双从蹄式制动器的效能还要低。

(2) 双向自增力式制动器 图 13-9 所示为北京 BJ2021 轻型越野汽车后轮双向自增力式

制动器，其上还加装了机械促动装置兼充驻车制动器。制动蹄的上端两侧铆有夹板，用回位弹簧将夹板拉靠在支承销 1 上，两制动蹄的下端由拉紧弹簧拉靠在可调顶杆 3 两端直槽的底平面上，可调顶杆是浮动的。制动轮缸处于支承销 1 稍下的位置。

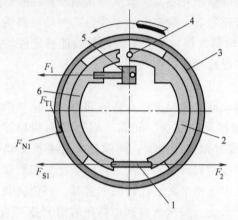

图 13-8　单向自增力式制动器工作原理示意图
1—顶杆　2—第二制动蹄　3—制动鼓　4—支承销　5—轮缸　6—第一制动蹄

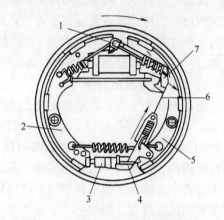

图 13-9　北京 BJ2021 轻型越野汽车后轮双向自增力式制动器
1—支承销　2—后制动蹄　3—可调顶杆　4—拨板　5—前制动蹄　6—拉索　7—导向板

双向自增力式制动器的工作原理如图 13-10 所示。其特点是制动鼓正向和反向旋转时均能借蹄鼓间的摩擦起自增力作用。它的结构不同于单向自增力式制动器之处主要是采用双活塞式制动轮缸，可向制动蹄 1 和 3 同时施加相等的促动力 F。制动鼓按图中箭头所示方向旋转时，前制动蹄 1 为第一蹄，后制动蹄 3 为第二蹄；制动鼓反向旋转时则情况相反。由图 13-10 可见，在制动时，第一蹄只受一个促动力 F，而第二蹄则有两个促动力 F 和 F'，且 $F' > F$。考虑到汽车前进制动的机会远多于倒车制动，且前进制动时制动器工作负荷也远大于倒车制动，故后制动蹄 3 的摩擦片面积做得较大。

在基本结构参数和制动轮缸工作压力相同的条件下，自增力式制动器由于对摩擦助势作用的利用，制动效能最好，但其制动效能对摩擦系数的依赖性最大，因而稳定性

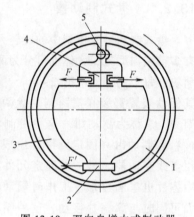

图 13-10　双向自增力式制动器工作原理示意图
1—前制动蹄　2—可调顶杆　3—后制动蹄　4—制动轮缸　5—支承销

最差。此外，在制动过程中自增力式制动器制动力矩的增长在某些情况下显得过于急速。因此，单向自增力式制动器只用于中、轻型汽车的前轮，而双向自增力式制动器由于可兼作驻车制动器而广泛用于轿车后轮。

上述各种鼓式制动器各有利弊。就制动效能而言，在基本结构参数和轮缸工作压力相同的条件下，自增力式制动器由于对摩擦助势作用的利用最为充分而位居首位，具体排序为双向自增力式、单向自增力式、双向双领蹄式、双领蹄式、领从蹄式和双从蹄式制动器。然而蹄鼓之间的摩擦系数本身是一个不稳定的因素，随制动鼓和摩擦片的材料、温度和表面状况

(如是否沾水、沾油,是否有烧结现象等)的不同可在很大范围内变化。自增力式制动器的效能对摩擦系数的依赖性最大,因而其效能的热稳定性最差。因此以上排序的制动器制动效能的热稳定性却是依次增高的。

在制动过程中,倒车制动时对前轮制动器效能的要求并不高。双从蹄式制动器的制动效能虽然最低,但却具有最良好的效能稳定性,因而还是有少数高级轿车为保证制动可靠性而采用这种方案(如英国女王牌轿车)。领从蹄式制动器发展较早,其效能及效能稳定性均居于中游,且有结构较简单等优点,故目前仍相当广泛地用于各种汽车。

5. 制动器间隙的调整

制动蹄在不工作的原始位置时,其摩擦片与制动鼓之间应保持合适的间隙,其值由汽车制造厂设定,一般在 0.25~0.5mm。任何制动器摩擦副中的这一间隙(以下简称制动器间隙)如果过小,就不易保证彻底解除制动,会造成摩擦副的拖磨;间隙过大又将使制动踏板行程过长,以致驾驶人操作不便,同时也会推迟制动器开始起作用的时间。但是在制动器工作过程中,摩擦片的不断磨损必将导致制动器间隙逐渐增大。此情况严重时,即使将制动踏板踩到极限位置,也产生不了足够的制动力矩。因此,要求所有制动器在结构上必须保证有检查调整其间隙的可能。

制动器间隙的调整有手动调整和自动调整两种方法。目前,大多数轿车都装有制动器间隙自调装置,可以实现制动器间隙的自动调整,也有一些货车仍采用手动调整的方法。

13.2.3 盘式制动器

盘式制动器摩擦副中的旋转元件是以端面工作的金属圆盘,称为制动盘。其固定元件则有多种结构型式,大体上可分为两类。一类是工作面积不大的摩擦块与其金属背板组成的制动块,每个制动器中有 2~4 个,这些制动块及其促动装置都装在横跨制动盘两侧的夹钳形支架中,总称为制动钳。这种由制动盘(旋转元件)和制动钳(固定元件)组成的制动器称为钳盘式制动器。另一类固定元件的金属背板和摩擦片也呈圆盘形,工作时制动盘的全部工作面可同时与摩擦片接触,这种制动器称为全盘式制动器。

钳盘式制动器过去只用作中央制动器,但目前越来越多地被各级轿车和货车用作车轮制动器。全盘式制动器只被少数汽车(主要是重型汽车)用作车轮制动器,个别情况下还可以作为缓速制动。这里主要介绍钳盘式制动器。

1. 钳盘式制动器

钳盘式制动器又可分为固定钳盘式和浮动钳盘式两类。

(1) 固定钳盘式制动器 固定钳盘式制动器的基本结构如图 13-11 所示。跨置在制动盘 8

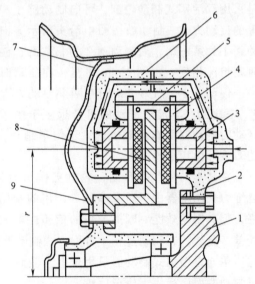

图 13-11 固定钳盘式制动器的基本结构
1—驱动桥壳(或转向节) 2—调整垫片
3—活塞 4—制动块 5—导向支承销
6—制动钳体 7—轮盘 8—制动盘
9—轮毂 r—制动盘摩擦半径

上的制动钳体 6 固定安装在驱动桥壳（或转向节）1 上，它不能旋转也不能沿制动盘轴线方向移动，其内的两个活塞 3 分别位于制动盘 8 的两侧。制动时，制动液由制动总泵（制动主缸）经进油口进入制动钳体 6 中两个相通的液压腔中，推动两侧的制动块 4 压向与车轮固定连接的制动盘 8，从而产生制动。当解除制动时，油压消失，消声回位弹簧的弹性作用使制动钳体 6 回位。

在活塞移动过程中，矩形橡胶密封圈的刃边在活塞摩擦力的作用下随活塞移动而产生微量的弹性形变（图 13-12a）。解除制动时，活塞和制动块依靠密封圈的弹力和消声回位弹簧的弹力回位（图 13-12b）。

但是固定钳盘式制动器存在以下缺点：

1) 液压缸较多，制动钳结构复杂。
2) 液压缸分置于制动盘两侧，必须用跨越制动盘的钳内油道或外部油管连通，这使得制动钳的尺寸过大，难以安装在现代化轿车的轮辋内。
3) 热负荷大时，液压缸和跨越制动盘的油管或油道中的制动液容易受热汽化。
4) 若要兼用于驻车制动，则必须加装一个机械促动的驻车制动钳。

这些缺点使得固定钳盘式制动器难以适应现代汽车的使用要求，故自 20 世纪 70 年代以来，逐渐被浮动钳盘式制动器取代。

（2）浮动钳盘式制动器 浮动钳盘式制动器的制动钳是浮动的，可以相对于制动盘轴向移动。奥迪轿车前轮装用的盘式制动器就属于浮动钳盘式制动器，其结构如图 13-13 所示。

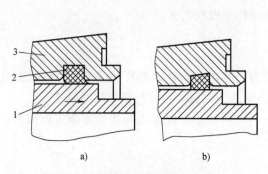

图 13-12 矩形橡胶密封圈工作情况
a) 制动时 b) 解除制动时
1—活塞 2—矩形橡胶密封圈 3—液压缸

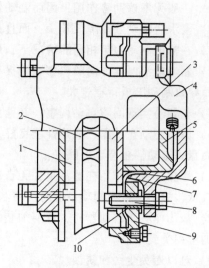

图 13-13 奥迪轿车前轮装用的浮动钳盘式制动器
1—固定制动块 2—通风型制动盘 3—活动制动块
4—制动钳体 5—活塞 6—密封圈 7—防护罩
8—导向销 9—制动钳安装架 10—橡胶衬套

浮动钳盘式制动器的工作原理如图 13-14 所示。制动钳体 1 通过导向销 2 与固定在转向节上的制动钳安装架 3 相连，其可沿导向销 2 相对于安装架 3 和制动盘 4 轴向滑动。制动钳体只在制动盘的内侧设置液压缸，而外侧的固定制动块 5 则附装在钳体上。制动时，制动液通过进油口进入制动工作缸，活塞在液压力 F_{P1} 作用下，推动活动制动块 6 向左移动，并压到制动盘 4 上，与此同时，作用在制动钳体 1 上的反作用力 F_{P2} 推动制动钳体沿导向销 2 向右移动，直到制动盘右侧的固定制动块 5 也压到制动盘 4 上夹住制动盘，使之在制动盘上产生与运动方向相反的制动力矩，促使汽车制动。

与固定钳盘式制动器相反，浮动钳盘式制动器轴向和径向尺寸较小，而且制动液受热汽化的机会较少，因此多用于轿车的前轮。此外，浮动钳盘式制动器在兼充行车和驻车制动器的情况下，不用加设驻车制动钳，只需在行车制动钳液压缸附近加装一些用以推动液压缸活塞的驻车制动机械传动零件即可。

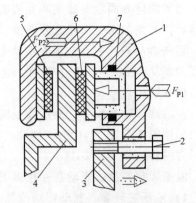

图 13-14　浮动钳盘式制动器的工作原理
1—制动钳体　2—导向销　3—制动钳安装架
4—制动盘　5—固定制动块　6—活动制动块
7—活塞密封圈　F_{P1}—液压作用力
F_{P2}—液压反作用力

2. 全盘式制动器

在重型货车上，要求有更大的制动力，为此采用全盘式制动器。全盘式制动器摩擦副的固定元件和旋转元件都是圆盘形的，分别称为固定盘和旋转盘。制动盘的全部工作面可同时与摩擦片接触，其结构原理与摩擦离合器相似，这里不再详述。

3. 盘式制动器的优缺点

与鼓式制动器相比，盘式制动器具有以下优点：

1) 一般无摩擦助势作用，因而制动效能受摩擦系数的影响小，即制动效能较稳定。

2) 浸水后制动效能降低较少，而且只需经一两次制动即可恢复正常，即水稳定性好。

3) 在输出制动力矩相同的情况下，尺寸和质量一般较小，便于布置在前轮。

4) 制动盘沿厚度方向的热膨胀量极小，不会像制动鼓的热膨胀那样使制动器间隙明显增加而导致制动踏板行程过大。

5) 较容易实现间隙自动调整，其他保养维修作业也较简便。

6) 因为制动盘外露，散热性能良好。

而盘式制动器也有以下缺点：

1) 摩擦片直接作用在圆盘上，无自动摩擦增力作用，而且摩擦片的面积小，所以制动效能较低，故用于液压制动系统时所需制动促动管路压力较高，一般要用伺服装置。

2) 兼用作驻车制动器时，需要加装的驻车制动传动装置较鼓式制动器复杂，因而在后轮上的应用受到限制。

3) 难以避免尘污和锈蚀。

目前，盘式制动器已广泛应用于轿车，但除了在一些高性能轿车上用于全部车轮以外，大都只用于前轮，并且与后轮的鼓式制动器配合，以期汽车制动时有较高的方向稳定性。在货车上，盘式制动器也有采用，但普及程度远远不够。

13.3　人力制动系统

人力制动系统的制动能源仅是驾驶人的肌体。按其传动装置的结构型式，人力制动系统有机械式和液压式两种，前者只用于驻车制动。在汽车发展的早期，行车制动系统和驻车制动系统都是机械式的。20 世纪初，行车制动系统开始采用液压传动装置，但多数还仅用于前轮制动。到 30 年代末，美国汽车的人力行车制动系统已全部改成液压式，但就世界范围而言，直到 50 年代初，机械式行车制动系统才全被淘汰。不过应当指出，在此以前，汽车的液压制动系统已并非全属人力制动系统，而是早已有一部分属于伺服制动系统了。然而机械传动装置还是保留至今，但只用于驻车制动。

13.3.1　人力机械制动系统

机械式驻车制动系统的控制装置和传动装置主要由杠杆、拉杆、轴及摇臂等机械零件组成。其制动器可以是与行车制动系统共用的车轮制动器（如红旗 CA7220 型、奥迪 100 型和桑塔纳等轿车以及黄河 JN1181C13 型货车等），也可以是专设的中央制动器（如红旗 CA7560、北京 BJ2020N、解放 CA1091、东风 EQ1090E 等型汽车用的驻车制动器）。

图 13-15 所示为一汽奥迪 100 型轿车制动系统布置图，其驻车制动系统是机械式的，并且与真空伺服式行车制动系统共用后轮制动器。施行驻车制动时，驾驶人将驻车制动操纵杆 9 向上扳起，便通过调整拉杆 11、平衡杠杆 21 将驻车制动操纵缆绳 17 拉紧，从而促动两后轮制动器，施行驻车制动。此时，由于棘爪的单向作用，棘爪 6 便与棘爪齿板 8 啮合，操纵

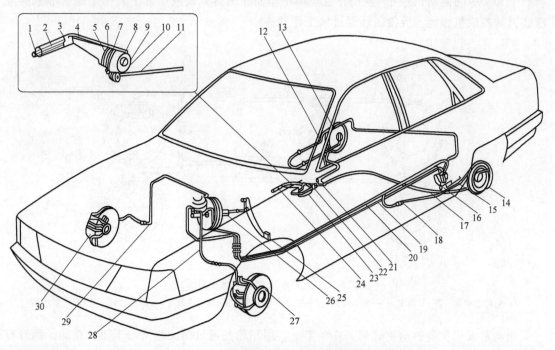

图 13-15　一汽奥迪 100 型轿车制动系统布置图

1—驻车制动压杆按钮　2—弹簧　3—限位块　4—棘爪压杆　5—O 形圈　6—棘爪　7—棘爪销　8—棘爪齿板　9—驻车制动操纵杆　10—滚轮　11—调整拉杆　12—调节阀（接右后制动器油管）　13—右后制动器　14—左后制动器　15—感载弹簧　16—制动压力调节阀　17—驻车制动操纵缆绳　18—调节阀（接左后制动器油管）　19—主缸主动腔（经调节阀接左后制动器油管）　20—主缸从动腔（经调节阀接右后制动器油管）　21—平衡杠杆　22—防尘套　23—支架　24—驻车制动操纵杆手柄　25—制动踏板　26—真空助力器　27—左前盘式制动器　28—主缸从动腔（接左前盘式制动器油管）　29—主缸主动腔（接右前盘式制动器油管）　30—右前盘式制动器

杆不能反转，故整个驻车机械制动杆系能可靠地被锁定在制动位置。欲解除制动，须先将操纵杆 9 拉起少许，再压下操纵杆端头的驻车制动压杆按钮 1，通过棘爪压杆 4 使棘爪 6 离开棘爪齿板 8。然后将操纵杆 9 向下推到解除制动位置。此时缆绳 17 放松，驻车制动解除，随后应立即放松操纵杆端按钮 1，使棘爪得以将整个驻车机械制动杆系锁止在解除制动位置。

驻车制动系统必须可靠地保证汽车在原地停驻并在任何情况下不致自动滑行，这一点只有用机械锁止方法才能实现，这便是驻车制动系统多用机械式传动装置的主要原因。

采用中央制动器的驻车制动系统不宜用于应急制动，因为其制动力矩是作用在传动轴上的，在汽车行驶中紧急制动时，极易造成传动轴和驱动桥严重超载，还可能因差速器壳被抱死而发生左右两驱动轮的旋转方向相反，致使汽车制动时跑偏甚至掉头。

13.3.2 人力液压制动系统

人力液压制动系统多用于当前的轿车和轻型货车的行车制动系统，其基本组成和回路如图 13-16 所示。作为制动能源的驾驶人所施加的控制力，通过作为控制装置的制动踏板机构 4 传到容积式液压传动装置的主要部件——制动主缸 5。制动主缸属于单向作用活塞式液压缸，其作用是将自踏板机构输入的机械能转换成液压能。液压能通过管路 3 输入前、后轮制动器 1 和 7 中的制动轮缸 6。制动轮缸也属于单向作用活塞式液压缸，其作用是将输入的液压能再转换成机械能，促使制动器进入工作状态。

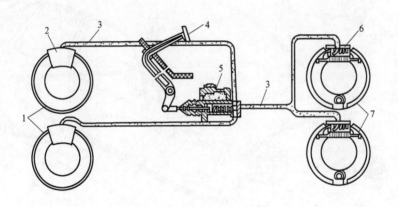

图 13-16 人力液压制动系统示意图

1—前轮制动器　2—制动钳　3—制动管路　4—制动踏板机构　5—制动主缸　6—制动轮缸　7—后轮制动器

制动踏板机构和制动主缸都装在车架上。因车轮是通过弹性悬架与车架联系的，而且有的还是转向轮，主缸与轮缸的相对位置经常变化，故主缸与轮缸间的连接油管除金属管（铜管）外，还有特制的橡胶制动软管。各液压元件之间及各段油管之间还有各种管接头。制动前，整个液压系统中应当充满专门配制的制动液。

踩下制动踏板，制动主缸即将制动液经油管压入前、后制动轮缸，将制动蹄推向制动鼓。在制动器间隙消失之前，管路中的液压不可能很高，仅足以平衡制动蹄复位弹簧的张力以及油液在管路中的流动阻力。在制动器间隙消失并开始产生制动力矩时，液压与踏板力方能继续增长,直到完全制动。从开始制动到完全制动的过程中,由于液压作用下油管(主要是橡胶软管)的弹性膨胀变形和摩擦元件的弹性压缩变形,踏板和轮缸活塞都可以继续移动一段距离。松开制动踏板,制动蹄和轮缸活塞在复位弹簧作用下复位,将制动液压回主缸。

显然,管路液压和制动器产生的制动力矩是与踏板力呈线性关系的。若轮胎与路面间的附着力足够,则汽车所受到的制动力也与踏板力呈线性关系。制动系统的这项性能称为制动踏板感(或称为路感),驾驶人可因此而直接感觉到汽车制动强度,以便及时进行必要的控制和调节。

自制动踏板到轮缸活塞的制动系统传动比为踏板机构杠杆比与轮缸直径同主缸直径之比的乘积。传动比越大,则为获得同样大的制动力矩所需的踏板力越小,但踏板行程却因此而越大,使得制动操作不便。故要求液压制动系统传动比合适,保证制动踏板力较小,同时踏板行程又不会太大。对于人力液压制动系统,考虑到制动器容许磨损量的踏板全行程在轿车上不应超过150mm,在货车上不超过180mm。制动器间隙调整正常时,踩下踏板到完全制动的踏板工作行程不应超过全行程的50%~60%。轿车的最大踏板力一般不应超过350N,货车的为550N。

液压系统中若有空气侵入,将严重影响液压的升高,甚至使液压系统完全失效。因此在结构上必须采取措施以防止空气侵入,并便于将已侵入的空气排出。

13.4 伺服制动系统

伺服制动系统是兼用人力和发动机动力作为制动能源的制动系统。该制动系统是在人力液压制动系统的基础上加设一套动力伺服系统而形成的。在正常情况下,制动能量大部分由动力伺服系统供给,而在动力伺服系统失效时,还可以完全依靠驾驶人供给。

13.4.1 伺服制动系统的类型

1) 按伺服系统输出力的作用部位和对其控制装置操纵方式的不同,伺服制动系统可分为助力式和增压式两类。

助力式又称为直接操纵式,其特点是伺服系统控制装置即控制阀用制动踏板机构直接操纵,真空伺服气室产生的助力与踏板力共同作用于制动主缸,即其输出力也作用于液压主缸,与踏板力一起对主缸油液加压,以弥补踏板力的不足。

增压式又称为间接操纵式,其特点是控制阀由制动踏板机构通过主缸输出的液压操纵,且伺服系统的输出力与主缸液压力共同作用于辅助缸,使辅助缸输出到制动轮缸的液压远高于制动主缸的液压。

2) 伺服制动系统按伺服能量的形式又可分为真空伺服式、气压伺服式和液压伺服式三种,其伺服能量分别为真空能(负气压能)、气压能和液压能。

下面主要介绍真空助力式伺服制动系统的基本组成和工作原理。

13.4.2 真空助力式伺服制动系统

一汽的红旗CA7220型、一汽大众的捷达、奥迪100型、北京切诺基,以及上海大众的桑塔纳等汽车都采用真空助力式伺服制动系统。

1. 真空助力式伺服制动系统的组成

图13-17所示为奥迪100型轿车真空助力式（直接操纵式）伺服制动系统示意图，它的左前制动轮缸与右后制动轮缸为一液压回路，右前制动轮缸与左后制动轮缸为另一液压回路，即为对角线布置的双回路液压制动系统。双腔制动主缸4的前腔通往左前轮盘式制动器的制动轮缸10，并经感载比例阀9通向右后轮鼓式制动器的制动轮缸13。真空伺服气室3与控制阀2组合成一个部件，称为真空助力器。制动主缸4即直接装在真空伺服气室的前端，真空单向阀7直接装在伺服气室上。真空伺服气室工作时产生推力，也同踏板力一样直接作用在制动主缸4的活塞推杆上。感载比例阀9属于制动力调节装置，将会在后面进行讲解。

这种对角线布置的双回路液压制动系统能保证在任意一个回路出现故障时，仍能得到总制动能量的50%。此外，这种制动系统结构简单，直行时紧急制动的稳定性好。

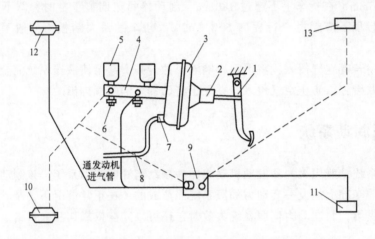

图13-17 奥迪100型轿车真空助力式伺服制动系统示意图

1—制动踏板 2—控制阀 3—真空伺服气室 4—制动主缸 5—储液罐 6—制动信号灯液压开关 7—真空单向阀 8—真空供能管路 9—感载比例阀 10—左前制动轮缸 11—左后制动轮缸 12—右前制动轮缸 13—右后制动轮缸

2. 真空助力器

真空助力器是利用真空能（负气压能）对制动踏板进行助力的装置，对其控制是利用踏板机构直接操纵。

（1）结构组成 真空助力器的结构如图13-18所示，主要由真空伺服气室和控制阀组成。

真空伺服气室由前、后壳体1和19组成，两者之间夹装有伺服气室膜片20，膜片将伺服气室分成前后两腔。伺服气室前腔经真空单向阀通向发动机进气歧管（即真空源），外界空气经过滤环11和毛毡过滤环14滤清后进入伺服气室后腔。伺服气室膜片座8内有用以连通伺服气室前腔和控制阀腔的通道A，以及用以连通伺服气室后腔和控制阀腔的通道B。带有密封套的橡胶阀门9与在膜片座8上加工出来的阀座组成真空阀，又与控制阀柱塞18的大气阀座10组成大气阀。控制阀柱塞18同控制阀推杆12借后者的球头铰接，控制阀推杆12又借调整叉13与制动踏板机构连接。真空伺服气室工作时产生的推力，同踏板力一样，

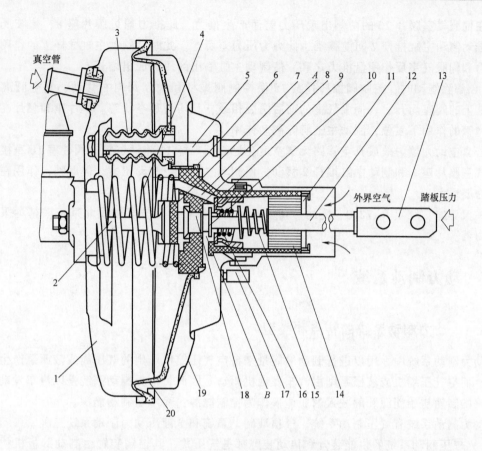

图 13-18 真空助力器的结构

1—伺服气室前壳体 2—制动主缸推杆 3—导向螺栓密封套 4—膜片复位弹簧 5—导向螺栓 6—控制阀 7—橡胶反作用盘 8—伺服气室膜片座 9—橡胶阀门 10—大气阀座 11—过滤环 12—控制阀推杆 13—调节叉 14—毛毡过滤环 15—控制阀推杆弹簧 16—阀门弹簧 17—螺栓 18—控制阀柱塞 19—伺服气室后壳体 20—伺服气室膜片 A、B—通道

直接作用在制动主缸推杆 2 上。

(2) 工作过程

1) 真空助力器不工作时,大气阀和控制阀推杆 12 在控制阀推杆弹簧 15 的作用下,离开橡胶反作用盘 7,处于右端极限位置,并使真空阀离开膜片座 8 上的阀座,即真空阀处于开启状态。而真空阀又被阀门弹簧 16 压紧在大气阀上,即大气阀处于关闭状态。此时伺服气室的前后两腔经通道 A、控制阀腔和通道 B 相互连通,并与大气隔绝。在发动机工作开始时,且真空单向阀被吸开后,伺服气室前后两腔内都产生一定的真空度。

2) 制动时,踩下制动踏板,来自踏板机构的控制力推动控制阀推杆 12 和控制阀柱塞 18 向前移动,当消除柱塞与橡胶反作用盘 7 之间的间隙后,控制力便经反作用盘传给制动主缸推杆 2,主缸内的制动液以一定压力流入制动轮缸,此力为制动踏板机构所给。与此同时,在阀门弹簧 16 的作用下,真空阀也随之向前移动,直到压靠在膜片座 8 的阀座上,从而使通道 A 和 B 隔绝,即伺服气室的前腔和后腔隔绝,进而大气阀离开真空阀而开启,空气经过滤环 11、毛毡过滤环 14、大气阀的开口和通道 B 充入伺服气室后腔。随着空气的充入，在伺服气室膜片 20 的两侧出现压力差而产生推力，此推力通过膜片座 8、橡胶反作用盘 7 推动制动主缸推杆 2 向前移动，此力为压力差所给。此时，制动主缸推杆上的作用力为踏板力和伺服气室反作用盘推力之和，使制动主缸输出的压力成倍增长。

3) 解除制动时，控制阀推杆弹簧 15 使控制阀推杆和大气阀向右移动，真空阀离开膜片座 8 上的阀座而开启。伺服气室的前后两腔相通，且均为真空状态。膜片座和膜片在膜片复位弹簧的作用下复位，制动主缸解除制动作用。

若真空助力器失效或真空管路无真空度，控制阀推杆 12 将通过控制阀柱塞 18 直接推动伺服气室膜片座 8 和制动主缸推杆 2 移动，使制动主缸产生制动压力，但驾驶人作用在踏板上的力要增大。

一汽奥迪、红旗 CA7220、捷达、高尔夫、上海桑塔纳型轿车以及北京切诺基均采用真空助力器。

13.5 动力制动系统

13.5.1 动力制动系统的特点和类型

动力制动系统中，用以进行制动的能量来自空气压缩机产生的气压能或液压泵产生的液压能，而空气压缩机或液压泵则由汽车发动机驱动。因此，动力制动系统是以汽车发动机作为唯一的制动初始能源。驾驶人的肌体仅作为控制能源，而不是制动能源。

动力制动系统有气压制动系统、气顶液制动系统和全液压动力制动系统三种。

1) 气压制动系统的供能装置和传动装置都是气压式，其控制装置由制动踏板机构和制动阀等气压控制元件组成。气压制动系统只适用于中型以上货车和客车。

2) 气顶液制动系统的供能装置、控制装置与气压制动系统相同，都是气压式，由空气压缩机、储气罐和串列双腔气制动阀等部件组成。传动装置则是气压-液压组合式，气压能通过动力气室和液压主缸转换为液压能，并传到制动轮缸产生制动作用，实现制动。

3) 全液压动力制动系统中除制动踏板机构以外，其供能、控制和传动装置全是液压式。

本节主要介绍气压制动系统的制动回路和主要部件的构造及工作原理。

13.5.2 气压制动系统的回路

气压制动系统适用于中型以上特别是重型的货车和客车，其回路和液压制动系统一样采用双回路或多回路制动系统。

图 13-19 所示为解放 CA1092 型汽车的双回路气压制动系统示意图。由发动机驱动的双缸活塞式空气压缩机（以下简称空压机）1 将压缩空气经单向阀 9 首先输入湿储气筒 4（湿储气筒上装有安全阀 5 和供外界使用压缩空气的放气阀 3），压缩空气在湿储气筒内冷却并进行油水分离之后，再分别经两个单向阀进入储气筒 8 的前、后腔。储气筒前腔与串列双腔活塞式的制动控制阀 14 的上腔相连，可以向后制动气室 11 充气。储气筒后腔与制动控制阀 14 的下腔相连，可以向前制动气室 2 充气。此外，储气筒两腔的气压都经三通管分别通向双指针空气压力表中的两个传感器腔，使两个指针分别指示储气筒两腔的气压。而且储气筒

后腔还通过气管与气压调节器16相连,当该腔气压增大到规定值时,调压阀便使空压机空转而停止向储气筒供气。储气筒最高气压为0.8MPa。

当踩下制动踏板时,通过拉杆机构操纵制动控制阀,使制动控制阀上下两腔的进气口分别与本腔的出气口相通,使储气筒8前、后腔的压缩空气得以分别通过制动控制阀的上、下腔进入后制动气室和前制动气室,从而促使制动器进入工作。当松开制动踏板时,制动控制阀使制动气室通大气以解除制动。制动气室内建立的气压越高,则制动器所产生的制动力越大。故为了保证行车制动的渐进性,制动控制阀应具有随动作用,即保证制动气室压力与踏板行程成一定的递增函数关系。

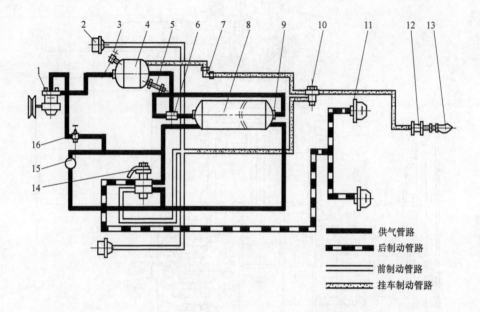

图13-19 解放CA1092型汽车的双回路气压制动系统示意图
1—空气压缩机 2—前制动气室 3—放气阀 4—湿储气筒 5—安全阀 6—三通管 7—管接头 8—储气筒 9—单向阀 10—挂车制动阀 11—后制动气室 12—分离开关 13—连接头 14—制动控制阀 15—气压表 16—气压调节器

在采用动力制动系统的情况下,驾驶人所施加的踏板力只用来操纵控制装置,而不能像采用人力制动系统那样直接造成制动器促动装置的工作压力。故制动控制阀还应当能使制动气室压力与踏板力成一定的递增函数关系,以保证驾驶人有足够强的踏板感。

气压系统各元件之间的连接管路(由钢管、橡胶软管和各种管接头组成)有三种:①供能装置各组成件(如空压机、储气筒)之间和供能装置与控制装置(如制动控制阀)之间的连接管路,即供能管路;②控制装置与制动器传动装置(如制动气室)之间的连接管路,即促动管路;③一个控制装置与另一个控制装置之间的连接管路,即操纵管路。解放CA1092型汽车的制动系统中只有一个气压控制装置,即只有一个制动阀,因而没有操纵管路。

13.5.3 气压制动系统的主要部件

1. 空压机和调压阀(供能装置)

空压机由发动机通过带传动直接驱动,有单缸式和双缸式两种。东风EQ1090E型汽车采用的单缸风冷式空气压缩机的构造如图 13-20 所示。在进气阀 9 的上方设置了利用调压阀控制的卸荷装置。卸荷装置壳体 5 内镶嵌着套筒，其中有卸荷柱塞 7 和柱塞弹簧 8。在空压机向储气罐正常充气过程中，柱塞上方的卸荷气室经调压阀通大气。柱塞被弹簧顶推到上极限位置，其杆部与进气阀之间保持一定间隙，卸荷装置因而不起作用。

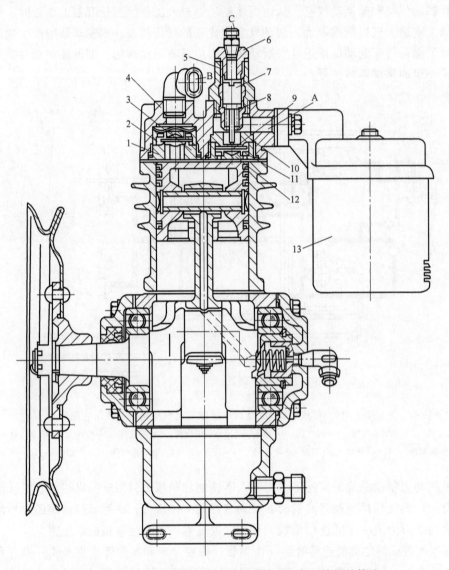

图 13-20　东风 EQ1090E 型汽车单缸风冷式空气压缩机的构造

1—排气阀座　2—排气阀导向座　3—排气阀　4—气缸盖　5—卸荷装置壳体　6—定位塞　7—卸荷柱塞
8—柱塞弹簧　9—进气阀　10—进气阀座　11—进气阀弹簧　12—进气阀导向座
13—进气滤清器　A—进气口　B—排气口　C—调压阀控制压力输入口

调压阀用来调节供气管路中压缩空气的压力，使之保持在规定的压力范围内。同时使空气压缩机能卸荷空转，减少发动机的功率损失。东风 EQ1090E 型汽车调压阀的结构如图 13-21 所示。管接头 7 接空压机卸荷装置，管接头 9 接储气筒。调压阀壳体 10 与阀盖 1 之间夹装有膜片组件 5。膜片组件中心借螺纹连接着与阀体中央孔作间隙配合的芯管 6，其上部有径向孔,与其轴向孔道相通,其预紧力由调整螺钉 2 调定,调压弹簧 4 将膜片连同芯管推到下极限位置。芯管下端面（出气阀座）紧密压住排气阀 8,并使之离开阀体上的排气阀座,也就是说,调压阀的排气阀开启,出气阀关闭。此时空压机卸荷气室与储气筒隔绝,而经调压阀的排气口 A 与大气相通。

图 13-22 所示为空压机卸荷装置和调压阀控制空压机工作状态的工作原理示意图。当储气筒 9 内的压力达到一定值时,作用在调压阀膜片组件 6 下方的气压压力大于其上弹簧的压力,膜片组件 6 向上移动并带动芯管 7 一同上移,芯管 7 下的阀门 8 关闭,储气筒 9 的气压作用在卸荷柱塞 3 的上方,使其下移,顶开进气阀门 10,在空气压缩机 1 往复运动的过程中,进气阀门 10 始终开启,空气压缩机 1 处于空转状态。当储气筒 9 的气压下降到一定值时,膜片组件 6 在弹簧作用下下移,芯管 7 顶开阀门 8,卸荷柱塞 3 上方的气压降低,柱塞 3 上移复位,进气阀正常开关,空气压缩机 1 向储气筒 9 充气。

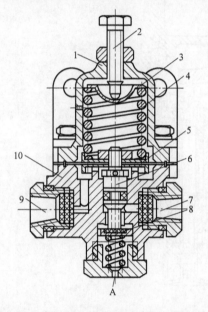
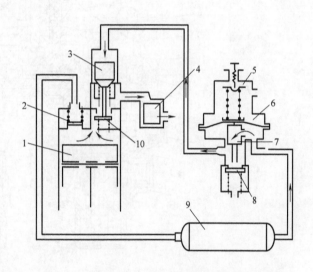

图 13-21 东风 EQ1090E 型汽车调压阀的结构
1—调压阀盖 2—调整螺钉 3—上弹簧座 4—调压弹簧
5—膜片组件 6—芯管 7—接卸荷装置管接头 8—排气阀
9—接储气筒管接头 10—调压阀壳体 A—通大气孔

图 13-22 空压机卸荷装置与调压阀工作原理示意图
1—空气压缩机 2—出气阀门 3—卸荷柱塞
4—进气滤清器 5—调压阀 6—膜片组件 7—芯管
8—阀门 9—储气筒 10—进气阀门

2. 制动控制阀（控制装置）

制动控制阀（制动阀）是气压行车制动系统中的主要控制装置,用以起随动作用并保证有足够强的踏板感,即在输入压力一定的情况下,使其输出压力与输入的控制信号——踏板行程和踏板力成一定的递增函数关系,其输出压力的变化在一定范围内应该是渐进的。制动阀输出压力可以作为促动管路压力直接输入作为传动装置的制动气室,但必要时也可作为控制信号输入另一控制装置（如继动阀）。制动阀的结构随汽车制动系统回路不同,分为单腔式、双腔式和三腔式,双腔式又可分为并联式和串联式,而三腔式多为并联式。图 13-23 所示为东风 EQ1090E 型汽车的并联双腔膜片式制动阀。

当驾驶人踩下制动踏板时,通过拉杆使拉臂 1 绕其轴 28 转动。拉臂的一端压下平衡弹

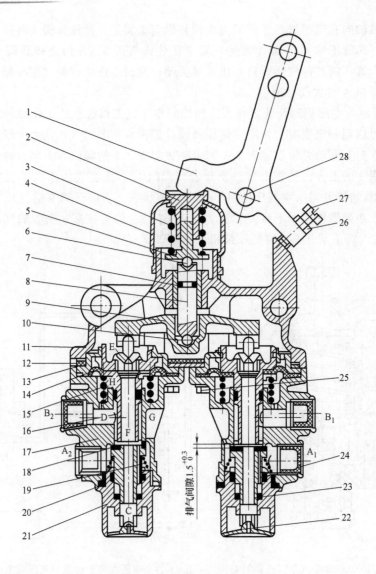

图 13-23 东风 EQ1090E 型汽车制动阀

1—拉臂 2—平衡弹簧上座 3—平衡弹簧 4—防尘罩 5—平衡弹簧下座 6、10—钢球 7、12、23、24—密封圈 8—推杆 9—平衡臂 11—上体 13—钢垫 14—膜片 15—膜片回位弹簧 16—芯管 17—下体 18—阀门 19—阀门回位弹簧 20—密封垫 21—阀门导向座 22—防尘堵片 25—防尘堵塞（运输及储存时用） 26—锁紧螺母 27—调整螺钉 28—拉臂轴 A_1—进气口（通前制动储气筒） A_2—进气口（通后制动储气筒） B_1—出气口（通前制动气室及挂车空气管） B_2—出气口（通后制动气室） C—下部排气口 D—节流孔 E—上部排气口 F—排气阀座 G—进气阀座 H—平衡腔

簧上座 2，并经平衡弹簧 3、平衡弹簧下座 5、钢球 6、推杆 8、钢球 10 使平衡臂 9 下移。平衡臂的两端推动两腔内的膜片下凹，并经芯管 16，首先将排气阀座 F 关闭，继而打开进气阀座 G。此时储气筒中的压缩空气经进气阀座 G 充入制动气室，推动制动气室膜片使制动凸轮转动以实现车轮制动。

由前、后制动储气筒来的压缩空气经进气口 A_1、A_2 和出气口 B_1、B_2 充入前、后制动气室的同时，还经节流孔 D 进入膜片的下腔推动两腔的芯管 16 上移，促使平衡臂 9 等零件向上压缩平衡弹簧 3，此时阀门 18 将进气阀座 G 和排气阀座 F 同时关闭，制动阀处于平衡状态，压缩空气保留在制动气室中。当驾驶人感到制动强度不足时，可继续下踩制动踏板到某一位置，制动气室进气量增多，气压升高。当气压升高到一定值时，进、排气阀座又同时关闭，此时制动阀又处于新的平衡状态。

当放松制动踏板时，拉臂 1 回行，平衡弹簧 3 伸张，压力减小，膜片 14 在回位弹簧 15 的作用下上凸，并带动芯管 16 等零件上移，排气阀座 F 被打开，制动气室及制动管路内的压缩空气经心管 16 内孔道上部的排气口 E、阀门 18 内孔道及下部排气口 C 排出。当踏板放松到某一位置不动时，在平衡弹簧 3 的作用下，阀门 18 又将进气阀座 G 和排气阀座 F 同时关闭，制动阀又处于新的平衡状态。当制动踏板完全放松时，制动作用完全解除。

由此可见，制动阀之所以能起到随动作用，保证制动的渐进性，主要是因为推杆与芯管之间是依靠平衡弹簧来传力的，而平衡弹簧的工作长度和作用力则随自制动阀到制动气室的促动管路的压力而变化。故只要自踏板传到推杆的力大于平衡弹簧预紧力，不论踏板停留在哪一个工作位置，制动阀都能自动达到并保持以进气阀和排气阀二者都关闭为特征的平衡状态。这也是现有的各种动力制动系统和伺服制动系统中的控制阀等随动装置的基本工作原理。

3. 制动气室（传动装置）

制动气室的作用是将输入的气压能转换成机械能并输出，输出的机械能传给制动凸轮等促动装置，使制动器产生制动力矩。制动气室分单制动气室和复合制动气室，单制动气室又有膜片式和活塞式之分，复合制动气室则多采用活塞式。图 13-24 所示为解放 CA1092 型汽车的膜片式制动气室。夹布层橡胶膜片 1 的周缘用卡箍 7 夹紧在壳体 3 和盖 2 的凸缘之间。盖与膜片之间为工作腔，借橡胶软管与由制动阀接出的钢管连通，膜片右方则通大气（即制动气室的两腔通过膜片隔开）。回位弹簧 4 通过焊接在推杆 5 上的支承盘将膜片推到图示的左极限位置。推杆的外端借连接叉 6 与制动器的制动调整臂相连。

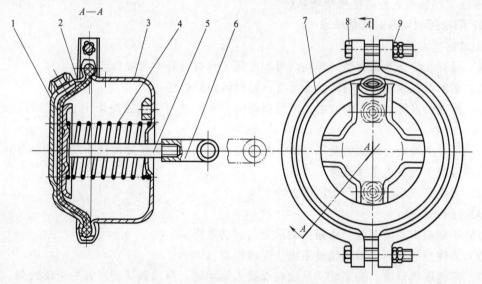

图 13-24　解放 CA1092 型汽车的膜片式制动气室
1—橡胶膜片　2—盖　3—壳体　4—回位弹簧　5—推杆　6—连接叉　7—卡箍　8—螺栓　9—螺母

踩下制动踏板时，压缩空气自制动阀充入制动气室工作腔，使膜片向右拱，将推杆推出，使制动调整臂和制动凸轮转动而实现制动。放开制动踏板，工作腔则经控制阀的排气口通大气，膜片与推杆都在回位弹簧4的作用下复位而解除制动。

13.6 汽车防滑控制系统

13.6.1 概述

汽车防滑控制系统就是防止汽车在制动过程中车轮被抱死滑移和汽车在驱动过程中（特别是起步、加速、转弯等）驱动轮发生滑转现象的控制系统。汽车防滑控制系统包括防抱死制动系统（ABS）和驱动防滑转系统（ASR）。

紧急制动或者是在冰雪路面等低附着系数路面上制动时，由于制动力超过路面能提供的最大附着能力，滚动的车轮与路面之间趋向打滑，车轮趋向抱死。车轮抱死后将丧失侧向附着能力，不能够承受侧向力，一般前轮抱死会导致汽车丧失转向能力（跑偏），后轮抱死会引起汽车甩尾（侧滑）、失稳，这些都极易造成严重的交通事故。因此，在制动时不希望车轮制动到抱死而产生滑移，而是希望车轮制动到边滚边滑的状态，控制此种状态的系统称为防抱死制动系统（Anti-Lock Braking System，ABS）。在驱动过程中防止驱动轮发生滑转的控制系统，则称为驱动防滑转系统（Acceleration Slip Regulation，ASR），或称为牵引力控制系统（Traction Control System，TCS）。

13.6.2 防抱死制动系统（ABS）

防抱死制动系统是在车辆制动时，能够防止车轮完全抱死而失去控制的装置。它被认为是汽车上继使用安全带以来在安全性方面所取得的最为重要的技术成就。因此，目前新开发的汽车基本都装有这种防抱死制动系统。

1. 防抱死制动系统的优缺点

ABS的优点是：

1) 可有效防止紧急制动时车辆侧滑和甩尾，具有良好的行驶稳定性。
2) 车辆可在紧急制动时转向，具有良好的转向操纵性。
3) 能充分发挥制动器的效能，缩短制动时间和距离，在冰雪路面上，可以缩短制动距离 10%~20%。
4) 可避免轮胎与地面的剧烈摩擦，减少轮胎磨损，提高轮胎的使用寿命 6%~10%。
5) 可减少驾驶人紧张情绪。
6) 可提高汽车行驶的平均速度大约 15%。

ABS的缺点是：

1) 不能提供超越车轮与路面所能承受的制动效果。
2) 其性能的好坏受整车制动系统状况的影响。
3) 不能取代驾驶人的制动，只能在驾驶人制动时，帮助其达到较好的制动效果。
4) 在平滑的干路面上制动，熟练驾驶人制动的制动距离可能比 ABS 工作时的制动距离要短，这主要是因为 ABS 允许滑移率降低到 10% 左右。

5）在松散的砂土路面和积雪较深的路面制动，车轮抱死制动要比 ABS 工作时的制动距离短。

2. 防抱死制动系统的类型

ABS 按汽车制动系统分为液压制动系统 ABS、气压制动系统 ABS、气顶液制动系统 ABS 三种类型。

按 ABS 中的控制通道（即能够独立进行制动压力调节的制动管路）数目，ABS 又可分为四通道式、三通道式、二通道式和一通道式四种。

（1）四通道式　四通道式 ABS 有 4 个轮速传感器，在通往 4 个车轮制动分泵的管路中，各设一个制动压力调节器装置，进行独立控制，构成四通道控制。但是如果汽车左右两个车轮的附着系数相差较大（如路面部分积水或结冰），制动时两个车轮的地面制动力就相差较大，因此会产生横摆力矩，使车身向制动力较大的一侧跑偏，不能保持汽车按预定方向行驶，会影响汽车的制动方向稳定性。因此，驾驶人在部分结冰或积水等湿滑的路面上行车时，应降低车速，不可盲目迷信 ABS 装置。

（2）三通道式　一般三通道式 ABS 是对两前轮进行独立控制，两后轮按低选原则进行一同控制（即两个车轮由一个通道控制，以保证附着力较小的车轮不抱死为原则），也称为混合控制。

三通道式 ABS 的性能特点是两后轮按低选原则进行一同控制时，可以保证汽车在各种条件下左右两后轮的制动力相等，即使两侧车轮的附着系数相差较大，两个车轮的制动力都限制在附着力较小的水平，使两个后轮的制动力始终保持平衡，保证汽车在各种条件下制动时都具有良好的方向稳定性。

对两前轮进行独立控制，主要考虑轿车，特别是前轮驱动的汽车，前轮的制动力在汽车总制动中所占的比例较大（可达 70% 左右），可以充分利用两前轮的附着力。但由于两前轮制动力不平衡对汽车行驶的方向稳定性影响相对较小，而且可以通过驾驶人的转向操纵对由此产生的影响进行修正。因此，三通道式 ABS 在轿车上被普遍采用。

（3）二通道式　二通道式 ABS 难以在方向稳定性、转向控制性和制动效能等方面得到兼顾，目前采用很少。

（4）一通道式　一通道式 ABS 常称为单通道式 ABS，它一般适用于采用 H 形布置液压管路的后轮驱动汽车，其在后轮制动器总管中设置一个制动压力调节器，在后桥主减速器上安装一个轮速传感器（也有在后轮上各安装一个轮速传感器的）。一通道式 ABS 成本较低，适用于轴距长、重心高的轻型货车。

3. 防抱死制动系统的基本组成

无论是液压制动系统还是气压制动系统，其防抱死制动系统（ABS）都主要由轮速传感器 1、电控单元（ECU）3 和制动压力调节器 2 三部分组成，如图 13-25 所示。

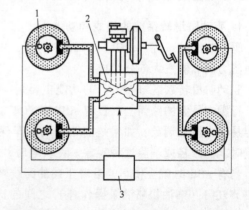

图 13-25　奥迪 100 和 200 型轿车 ABS 的组成
1—轮速传感器　2—制动压力调节器　3—电控单元（ECU）

4. 防抱死制动系统的工作原理

在 ABS 中，每个车轮上各安置一个轮速传感器，将关于各车轮转速的信号输入电控单元（ECU）。ECU 根据各轮速传感器输入的信号对各个车轮的运动状态进行监测和判定并形成相应的控制指令。

在制动过程中，当 ECU 根据轮速传感器输入的车轮转速信号判定有车轮趋于抱死时，ABS 就进入防抱死制动压力调节过程。它通过使趋于抱死车轮的制动压力循环往复地经历保持—下降—上升过程，而将趋于抱死车轮的滑动率控制在峰值附着系数滑动率的范围附近。在 ABS 中对应于每一个制动轮缸都有电磁阀，可由 ECU 进行控制，因此，各制动轮缸的制动压力能够被独立地调节，从而使四个车轮都不发生制动抱死现象。

尽管各种 ABS 的结构型式和工作过程并不完全相同，但都是通过对趋于抱死车轮的制动压力进行自适应循环调节，从而防止被制动车轮发生制动抱死的。汽车施行制动时，防抱死制动系统制动压力的具体调节过程如下：

（1）制动过程的触发阶段（图 13-26a） 制动开始时，驾驶人踩下制动踏板，这时电磁阀 2 中的电磁柱塞 1 由于弹簧压力而保持在最低位置。制动液从制动主缸 3 通过电磁阀中的管路，毫无限制地流向制动轮缸。制动压力很快地建立起来，车轮速度很快下降。

（2）制动压力保持阶段（图 13-26b） 随着车轮速度的下降，滑动率持续上升。当滑动率接近 35% 时，控制单元 5 发出"保持压力"的指令。这时即将抱死的车轮上的电磁阀 2 通过有限电流，电磁柱塞 1 被提起，制动液通往制动轮缸的通道被切断，从而制动轮缸的制动力不再增加，使制动轮缸的制动压力进入保持状态。

（3）制动压力下降阶段（图 13-26c） 在通往制动轮缸的制动液通道被切断后，车轮滑移率逐步增加，将要超出 ABS 工作范围（一般滑移率在 8%~35% 之间）时，控制单元 5 发出控制指令给回流泵 7，使其促使制动轮缸中泄出一部分制动液经回流通道 9 到减压器 8 中，以降低制动轮缸内的压力，使车轮滑移率减小。

（4）制动压力上升阶段（图 13-26d） 减压状态使汽车制动力越来越小，为了取得最佳的制动效果，这时应进入增压状态。控制单元 5 发出指令到液压单元 4，使电磁阀 2 开始打开，让制动主缸 3 中的制动液进入制动轮缸，制动轮缸内的制动压力再次增加。

13.6.3 驱动防滑转系统（ASR）

1. 驱动防滑转系统的组成和功能

驱动防滑转系统（ASR）和 ABS 一样，主要也是由轮速传感器、电控单元（ECU）和制动压力调节器三大部分组成。

驱动防滑转系统（ASR）的功能主要是：①提供最佳的驱动力；②保持汽车的行驶稳定性。行驶在易滑的路面上，没有 ASR 的汽车加速时驱动轮易滑转，如果是后轮驱动的车辆则容易发生甩尾现象；如果是前轮驱动的车辆则容易方向失控。但如果装有 ASR，汽车在加速时就能减轻或消除这种现象。在转弯时，如果发生驱动轮滑转会导致整个车辆向一侧偏移，当有 ASR 时就会使车辆沿着正确的路线转向。在装有 ASR 的车辆上，从加速踏板到汽油机节气门（柴油机喷油泵操作杆）之间的机械连接被电控节气门装置所代替。当传感器将加速踏板的位置及轮速信号送到 ECU 时，ECU 就会产生控制电压信号，伺服电动机根据此信号重新调整节气门的位置（或者柴油机操纵杆的位置），然后将该位置信号反馈至

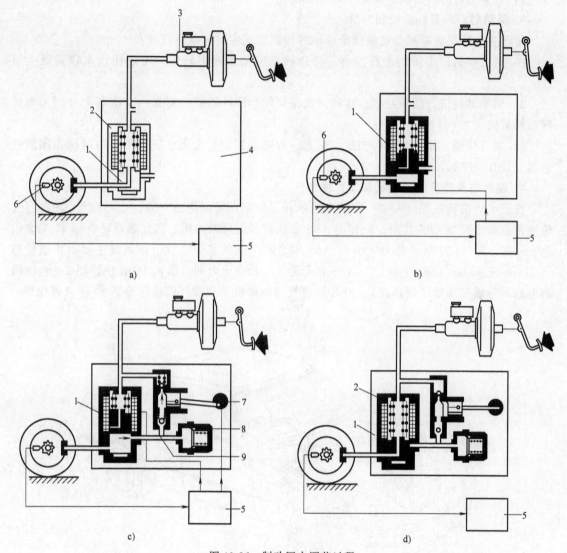

图 13-26 制动压力调节过程

a) 制动过程的触发阶段　b) 制动压力保持阶段　c) 制动压力下降阶段　d) 制动压力上升阶段
1—电磁柱塞　2—电磁阀　3—制动主缸　4—液压单元　5—控制单元　6—轮速传感器
7—回流泵　8—减压器　9—回流通道

ECU，以便及时调整制动器。

总之，ASR可以最大限度利用发动机的驱动力矩，保证车辆起动、加速和转向过程中的稳定性。

2. 驱动防滑转系统的优点

驱动防滑转系统能在驱动车轮滑转时自动调节滑移率，充分利用驱动车轮的最大附着力，具体优点如下：

1) 在汽车起步、行驶中驱动轮可提供最佳驱动力，提高了汽车的动力性，特别是在附着系数较小的路面上，起步、加速性能和爬坡能力较好。

2) 能保持汽车的方向稳定性和前轮驱动汽车的转向控制能力。

3）减少了轮胎的磨损，降低了发动机油耗。

3. 驱动防滑转系统的控制方式

驱动防滑转系统对驱动轮最佳滑移率的控制方式主要有以下三种：

1）对发动机输出转矩进行控制。合理控制发动机输出转矩，可以使汽车获得最大驱动力。

2）对驱动轮进行制动控制。这种方法是对发生滑转的驱动轮直接实施制动（增加车轮制动轮缸的压力）。

3）对可变锁止差速器进行控制。这是一种电子控制可变锁止差速器，有的称为限滑差速器（LSD）控制。

4. 驱动防滑转系统的组成和工作原理

在驱动防滑转系统（ASR）中的电控单元（ECU）可以是独立的，也可以与ABS共用，轮速传感器也可与ABS共用，ASR与ABS的执行器也可以共用。因此通常将ASR和ABS组合在一起。图13-27所示即为ASR与ABS组合在一起的典型系统。该系统主要由轮速传感器11和19、ABS/ASR的ECU7、ABS执行器1（制动压力调节器）、ASR执行器2（包括隔离电磁阀总成和制动供能总成）、ASR副节气门电动机5和节气门位置传感器3、4等组成。

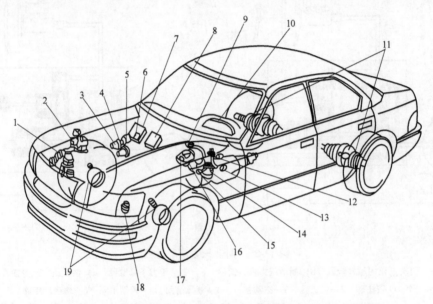

图13-27　雷克萨斯LS400 ABS/ASR的主要部件在车上的布置

1—ABS执行器　2—ASR执行器　3—副节气门位置传感器　4—主节气门位置传感器　5—ASR副节气门电动机　6—ASR副节气门继电器　7—ABS/ASR的ECU　8—发动机和变速器ECU　9—ASR关断开关　10—ASR警告灯和ASR关断指示灯　11—后轮速传感器　12—制动灯开关　13—空档起动开关　14—ASR供液灌　15—ASR供液灌电动机继电器　16—ASR蓄能器　17—制动液位开关　18—ASR制动器主继电器　19—前轮速传感器

图13-28所示为雷克萨斯LS400的ABS/ASR的液压系统示意图。由图可知，在制动主缸和后轮（左后及右后）的制动防抱死执行器（制动轮缸）之间插入驱动控制执行器。当ASR工作时（此时ABS不工作），驱动控制执行器分别对左后及右后制动轮缸进行加压、保压或减压控制。同时，在发动机主节气门上方设有辅助节气门，ECU通过对辅助节气门开度的控制来控制发动机的输出转矩，以降低驱动车轮的转速，使车轮与路面间的滑移率趋近

于最大摩擦系数时的滑移率。

ASR 可以通过减少节气门开度来降低发动机功率,或者由制动器控制车轮打滑来达到对汽车驱动力的控制。ASR 的基本工作原理是:在汽车行驶过程中,当驱动轮发生滑转时,轮速传感器将车轮转速转变为电信号传输给 ASR 的 ECU, ECU 则根据车轮转速计算驱动车轮的滑转率,如果滑转率超出了目标范围,ECU 再综合参考节气门开度信号、发动机转速信号以及转向信号(有的车没有)等确定其控制方式,并向相应执行机构发出指令使其动作,将驱动车轮的滑移率控制在目标范围之内。

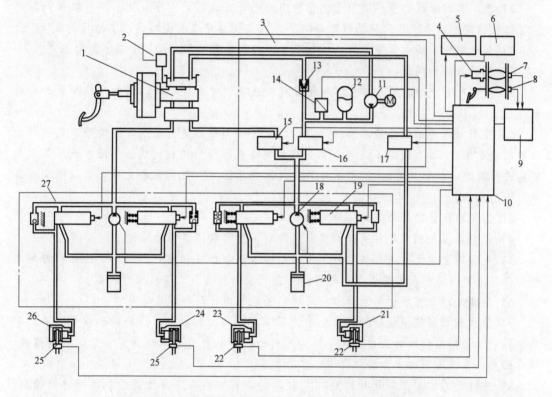

图 13-28 雷克萨斯 LS400 ABS/ASR 的液压系统示意图
1—制动主缸 2—制动液液位开关 3—ASR 执行器 4—副节气门步进电动机 5—ASR 警告灯 6—ASR 断开指示灯
7—副节气门位置传感器 8—主节气门位置传感器 9—发动机和变速器 ECU 10—ABS/ASR 的 ECU 11—电动机和液压泵
12—蓄能器 13—溢流阀 14—压力开关 15—制动主缸隔离电磁阀 16—蓄能器隔离电磁阀 17—储液器隔离电磁阀
18—回液泵 19—3/3 电磁阀 20—储液器 21—右后制动轮缸 22—后轮轮速传感器 23—左后制动轮缸
24—右前制动轮缸 25—前轮轮速传感器 26—左前制动轮缸 27—ABS 执行器

13.6.4 ABS 和 ASR 的区别比较

ABS 和 ASR 都是控制车轮相对地面的滑动,ASR 是在 ABS 基础上的扩充,两者相辅相成。但它们也存在以下区别:

1) ABS 控制的是汽车在制动过程中车轮的滑移,而 ASR 控制的是汽车在驱动过程中驱动轮的滑转。

2) ASR 和 ABS 一样,可通过控制车轮的制动力大小来抑制车轮与地面的滑转,但 ASR

只对驱动轮实施制动控制。

3) ABS 在车速很低时不起作用，而 ASR 在车速很高时一般不起作用。

【内 容 小 结】

1) 可控制的对汽车进行制动的外力称为制动力；用于产生制动力的一系列专门装置称为制动系统。

2) 汽车制动系统的主要功用是使行驶中的汽车减速甚至停车，使下坡行驶的汽车的速度保持稳定，以及使已停驶的汽车保持不动（即减速停车、下坡稳速、驻车制动）。

3) 制动系统主要由供能装置、控制装置、传动装置和制动器四个基本部分组成。

4) 制动系统的类型：

a) 按制动系统的功用分为行车制动系统、驻车制动系统、第二制动系统和辅助制动系统。

b) 按制动系统的制动能源分为人力制动系统（即以驾驶人的肌体作为唯一的制动能源的制动系统）、动力制动系统（即完全靠由发动机的动力转化而成的气压或液压形式的势能进行制动的制动系统）、伺服制动系统（即兼用人力和发动机动力进行制动的制动系统）三种类型。

c) 按制动能量的传输方式可分为机械式、液压式、气压式、电磁式和组合式等。

d) 按制动系统回路数目可分为单回路制动系统和双回路制动系统。

5) 凡利用固定元件与旋转元件工作表面的摩擦而产生制动力矩的制动器都称为摩擦制动器。目前汽车所用的摩擦制动器可分为鼓式制动器和盘式制动器两大类。

6) 鼓式制动器主要由制动鼓和制动蹄组成，有内张型和外束型两种。

7) 鼓式制动器根据制动蹄促动装置的不同，可分为轮缸式、凸轮式和楔式三种。而轮缸式制动器按制动蹄的受力情况不同，又可分为领从蹄式、双领蹄式、双向双领蹄式、双从蹄式、单向自增力式和双向自增力式等类型。

8) 在促动力作用下张开时的旋转方向与制动鼓的旋转方向相同的制动蹄称为领蹄；而张开时的旋转方向与制动鼓的旋转方向相反的制动蹄则称为从蹄。

9) 制动蹄摩擦片与制动鼓之间的间隙称为制动器间隙。制动器间隙的调整方法有手动调整和自动调整两种。

10) 盘式制动器有钳盘式和全盘式两种，钳盘式制动器又可分为定钳盘式和浮钳盘式。钳盘式制动器主要由制动盘（旋转元件）和制动钳（固定元件）组成。

11) 与鼓式制动器相比，盘式制动器的优点有：制动效能较稳定；水稳定性好；尺寸和质量较小；制动盘沿厚度方向的热膨胀量极小；较易实现间隙自动调整；保养维修作业也较简便；散热性能良好。其缺点有：制动效能较低；驻车制动传动装置较复杂；难以避免尘污和锈蚀。

12) 人力制动系统的制动能源仅仅是驾驶人的肌体。按其传动装置的结构型式，人力制动系统分为机械式和液压式两种。

13) 伺服制动系统兼用人力和发动机动力作为制动能源。

a）伺服系统按输出力的作用部位和对其控制装置操纵方式的不同可分为助力式（直接操纵式）和增压式（间接操纵式）两类。

b）伺服制动系统按伺服能量的不同可分为真空伺服式、气压伺服式和液压伺服式三种。

14）动力制动系统以汽车发动机作为唯一的制动初始能源。动力制动系统有气压制动系统、气顶液制动系统和全液压动力制动系统三种。

15）汽车防滑控制系统包括防抱死制动系统和驱动防滑转系统。防止汽车在制动过程中车轮被抱死滑移的控制系统称为防抱死制动系统（Anti-Lock Braking System，ABS）；防止汽车在驱动过程中驱动轮发生滑转的控制系统称为驱动防滑转系统（Acceleration Slip Regulation，ASR），或称为牵引力控制系统（Traction Control System，TCS）。

16）ABS 和 ASR 都主要由轮速传感器、电控单元（ECU）和制动压力调节器三大部分组成。

【学习自测】

1）什么是制动力？什么是制动系统？
2）简述制动系统的功用和组成。
3）制动系统有哪些类型？
4）什么是摩擦制动器？汽车所用的摩擦制动器有哪些类型？
5）鼓式制动器和盘式制动器各有哪些类型？它们分别由什么组成？
6）什么是领蹄？什么是从蹄？
7）与鼓式制动器相比，盘式制动器有何优缺点？
8）什么是人力制动系统、伺服制动系统和动力制动系统？它们各有哪些类型？
9）汽车防滑控制系统有哪些？分别起什么作用？
10）简述 ABS 和 ASR 的基本组成和工作原理。

参 考 文 献

[1] 史文库，姚为民．汽车构造：下册［M］．6版．北京：人民交通出版社，2013．
[2] 关文达．汽车构造［M］．4版．北京：机械工业出版社，2016．
[3] 陈家瑞．汽车构造：下册［M］．5版．北京：人民交通出版社，2006．
[4] 李起振，等．汽车构造［M］．长春：吉林大学出版社，2015．
[5] 陈新亚．汽车构造透视图典：车身与底盘［M］．北京：机械工业出版社，2012．
[6] 余志生．汽车理论［M］．3版．北京：机械工业出版社，2000．
[7] 理查德，等．现代汽车技术［M］．杨占鹏，梁桂航，于京诺，等译．北京：机械工业出版社，2010．
[8] 嵇伟，桂江一．汽车新技术新配置［M］．北京：机械工业出版社，2012．